準則

政治風暴下的中國知識分子

孫德喜 著

目次

1 孤軍作戰的陳獨秀

一九四二年一月十九日，已是孤家寡人的陳獨秀在給S和H的信中透露：胡適送給他一個稱號「終身的反對派」。對於胡適贈予的這個稱號，陳獨秀本人沒有表示任何異議，只是申明他並非「故意如此」，在他實在是迫不得已而為之。後來的專家學者也基本上認同胡適對陳獨秀一生所作的這個評價。上海復旦大學的朱文華教授就將他的《陳獨秀評傳》的書名定為《終身的反對派》（青島出版社一九九七年五月版），賈興權的《陳獨秀傳》（山東人民出版社一九九八年十月版）將該書第十章的標題定為〈終身反對派〉。綜觀陳獨秀的一生，這個評價確實非常恰當，突出了陳獨秀一生中非常鮮明的叛逆的性格。不過，從另一方面來看，陳獨秀奮鬥一生，到最後卻是單槍匹馬，孤軍作戰，根本談不上所謂的「派」。

倔強的個性

陳獨秀的人生道路是由他的叛逆反抗的性格所決定的。早在他幼年的時候，陳獨秀的祖父就從他的倔強的個性看出他將來的「不幸」。自從一八九七年與大哥一起離開家鄉之後，陳獨秀就以激烈的叛逆思想出現在人們面前。辛亥革命以後，陳獨秀首先扯起「科學」（「賽先生」）與「民主」（「德先生」）的大旗，掀起了以反對封建專制文化為核心的五四新文化運動，繼而與李大釗、李達、張申府等人創建了中國共產黨，並且當選為中共早期最高領導人，從而成為包括國民黨人在內的革命左翼力量的一面旗幟。然而，孫中山先生去世以後，國共之間矛盾衝突愈演愈烈直至兩黨的徹底分裂，共產黨方面遭受了重大的損失，陳獨秀的領袖地位產生了嚴重的危機，他很快被從總書記的位置上拉了下來，並且在黨內受到了進一步的排擠和批判，從而被認為是「右傾機會主義」代表，而陳獨秀對於來自黨內的指責和批判，感到十分委屈，當然這並不是說他沒有錯，而是將本來應該由史達林和共產國際承擔的責任都推到他一人身上，要他承擔大革命失敗的全部責任。陳獨秀與後來中共領導人的這種矛盾無法調和，而且還日益加深，最終導致他被開除黨籍。如果按照簡單的邏輯推算，陳獨秀被清除出黨，必然會像張國燾等人那樣投入到共產黨的敵人國民黨的懷抱，然而歷史並不是按照這種簡單的邏輯運行的，陳獨秀雖然一度與國民黨左派關係十分密切，與許多國民黨高層人士關係不錯，但是那都是出於國共合作的需要與之來往頻繁，而他對於後來國民黨及其主政的國民政府仍然持反對態度，反抗其血腥暴政。在當時的中國，國民黨是一手遮天的執政黨，共產黨是國民黨最大的反對黨，整個中國的政壇基本為國共兩黨所占，其他政治力量所占的空間實在是微乎其微。被他所創立的中共一腳踢開之後，陳獨秀只能在政治的夾縫中艱難地生存。但是，陳獨秀並不屈服，他依然高昂著頭顱，堅定自己的政治信念，組織成立自己的政治派別——「中國共產黨左派反對派」。根據陳獨秀本人的意思，他的政治信仰與中國共產黨是一致的，都是要為最終實現共產主義理想而奮鬥，只不過在一些具體問題上與此時的中共中央存在著較大分歧，對一些具體問題的看法存在著矛盾和衝突。其實，一個真正現代意義的政黨存在著這樣的情況是很正常的，應該存異求同，通過思想交流和理論探討來解決分歧。然而，陳獨秀與中共中央之間並沒有達成這種妥協，而是各自站在自己的立場上，懷著敵意看待不同的意見和主張，因而對對方採取敵對的態度。更令陳獨秀感到雪上加霜的是，他所建立的托派由於內部的權力爭奪而不時排擠他，甚至惡鬥到也將他開除的地步。儘管如此，國民黨當局並沒有放過他，於一九三二年將他逮捕，並且給他判了刑。直到一九三七年國共兩黨建立抗日民族統一戰線，國民黨被要求釋放所有的政治犯時才將他釋放。出獄之後的陳獨秀考慮到國家利益，表示擁護國共兩黨建立的抗日民族統一戰線，但是與國共兩黨都保持一定的距離，獨自打著自己的旗幟，堅持自己的理想信念，決不依附他人的政治力量，獨自一人地同他所反對的東西作戰，表現出獨立的堅強精神。

不合時宜

到了這個地步的陳獨秀，給人的感覺就是他的頑固偏執，實際上這正是他的可貴之處。陳獨秀雖然可以算是中國現代史上非常顯著的政治人物，但是從根本上來說，他仍然應該說是一個了不起的學者，一個並不滿足於埋頭做學問，並且胸懷遠大抱負和理想，充滿政治激情的現代知識分子，儘管他的身上多少還殘存著封建大家長的色彩。實事求是講，陳獨秀並不是一個合格的政治家，因為他沒有通常政治家那樣強烈的權力慾和控制慾，所以他在從事政治活動的過程中難免不受到權力的排擠而處於被動。他更不同於那些政客和黨棍，從來就沒有想到利用政治鬥爭為個人撈取名利，他即使擔任了中共中央局書記（中國共產黨總書記）的職務，也不是他爭來的，而是他在五四新文化運動中的傑出表現為他贏得了崇高的威望，因而他被推到了領導崗位真正是眾望所歸。就在他擔任總書記期間，陳獨秀雖然缺點十分明顯，但是他並沒有為自己謀私利，在與國民黨合作的過程中，他基本上按照共產國際的指示辦事，根本沒有考慮到處抓權，不想與國民黨爭權奪利，而且尊重國民黨對大革命的領導權，他根本沒有考慮到自己所處的是一個如狼似虎的極其兇險的政治環境，在這裡沒有人像他這樣具有民主胸懷，尊重別人的存在和權利。

陳獨秀這種知識分子的本性無異於令他和他所領導的共產黨成為他人砧板上任人宰割的肉，必然給共產黨帶來巨大的災難，造成重大的損失。於是，他在黨內受到了嚴重的批評，並被剝奪了領導職權。站在共產黨的立場上看，對於陳獨秀的批評與撤職是非常必要的。問題是這種批評並沒有擊中要害，沒有指出他的知識分子式的思維方式與所處政治環境的嚴重錯位，而是給他扣上「右傾機會主義」甚至是投降主義的帽子，並且將本來應該由共產國際承擔的領導責任也一股腦推到他的身上。這其實就是毛澤東在七〇年代批「水滸」時所說的「只反貪官，不反皇帝」。因為中國人向來不敢對最高領導皇帝提出反對意見，如果國家出了問題，絕對不會認為是皇帝犯了錯誤，而是把責任歸咎到奸臣和后妃身上。現在共產黨遭受損失，處於困境，沒有人敢於指責凌駕於中共之上的蘇聯共產黨或者共產國際，更沒有人敢於追究史達林的責任。所以，黨內對他的批評和處理並不能令陳獨秀信服，他為替別人背黑鍋（其實也不完全是別人的黑鍋，只是他的一種感覺，而且他以為他的想法從學理上來說沒有問題）感到十分冤枉。然而，在他長期主持下的共產黨內部卻沒有形成申訴和辯護機制，那麼，遇到委屈（哪怕只是自己的一種感覺），除了往肚裡咽，別無他法。

而陳獨秀是個非常倔強的人，就在他童年的時候，面對著祖父的瘋狂的毒打，他一聲不哭，所以母親稱他為「小犟牛」。現在，當他感到自己受屈時，他不像黨內的許多其他蒙受冤屈的人那樣忍辱負重，含羞忍垢地違心檢討，承認錯誤，而是採取不妥協的態度。從政治上講，這就是沒有組織紀律觀念。因為，按照某種政治邏輯來講，錯的總是個人，政治集團是永遠不會錯的，而且是絕對不會承認犯錯的。其實，在一個缺乏民主的政治集團裡，即使是政治集團的整體行為也往往是按照其太上皇或者大家長的意志運行的。所以，政治集團所為說到底還是個人的。既然如此，政治集團雖然多少融入了集體的智慧，但是犯錯誤總是不可避免的，當代中國的歷史充分證實了這一點。這樣看來，陳獨秀走向了共產黨的反對派，其實還是共產黨自身造就的（雖然陳獨秀的責任是不能免除的）。就在批評陳獨秀並且給陳獨秀以紀律處分乃至將他開除出黨的時候，中共最高領導層也在犯著新的錯誤。且不說後來中共黨史所敘述的那些錯誤，就對待陳獨秀的態度來說，沒有一人心平氣和地以平等的態度客觀公正地評價陳獨秀，也沒有實事求是地指出大革命失敗究竟哪些責任應由陳獨秀承擔，哪些該由別人來負責，而且在一段時間裡，對於陳獨秀出於堅定的革命信仰提出的種種建議也不予重視和公正地對待，只是以真理自居，根據陳獨秀被戴上的帽子，對他展開無情的沒有邏輯根據的批判，粗暴地將陳獨秀朝著反對派的方向推過去。這就激怒了陳獨秀倔強的脾氣，迫使他起來反抗。由於在黨內他沒有發言的地方，也沒有人聽取他的意見和建議，他只好到黨外尋求發表思想言論的途徑。這樣一來，他就只好與一幫有著共同思想和相似遭遇的人士組建「中國共產黨左派反對派」，並且公開表示對托洛茨基思想的認同。托洛茨基曾經是蘇共高級領導人，但是在與史達林的權力鬥爭中失敗了，於是他和他的追隨者被指責為反動分子受到了清算。蘇共內部的權力鬥爭直接影響到中共，於是相信托洛茨基思想的人也被認為是異己分子，受到公開的清洗，托洛茨基的思想理論同樣受到了批判。其實，陳獨秀並沒有像中共最高領導人想像得那麼壞，他對共產主義遠大理想的堅定信仰沒有絲毫的改變，他與中共最高領導人的矛盾實際上只是革命策略上的分歧和革命道路設想的差異。可是，對方卻不這樣看，而是將他視為敵對分子，所以就不可能以真誠的態度與陳獨秀探討問題，而是一概拒絕陳獨秀的批評，並且以空洞的政治口號批判陳獨秀，這就導致雙方的裂痕越來越大，以至無法彌合。

如果不瞭解陳獨秀的為人，人們或許以為：陳獨秀為人十分固執，簡直就像花崗岩那樣的頑固不化。其實，陳獨秀並不像人們想像的那樣偏執，對於能夠說服他的意見，他還是能夠聽得進去的。五四新文化運動期間，正當陳獨秀思索文學問題時，遠在美國留學的胡適寫信給陳獨秀，指出他在文學革命與實踐上的矛盾。陳獨秀接信後立即重新思考文學革命問題，並且接受了胡適的批評。可見，陳獨秀並不是那種一味拒絕批評的人，關鍵是對他的批評是否能夠在學理上和邏輯上讓他信服。作為五四新文化運動的主將能做到這一點是很了不起的。作為一個知識分子，理所當然勇於追求真理，而且在追求真理過程中應該有足夠的自信，有自己的主見，而不是人云亦云，朝三暮四，同時也勇於接受別人的批評，問題是這種批評應該建立在尊重和平等對待對方的基礎上，而不是以權勢壓人，真正的現代知識分子不僅具有獨立的人格，而且還具有不畏強權的品格。從某種意義上講，陳獨秀建立「中國共產黨左派反對派」固然有其各種複雜的因素，但是其中包含的不畏強權的品格還是顯而易見的。他的這一舉動可能為不少人所詬病，然而恰恰體現了五四新文化運動所推崇的科學理性與民主自由精神和不依附他人權力而擺脫奴才性束縛的獨立自尊精神。

陳獨秀滿腔熱情地建立起「中國共產黨左派反對派」，並且以托洛茨基思想理論指導他的組織，試圖走既不依賴共產黨，也不投靠國民黨的獨立的道路。無奈與他建立的托派組織的那些人與他並非志同道合，他們不過是利用這個組織為自己撈取權力和個人好處。因此，托派內部成員之間矛盾重重，彼此之間勾心鬥角，不斷發生內訌衝突，有些甚至叛變投敵。這使陳獨秀常常處於尷尬的境地，為消除內部派別矛盾耗費了不少精力。然而，他的這種努力並沒有奏效，他的苦心孤詣並沒有人領情。他的努力不僅沒有得到應有的回報，反而將他開除出托派，甚至把他送進了國民黨的監獄。

陳獨秀被捕以後，各方政治力量反應不一。許多自由主義知識分子、民主人士以及一些國民黨文職人員雖然與陳獨秀政治信仰不同甚至相互抵觸，但是他們都同情陳獨秀的遭遇，呼籲國民黨當局從輕處理；托派組織此時沒有對陳獨秀落井下石，而是竭力設法營救。而共產黨則沒有公開表態，保持沉默，然而在內部刊物上認為陳獨秀「或者還會因禍得福做幾天蔣家官僚呢」。（《紅色中華》第三十七期，一九三二年十月二十三日）這實在是太不瞭解陳獨秀的為人了，真是以小人之心度君子之腹。如果對陳獨秀的歷史稍有瞭解，就不會說出這樣荒唐的話來。當年陳獨秀在科舉院考中，拿得第一名，如果他有意當官的話，他完全可以憑藉自己的才智去進一步考舉人、狀元，通過金榜題名踏上仕途，但是他對做官並不感興趣。陳獨秀在後來的人生中也不缺乏做官的機會，但是他都沒有步入仕途，撈個一官半職。

孤獨淒涼

陳獨秀雖然擔任了幾年中共中央最高領導人，但是在那個年頭根本算不上官，不僅得不到優厚的物質享受，還要冒著被捕和殺頭的危險。正是由於他一生沒有做官，沒有為自己撈好處，所以他的晚年生活相當貧困、孤單而淒涼。當他蟄居江津的時候，陳獨秀漂泊異鄉，疾病纏身，朋友寥落，生活清貧，心境抑鬱，即便如此，倔強的陳獨秀依然沒有向任何人低頭求助（如果他願意求助，相信不會完全遭到拒絕），他不願意背叛自己的信念和良心。因而，這個時刻的陳獨秀，與五四時期的叱吒風雲的他判若兩人，孤苦伶仃的他在形影相弔之中只能借酒澆愁。這確實給人以消沉之感，但是消沉畢竟不是墮落，只是他對苦難中國的一種痛徹於心的失望。就在他去世前的一九四二年五月十三日，陳獨秀寫下了一生中最後一個字：「拋」。而這並不一定是他這位孤獨的老人故意就此輟筆，然而有學者從中讀出了深長的意味：陳獨秀「一生中寫了無數的字，而他最後的這個『拋』字，不正是他拋棄了世界。而世界又拋棄了他的最好的注腳嗎？」（賈興權《陳獨秀傳》，第五七九頁）。這種解讀雖然有附會之嫌，卻也不能說沒有道理。從陳獨秀方面來講，「他拋棄了世界」，實屬他無奈，表明他對這個世界的絕望，正像魯迅在《野草》中表達的那種絕望的情緒。而「世界拋棄了他」則是這個世界的悲哀，如果一個世界將這樣一個胸懷激情，將一顆燃燒著的滾燙的心奉獻給這個世界，並且具有獨立思想（未必全是真理，卻也十分精邃深刻）與崇高人格的人都排斥和拋棄，那不是這個世界發了瘋了嗎？世界拋棄了陳獨秀，後來果然遭遇了國民黨政權的垮臺、反右運動、大躍進運動、三年大饑荒以及「文革」等無窮的災難，而這還是必然由這個世界來承受。

2 不對稱的愛情與婚姻

在中國現代作家當中，郭沫若可以說絕對是一個風流才子。與歷史上許多風流才子一樣，郭沫若是以才子的面目出現而風流成性。由於他的風流成性，他的一生單是夫人就有三位，至於那些頗沾這位才子風流之光的女子還有幾位。然而與他的風流成性相比，他的三位夫人及與他發生情感糾葛的女子，幾乎都對他忠貞不渝。這樣，在郭沫若與幾位女子愛情和婚姻中明顯呈現出不對稱。

抗婚出走

一九一二年初春，郭沫若奉父母之命與當地姑娘張瓊華結婚。對於父母的包辦，郭沫若是非常不滿的，或許是五四新文化運動還沒有到來的緣故，郭沫若沒有像稍後五四文學作品中所描寫的那樣堅決地反抗，而是消極地拒絕這樁婚姻。據說郭沫若為了不讓父母傷心，沒有躲避和逃脫父母安排的結婚儀式，而是像一具木偶一樣按照父母的擺佈舉行了婚禮。於是，張瓊華就成為郭沫若明媒正娶的名正言順的夫人。然而，這位夫人雖然是名正言順的，但是由於彼此之間缺乏感情，更沒有產生愛情，因此，婚後不久，郭沫若就離開家鄉到外地遊學，以逃避這樁婚姻的糾纏，去追求他的浪漫和幸福了。

新婚之時的郭沫若能夠克制自己的性慾，拋開新娘，出走他鄉，確實不容易。因為郭沫若是一個性慾很強的人，據他的自傳性文章敘述，早在他還很年幼的七、八歲之時，他的眼睛就常常盯著女性了，性意識就開始覺醒了。剛過十歲的他，還是個懵懂少年，有一次爬竹杆玩耍，他竟然在雙腿夾著竹杆時產生了強烈的性快感。後來他還移情於稚嫩的枇杷樹。就是這個少年對於漂亮的三嫂不僅很有好感，而且還想入非非。到了十四歲的年齡，郭沫若發育得不錯，再加上同學的攛掇，他竟然坐進了私娼老闆娘的懷裡。幸虧老闆娘人不壞，沒有將他拉下水，但是他沒有引以為戒，不久又與一位姓汪的美少年搞起了同性戀。郭沫若的這些自述雖然無法考證，但還是可信的，因為這可以從他先後與安娜（佐藤富子）和于立群一共生了十個孩子這一點上可以得到「旁證」。一個性慾強烈的人能夠捨得離開新娘到外面去闖蕩確實需要很強的克制能力的。不過，從另一方面來看，郭沫若當時正當青春年少，長得儀表堂堂，而且他的才華出眾，具有一般人所不具備的詩人的浪漫的氣質，到哪裡都不用為找不到紅顏知己而發愁，憑著他的這種優越條件，怎麼能成天與張瓊華這樣一個生著「一對翹天的猩猩鼻孔」（郭沫若：《郭沫若自傳》，江蘇文藝出版社一九九六年七月版，第五〇頁）——一九七九年參加第一屆郭沫若研究學術研討會的學者們見到了張瓊華，發現她並不像郭沫若所形容「猩猩鼻孔」的說法（桑逢康：《郭沫若和他的三位夫人》，海南出版社二〇〇一年第三版，第三〇五頁）——，而且裹著小腳的女子廝守在一起？

郭沫若瀟灑地出走了，追尋他的浪漫去了，而張瓊華則待在家裡，獨守洞房，慢慢地消耗著自己的青春。後來，郭沫若雖然有時寫信回去問候父母，卻在信中沒有提到張瓊華的一個字，根本沒有一句問候的話，世界上似乎根本就沒有張瓊華這個人。直到二十七年後的一九三九年，身著中將軍服的郭沫若攜著年輕貌美的于立群衣錦還鄉，還是沒有表現出對張瓊華熱情，只是因為父親將母親的遺囑轉告給他，他才對張瓊華行大禮跪拜。然而，此時的張瓊華已經是人老珠黃，白髮叢生，青春不再。就在郭沫若離家在外出遊期間，張瓊華一直保持對丈夫的絕對忠誠，按照中國的文化傳統恪守婦道，度過了無數個不眠之夜，並且代替郭沫若侍奉父母，料理家務。更令她感到難堪的是，就在她在家受著活寡的時候，還不時傳來郭沫若在外的風流韻事。他們的婚姻從一開始就明顯地失衡。當然，人們可以輕鬆地將這個責任歸之於父母包辦，歸咎於媒婆的欺騙，同時也認為張瓊華自己一直沉陷於傳統的「三從四德」的男權文化而不能自拔。顯然，郭沫若反抗封建婚姻只顧到自己的前途和幸福，掙脫了封建婚姻的枷鎖，可是沒有考慮將與他一樣深受封建婚姻之害的張瓊華解救出來，而是讓她成為封建婚約的犧牲品和受害者。當時，像郭沫若這樣奉父母之命沒有談過戀愛就與指定的女子結婚在當時的確實不少，魯迅、胡適、茅盾、朱自清、郁達夫……都是如此，其中茅盾對待幾乎是文盲的孔德沚的態度和方式就很令人敬佩，他最初也不滿意孔德沚的現狀，但是他深切理解孔德沚也是封建家庭的受害者，並且與母親商量採取有效措施，幫助孔德沚掃除文盲，提高文化程度，進而建立了愛情。朱自清在與武鍾謙結婚以後建立起感人的愛情，後來武鍾謙病逝，朱自清不僅給武鍾謙掃墓，而且還寫下了非常感人的散文〈給亡婦〉，表達自己的深切悼念之情。可是，郭沫若一度希望張瓊華能夠理解和體諒他的難處，他這樣做確實頗有幾分無可奈何，當然也不能強求他必須與張瓊華建立愛情，但是作為一個現代知識分子，對於已經與他結婚的張瓊華一棄了之，則未免有點不負責任，做人也顯然不夠厚道。

自由戀愛

如果說郭沫若從一開始就沒有與張瓊華產生愛情，那麼他的離家出走尋求自己的幸福多少可以理解的話，那麼他與佐藤富子的結合畢竟是建立在自由戀愛基礎上的，他們之間畢竟產生了極其深厚的感情。一九一四年，來到日本留學的郭沫若年僅二十二歲，正當風華正茂，風流倜儻，一下子就為當時的同齡看護佐藤富子所傾倒和欣羨。而信仰基督教的佐藤富子言談中臉上露出的聖潔的光輝同樣令郭沫若肅然起敬。這樣的一見鍾情正如乾柴烈火很快燃起了熊熊的愛情的火焰。處於熱戀中的郭沫若為表達他對佐藤富子的愛情，寫下了為數可觀的情詩。從這些滾燙的情詩言語中，人們不難看出，郭沫若找到了紅顏知己，得到了幸福。恰如一位傳記作者所言：「佐藤富子對他來說猶如聖母瑪利亞。所以，他又給她聖潔的名字：安娜。」（桑逢康：《郭沫若和他的三位夫人》，第四一頁）熾烈的愛情給了安娜以巨大的勇氣和強大的精神力量，令她衝破巨大的阻力，投進了郭沫若的懷抱，也讓郭沫若卸下了已婚的思想負擔與對父母反對的顧慮，去擁抱他的安娜。對於安娜來說，作為一個強大國家的女子毅然嫁給一個來自弱國的留學生，確實不易，雖然那個時代日本姑娘愛上中國留學生的為數不少（周作人、田漢、陶晶孫、郁達夫、胡風等都曾得到日本女子的愛情，有的後來還成為他們的夫人）父母的阻撓、周圍的閒話、鄰人的歧視都沒有讓安娜怯步，她頂住了來自各方面的種種壓力走到了郭沫若身邊，正如她自己說的：「我把父母也棄了，弟妹也棄了，國家也棄了，只來跟著你去。自己想來這決不會是幸福的事情，但雖說不幸，我也不管，我甘願倒下去跟著你去。」（桑逢康：《郭沫若和他的三位夫人》，第四九頁）其情形相當感人。

移情別戀

與郭沫若結合以後，安娜雖然一度享受到愛情的甜蜜，但是她為郭沫若不僅作出了巨大的事業犧牲，沒有按照自己的意願繼續讀書深造以便將來當產婆，而且跟著郭沫若過著相當貧困的生活，吃了不少的苦頭，尤其感人的是她無論在什麼樣的情況下，都對郭沫若一直忠心耿耿，決無二意。就是郭沫若離開她時背叛了愛情，與別的女人產生關係甚至結婚生子，她對郭沫若的愛情依然是忠貞不渝。一九三七年夏，郭沫若單身一人以冠冕堂皇的為了抗戰的理由回國——按照謝冰瑩的說法，「他是借機擺脫她的日本太太，和四個兒女」（謝冰瑩：〈于立忱之死〉，臺灣《聯合報》一九八四年六月十五日，桑逢康：《郭沫若和他的三位夫人》，第二一九頁）——，安娜以堅強過人的意志經受住了日本帝國主義者的迫害，戰勝了丈夫離開後的孤獨和寂寞，一個人含辛茹苦將五個孩子拉扯成人，其間的艱辛是常人難以想像的。

郭沫若在「拋離別婦」回國之後確實投入到抗戰的宣傳中去，做了不少文化工作，但是很快就在林林的介紹下認識了年輕美麗的女演員于立群，並且又一次一見鍾情，大有相見恨晚的感覺。一九三八年元旦，郭沫若同于立群在廣州的新亞酒樓開始同居，此時距郭沫若離開安娜及子女還不到半年時間。就這短短的一百多天的時間竟然抹去了這位詩人才子對於安娜的愛戀的痕跡，使得郭沫若仍然像一位處男一樣去愛于立群，也使他早已將他對安娜的愛情誓言和安娜的告誡置之腦後，看來風流才子郭沫若在男女愛情上，感情來得十分猛烈，消失得也非常迅速，一見到年輕貌美的于立群，他對安娜的愛情便消失得無影無蹤，不留痕跡。時過一年，郭沫若和于立群在組織的關照和主持下在重慶正式舉行了隆重的婚禮。於是，郭沫若這就成了三個女人的丈夫，他與于立群共度洞房花燭夜的良辰美景時，安娜卻因受他牽連而遭受迫害，而且還要以一個弱女子的肩膀承擔撫養五個孩子的重任。可以一問的是就在郭沫若攜同于立群在武漢珞珈山麓的東湖欣賞湖光山色，在桂林徜徉於青山麗水之際，他到底有沒有想到遙遠的日本還有一個女人在替他受過並撫育子女呢？對於拋棄安娜和一群孩子的事，郭沫若將責任完全推到了日本帝國主義發動侵華戰爭上來，而他自己則沒有表示承擔絲毫的責任。這充分表明它不僅沒有絲毫的內疚和懺悔之意，而且表明他是個毫無責任感的人。

抗戰勝利以後，安娜攜著子女遠涉重洋來到了中國，尋找那個曾經熱戀過她並且對她發過海誓山盟的男人。見面時的尷尬和窘迫是可想而知的，接下來便是組織上派說客馮乃超來做安娜的思想工作，意思是造成這個局面的根源是日本發動的罪惡的侵華戰爭，並一再希望安娜能夠顧全大局，多替已經不是她的丈夫的這位文化名人著想，並且設計出讓安娜保持沉默和以前夫人的身份在中國生活的方式。新中國成立的第二年（一九五〇）五月一日，《中華人民共和國婚姻法》開始實施。法律規定，中華人民共和國公民實行一夫一妻制，而身為中華人民共和國公民的郭沫若卻同時擁有張瓊華、安娜和于立群三位妻子，只是他們三人並不生活在一起而已。然而對於安娜提出公開解除與郭沫若婚姻關係的要求，組織上卻不惜為了維護這個「桂冠詩人」的聲譽和自身的利益而置莊嚴的法律於不顧，依然要安娜維護大局，並且拿出老百姓的血汗錢去了郭沫若的這筆孽債。因為在這樣的組織心目中，只要為了集團的利益和聲譽，所有個人的權利和幸福都應該捨棄和犧牲，至於個人的痛苦是不會或者不容考慮的，於是，安娜對郭沫若的愛情被合謀扼殺了。而郭沫若也由於自己這種行為得到了組織的庇護和包容而心存感恩之情，那麼他在新中國成立後的一再獻媚不能說沒有這方面的原因。

風流成性

對於郭沫若和安娜的婚戀悲劇，學界也有一些人替郭沫若開脫責任。郭沫若的愛情婚姻傳記作者桑逢康所持的觀點與組織上的基本一致（參見桑逢康：《郭沫若和他的三位夫人》第二七九頁）。其實，無論怎麼說，郭沫若在這場悲劇中應該負有不可推卸的責任。從郭沫若的本性來說，他非常風流而且是缺乏責任感的人。就在他「拋雛別婦」離開安娜之前，郭沫若就曾經不止一次地背叛安娜的愛情。一九二五年二月，郭沫若與安娜同住在上海時，他收到了一封署名為「余抱節」的來信，信中表示有位叫余猗筠的小姐約他到美麗如畫的西湖邊賞梅而令他想入非非，他於是尋找藉口到杭州的西湖邊上去尋找浪漫。雖然他裝模作樣地表示有點對不住安娜，但是他還是去了，而且感覺有點不可名狀，心也在砰砰直跳，就像一個初戀的少年，然而此時的他已經是安娜的丈夫。一九二六年，郭沫若投筆從戎，參加北伐軍，時間不長，他見到了一個叫安琳的女青年，心裡就產生了一股莫名的情愫，並且自言自語道：「安琳喲，我是永遠不能忘記你的！」後來他居然還真地對安琳說了，兩人關係之親密就像是初戀情人，更有甚者，郭沫若看到安娜比較寬容，竟然將安琳帶到自己家裡，當著安娜的面給安琳夾菜，顯得相當親熱。而安琳相對來說比較理智，郭沫若因病住院，她沒有去醫院探視，怕的是郭沫若為難，她雖然愛慕郭沫若的才華，但是她頭腦十分清醒，不願插在郭沫若與安娜中間充當第三者，也不願為了自己的幸福而奪人所愛，破壞他人的家庭。可惜，郭沫若雖然有時也想到這些，但是他的風流本性使得他很快將其拋到九霄雲外。倒是安娜對郭沫若表現出理解，而恰恰是安娜的理解和寬容縱容了郭沫若，使他膽子越來越大，做出事則越來越出格。一九二八年春，郭沫若因為寫文章痛罵蔣介石，遭到了國民黨政府的通緝，他迫不得已攜妻子流亡日本。最初的一段時間裡，由於日本員警對他盯得厲害，郭沫若還比較老實，紮紮實實地做起了學問，取得了豐碩的成果。可是一旦警方的監視略有放鬆，郭沫若便舊病復發，利用去田中家送書的機會巧妙地誇讚其女兒柳子小姐長得實在美，並以他的學問和才情贏得了柳子小姐的崇拜。更為荒唐的是，郭沫若有一次竟然背著安娜去找妓女鬼混，沒料染上了淋病，後來他又傳染給了安娜。即便如此，郭沫若雖說也有自我責備和內疚，但是他的歉疚因為並不真心改悔而令人疑心這很可能不過是一種做作。後來他又與女記者于立忱情意綿綿，還以其詩才和了于立忱的〈詠風箏〉而寫出所謂的〈斷線風箏〉。沒想到于立忱不久竟然自縊身亡，到底什麼原因讓這個妙齡女子自殺？她的遺書寫得比較模糊：「如此家國，如此社會，如此自身，無能為力矣！」不過，人們有理由進一步提出這樣的質問：如果郭沫若以他的真心誠意對待于立忱，讓她感受到人間溫暖，她還會自赴黃泉嗎？以郭沫若這樣的本性一九三七年回國以後做出對不起安娜的事情是毫不奇怪的，安娜早就知道他的為人，於是在他這次回國前夕，鄭重地告誡郭沫若：「走是可以的，不過不能像從前那樣胡鬧才是。你的性格不定，最足耽心。只有你是認真地在做人，就有點麻煩，也只好忍受了。」（桑逢康：《郭沫若和他的三位夫人》，第一八一頁）可是，郭沫若並沒有將安娜的話放在心上，一旦離開了安娜，沒有了制約，他就如脫了轠的野馬可以放縱自己了。

面對郭沫若給她的精神傷害，安娜的內心充滿了悲憤之情，她在八十六歲的時候接受日本女作家澤地久枝的採訪時說：「我的一生是野狗似的一生，也可以說是悲慘的一生，這都是因為我的愚蠢。如果你要寫一個像野狗似的人的事，會有損於你的名譽。」（〔日〕澤地久枝：《昭和時代的女性》，桑逢康：《郭沫若和他的三位夫人》，第三一五頁）不過，當澤地久枝問他是否怨恨郭沫若時，她平靜地說：「我覺得他也夠可憐的了。我是無所怨也無所恨，我覺得還是不怨和恨心裡才感到輕鬆些。這樣的想法，是基督教給予我的。」（〔日〕澤地久枝：《昭和時代的女性》，桑逢康：《郭沫若和他的三位夫人》，第三八八頁）安娜的人生與態度很容易讓人想到許地山小說《商人婦》和《綴網勞蛛》中的女主人公：基督教不僅給了她強大的精神力量去抵禦各種災難和不幸，而且給了她博愛的情懷和坦蕩的胸襟，從而贏得了世人的尊敬。

于立群雖然是通過林林介紹認識郭沫若的，但是她最先出現在郭沫若的視線裡，不過是她胞姐于立忱的替身。但是，于立群畢竟是演員，天生麗質，郭沫若自然喜歡，於是他非常老到地借用與于立忱的特殊關係，主動地將保護于立群的責任義不容辭地放在自己的肩上，就這麼一保護，郭沫若便非常輕鬆地將于立群保護到了自己的懷抱裡來，而且自然得不露一絲痕跡。不過，于立群並非等閒之輩，她以自己的智慧「拍拖」住了郭沫若，使他不再尋花問柳，終於給這個風流才子上了籠罩，從此，郭沫若才浪子回頭。

靈魂猥瑣

任何人欠了孽債都必須通過一定的方式清還。在郭沫若一生中多次不對稱的愛情與婚姻中積下了不少的孽債，為此他不得不付出沉重的代價。首先，為了報答組織上給予他的庇護之恩，郭沫若丟掉最起碼的做人的人格和一個知識分子應有的良知，成為二十世紀中國最突出的「表態作家」和御用文人，就是自己的兩個親生兒子在「文革」中先後死於非命，身為父親的他都不敢站出來挺直腰桿為這兩個冤魂鳴不平。其次，郭沫若在同時成為于立群和安娜丈夫之時，我相信他的內心不會一直平靜的，尤其是在安娜從大連趕到北京要求見他而他又不得不迴避的時候，他能像安娜一樣心胸坦蕩嗎？他固然可以獲得當政者的寵愛和一時的榮耀，但是他永遠也沒有能力拯救他那猥瑣的靈魂。正因為如此，安娜認為他實在「夠可憐」，確實是代表歷史給郭沫若所下的最貼切的結論。

3 特立獨行的林語堂

林語堂在許多人的心目中基本上只是一個幽默大師，他的嫻熟地運用漢英兩種語言寫作也為人們所推崇和敬佩，他「兩腳踏中西文化」，向西方介紹中國傳統文化同樣為人所讚歎。但是，在讀了施建偉的《林語堂傳》（北京十月文藝出版社一九九九年四月版）之後，林語堂給我最深刻的印象應該是他的特立獨行，就是說，他按照自己的意志辦事，很少為外力所左右，具有堅強的獨立性，然而像他這樣特立獨行的知識分子在二十世紀的中國並不多見。

中西文化薰陶

林語堂既不是出身於名門望族或者書香門第，也不是現代都市，而是福建漳州山區的一個農民家庭裡，只是他的父親並不是一個單純的農民，還是一個基督教牧師，而且還在「崇拜儒家」的同時「具有維新思想」（施建偉：《林語堂傳》，第五頁），可以說是「兩腳踏中西文化」。生長在這樣的家庭裡，決定了林語堂自幼接受了中西兩種文化的滋潤。出生於一八九五年的林語堂的幼年時期，雖然西方文化開始向中國這塊古老的土地滲透，但是我們的大多數國人還處於封閉狀態，對於外來文化持排斥態度，但是林語堂由於父親的開明而能夠接受西方現代式的教育，在那許多人特別是山裡人根本想都不敢想讀書的年頭，林語堂和他兄弟可以進入聖約翰大學讀書，受到當時中國最好的教育。這樣，林語堂的文化基因中既有山裡孩子的野性，不受拘束，又有西方文化的獨立和自由的成分。因而，林語堂在少年時期就顯示出山裡孩子不受拘束的野性，就是個「長著『頭角』的小搗蛋」（施建偉：《林語堂傳》，第一六頁）。村裡當時一個儒生以擊鼓試圖壓住教堂的鐘聲，而林語堂等一幫孩子不服氣，就和那儒生比試，他們幾個輪流撞鐘，最終將那儒生的鼓聲給比了下去。進入學校讀書，林語堂頑性不改，他偷看老師的考試卷子，然後將考題與答案告訴全班同學，讓大家都得了高分。老師閱卷時非常驚訝，根本沒想到班上的高材生會做這種事。林語堂在尋源書院讀書時，美國校長畢牧師不准學生晚上出去買宵夜的點心，在校門口嚴密監視，林語堂則是採取窗外吊籃子方法，將買到的點心從窗口傳進宿舍。在課堂上，林語堂並不按照學校老師的講授按部就班地讀書，而是根據自己的愛好讀書。他覺得「任憑教員擺佈」，「完全是浪費時間」（施建偉：《林語堂傳》，第三一頁）。讀了大學，林語堂依然如此，「他深感在課堂上收益甚微，他甚至討厭上課，因為上什麼課都不能像自己讀書那樣可以自由選擇書本。」（施建偉：《林語堂傳》，第四五頁）顯然，他要的是自由自在，無拘無束，充分發揮人的天性。

不喜拘束

作為山裡長大的孩子，林語堂養成了他獨特的生活觀。他喜歡赤足，並且討厭打領帶。「在北京當教授時，他就喜歡不穿鞋子在系辦公室的地毯上行走。」（施建偉：《林語堂傳》，第五四頁）在他看來，「人的雙腳，即因為上帝為了叫行走而造成它們，所以是完美的。對於它們不能再有什麼改良，而穿鞋是一種人類退化的形態。」（施建偉：《林語堂傳》，第五四頁）於是，林語堂大力宣傳光腳的優越性，一生偏好赤腳。他甚至還寫了文章〈論赤足之美〉，讚美赤足，將其上升到快樂自由的層面。在西方交際場合，對於一個男士來說，西裝革履和領帶往往是必不可少的。當西裝傳入中國並形成時尚時，許多人都樂於打領帶以顯示自己的身份和地位，但是長期穿行在東西方的林語堂對這束脖子的東西表示厭惡，將領帶痛斥為「狗領帶」，認為它「束縛人性」（施建偉：《林語堂傳》，第三一六頁）。平日在家，他的穿著「以身體的舒暢為最高原則，穿著隨便，自由，閒散，……」（施建偉：《林語堂傳》，第三一六頁）對於朋友的來訪，林語堂並不一概拒絕，但是他只見事先約定好的來訪者，否則不見，而且與來訪者交談也盡可能簡明扼要。這就是說，他一方面要做現代都市里的隱者，另一方面他要主導著客人來訪，使自己的自由和閒散的生活儘量少受干擾。

思想偏激

在生活方面，林語堂在自由與閒適舒暢中表現出他的特立獨行，在人生道路上他同樣追求自己的獨立和自尊。林語堂生活於二十世紀，穿行於東西方之間，特別是在中國，政治對於知識分子具有強烈的吸引力和操縱力，或主動投入或被動捲入政治風暴之中，從而使自己身不由己，以至失去了人生的方向，失去了主體，甚至被扭曲了靈魂，演繹出人間的悲喜劇和滑稽劇。在這樣的政治環境中，一個人要獨善其身，把握住自己談何容易。然而林語堂在他幾十年的人生旅程中基本上做到了。當然，這不是說他沒有失誤的時候，而是說他在短暫的失誤過後，能夠很快地清醒過來，冷靜下來，按照自己的意願做事做人。林語堂從西方留學回來後為報答胡適的知遇與救助之恩，來到了北京大學教書，一九二四年底著名的《語絲》雜誌創刊，林語堂成為該刊的固定撰稿人。當時，魯迅等人「叛逆」性與社會上尖銳複雜的政治矛盾激蕩著林語堂的頑童性格，進而將林語堂推向了激進。當有人罵林語堂他們是一幫「土匪」時，林語堂索性以「土匪」自居，寫下了文章〈土匪頌〉，其中言辭比較激烈，堪比郭沫若的詩〈匪徒頌〉。隨後，林語堂捲入了尖銳激烈的政治鬥爭。一九二五年，「五卅」事件發生令林語堂義憤填膺，當他看到報紙上報導的「五卅」新聞後，「對被害同胞的同情，對殺人劊子手的痛恨，這兩種情感像兩條蛇似的在林語堂的心裡絞纏。」（施建偉：《林語堂傳》，第一二七頁）於是他加入到北京大學師生向執政府的遊行請願的行列。不僅如此，到了一九二五年女師大爆發學潮時，林語堂與魯迅等人從一開始就站在學生這一邊，從道義和行為上積極支持學生驅逐校長楊蔭榆。就支持學生來說，本無可厚非，但是對於學潮中出現的暴力傾向，林語堂不僅沒有絲毫的勸阻和批評，而是表示讚賞和支持。在這次學潮中，楊蔭榆召集「男女武將」使用暴力手段對付學生固然不該，但是學生以暴力方式驅楊同樣存在問題。然而，作為知識分子的林語堂卻認同了暴力，情緒偏激。特別突出的是，一九二五年十一月底的北京爆發的大規模遊行示威不僅喊出了「打死朱深、章士釗」等暴力口號（施建偉：《林語堂傳》，第一四四頁），而且示威的人們還「摘掉『京師員警廳』的牌子，搗毀了章士釗、劉百昭的住宅，……火燒研究系政客的喉舌《晨報》館。」（施建偉：《林語堂傳》，第一四四頁）大概是受群眾偏激情緒的影響，林語堂不僅參與了這樣的遊行示威，而且參與了「拿起竹竿和石塊」，「直接和軍警肉搏」的「激烈行動」（施建偉：《林語堂傳》，第一四四頁），而且曾經訓練過壘球技巧的林語堂投出去的石塊命中率極高，「常常把武裝軍警打得頭破血流」。（施建偉：《林語堂傳》，第一四四頁）或許在這中國崇尚暴力的傳統影響下，林語堂也不能免俗。更令人感到遺憾的是，當別人批評林語堂暴力行為時，他還沒有醒悟，沒有認識到自己的過錯，沒有反思自己的行為，反而引以為榮，竟然寫下了〈祝土匪〉一文。接著他又為魯迅「痛打落水狗」叫好，並且參與到所謂的「打狗運動」中來，並且成為「打狗運動的急先鋒」（施建偉：《林語堂傳》，第一八一頁），進而迷失了自我，差點為現實政治所綁架。如果照此發展下去，那麼林語堂就不是後來的林語堂了，就可能成為與聞一多相似的激進人士，其結果也許死於國民黨的槍口之下，也可能死於反右運動或者「文革」的精神折磨與肉體摧殘。

轉向平和

然而，林語堂畢竟是林語堂，他沒有在政治的旋渦中陷入很深，讓他幸運的是，就在女師大事件之後的一九二六年，他和魯迅等人離開了北京這個是非之地。當他來到廈門大學工作之後，他雖然並不滿意這所學校，並且時間不長就去了上海，但是這裡似乎是他人生的一個轉捩點，他自從到了廈門大學以後，就像變了一個人一樣，逐漸疏遠政治，跳出了政治旋渦，人也變得溫和了，雖然他還有詛咒這令他厭惡的地方之舉。看來是家鄉的自然美景的薰陶和疏離了全國的政治中心，喚起了林語堂內心的性情平和。於是，他在平和中找回了主體精神，恢復了心靈的自由，開始按照自己的意志做自己想做的事。

離開廈門後，林語堂到武漢做了一段時間的國民政府外交秘書，很快就離職到了上海。他是應外交部長之邀前往任職的，但是，他的知識分子的本性並沒有因為走進官場而消失，倒是官場的烏煙瘴氣令他感到窒息，那裡「汙穢的風吹破了林語堂那充滿幻想的肥皂泡。」（施建偉：《林語堂傳》，第二一三頁）經過這一次官場的人生體驗，林語堂對現實的政治有的自己的認識：「政治為吃人的遊戲，沒有吃人的勇氣和吃人的本領，就不要去做官。」（施建偉：《林語堂傳》，第二一五頁）從此，他不再想從事當官這一危險的遊戲，也不想涉足政治，開始迴避官場，疏遠政治。林語堂對政治的認識顯然是將極權專制時代的政治等同於所有的政治，難免產生一定的偏頗，存在著「一朝遭蛇咬，十年怕井繩」的政治恐懼症，但是這倒是非常有利於林語堂走向自由主義，進而有效地避開政治的操控，為自己後來的特立獨行提供了條件。

林語堂離開武漢來到了上海。其實，曾經與他一道「戰鬥」過的魯迅也到了上海，但是林語堂不是追隨魯迅，而是蔡元培。魯迅與蔡元培過去雖然都是五四新文化運動的先驅，但是在五四新文化運動以後，他們的人生道路卻大不相同。魯迅自女師大事件後思想就開始日漸左轉，越來越傾向於革命的思想理論，進而與政治走得越來越近，到了一九三〇初左聯成立的時候成為左翼作家的領袖；而蔡元培自從擔任北大校長以來堅持「兼容並包」的理念，一心放在教育上，在他的心目中，教育應該超越政治、黨派與宗教。一九二三年蔡元培辭去北大校長職務，經過一段時間的歐洲遊歷，到了一九二七年回國後擔任國民政府大學院院長，這樣林語堂在初到上海還沒有站穩腳跟的情況下可以得到蔡元培的幫助，受聘為大學院特約撰述員。同時受聘特約撰述員的還有魯迅。這樣，林語堂也就解除了初到上海時經濟上的後顧之憂。來到上海後，林語堂繼續堅持自己的寫作，當魯迅熱衷於與同他持不同文藝觀和政治觀的人進行罵戰時，林語堂將他在一九二四年所提出的幽默作為此時寫作的追求，他要在這方面大做文章了，從而使他與魯迅之間產生的間隙，而且這個間隙在不斷的擴大，最終導致他們之間友誼的終結，他們倆令人遺憾地分道揚鑣。

與魯迅斷交

林語堂最初認識魯迅大概是從閱讀《新青年》開始的。我們雖然不清楚林語堂最初閱讀魯迅文章的具體情形與感受，但是我們知道林語堂從聖約翰大學畢業後來到清華大學擔任教員。早在一九一七年，二十二歲的林語堂就在《新青年》上發表文章，由此可見他在讀了《新青年》之後才會給其投稿，而魯迅此時已經在《新青年》上發表不少文章推動新文化運動。但是，林語堂真正與魯迅接觸可能在一九二四年《語絲》創刊後不久，因為他們二人同是《語絲》的固定撰稿人，既然如此，林語堂與魯迅雖然沒有專門交往，但是有所接觸，在公眾場合見見面是很可能的。然而，林語堂真正開始在魯迅心目中留下深刻印象的是在一九二五年十二月五日。魯迅在這天日記中記下了林語堂的名字，成為他們倆開始交往的第一證據。從此以後的十餘年時間裡，他們二人經歷了「結交——斷交——復交——絕交」（施建偉：《林語堂傳》，第二四八頁）的曲折過程。我們在這裡不想專門探討他們之間的結而斷，斷而復與復而絕的具體問題，我們只是從這裡可以看出林語堂特立獨行的個性。如果說一九二九年，魯迅與林語堂鬧了糾紛主要是出於「兩方面的誤解」（郁達夫語，施建偉：《林語堂傳》，第二五三頁），那麼到了一九三四年，魯迅與林語堂的絕交則是由於他們在思想上的分歧。此時，魯迅已經是左翼文化陣營的領袖，自然希望將林語堂納入到自己的陣營，然而此時醉心於幽默的林語堂則是沿著自己的個性軌道前行。對於林語堂提倡幽默，魯迅是反對的，在魯迅看來，「在『炸彈滿空，河水漫野』的中國大地，沒有幽默可言」，「現在不宜在中國提倡幽默」。（魯迅語，施建偉：《林語堂傳》，第三二三頁）而林語堂則對政治不感興趣，不想投入某個政治陣營，更反對文藝成為政治的工具，他所看中的是文學的「性靈」和「閒適」。林語堂的文學觀固然不無偏頗之處，且有令幽默泛化的傾向，但是他試圖在那個錯綜複雜的政治鬥爭中保持自己的獨立個性，反對文藝淪為政治鬥爭的工具還是十分可貴的。對於魯迅在公共場合給他潑冷水，林語堂避開其鋒芒，既「不反駁，也不作聲」，但是沒有改變自己去迎合魯迅，而是我行我素，依然堅持他的幽默。更令人感到敬佩的是，林語堂竟然允許自己的刊物刊登魯迅批評他幽默的文章，即使魯迅給他潑冷水，他也不放在心上，依然與魯迅說說笑笑，符合他的幽默的個性，顯示出他胸懷的大度。由於林語堂的堅持和努力，他到底成為幽默大師，從而在現代中國獨領風騷，進而為中國現代文學史書寫下獨具風采的一頁。

研製打字機

林語堂寫散文，寫小說，人們基本瞭解，但是很少有人知道，他還搞過中文打字機的發明，在這件事上最能顯示他的特立獨行。本來，機械發明是工程師和技術人員的職責，但是作為作家的林語堂卻一度熱衷於此，哪怕是傾其家產乃至負債都在所不惜。當時中國作家寫作，幾乎全部用筆寫作，而且絕大多數作家用的還是中國傳統的毛筆，直到二十一世紀，電腦非常普及的情況下，仍然有一些作家還在用筆寫作，覺得在硬邦邦的機械面前找不到寫作的靈氣。而林語堂早在一九一六年就開始與中文打字機打交道，他並不覺得機械這東西有礙於自己才氣的發揮，而且他似乎與機械很有緣分，很有感情，一開始就產生了濃厚的興趣。他不僅樂於使用打字機這玩意，而且還對其笨拙表示不滿，要對其進行改進。他首先從漢字的檢字法入手，提高檢字效率，一九二四年他發明了「漢字號碼索引法」，發表了「國音新韻檢字」。一九二五年，他又推出了「末筆檢字法」。一九三一年，林語堂到瑞士開會，順便到了英國，與英國工程師研究製造打字機的模型，結果他花了幾個月的時間和所有的錢，帶回了一台不完整的機器模型，繼續進行琢磨和研究。他的這一琢磨和研究一下子持續了三十多年，而且耗費了他幾乎全部的家財。到了一九四六年，林語堂已經積累了十幾萬美圓的資產，這在當時的美國也算是一筆相當可觀的財產，然而為了對中文打字機進行改造和試驗，他不僅花費了大量的時間和精力，而且不斷投入，將其花費殆盡，由此可見，林語堂對中文打字機的改造達到了癡迷的程度。到了一九四七年，林語堂終於製造出打字機的模型，並且在一九五二年申請獲得了專利。不過，他的這一專利並沒有給他帶來巨大的經濟利益，沒有得到應有的回報，但是他無怨無悔。倒是他的夫人廖翠鳳為傾家蕩產而傷心落淚。

回歸臺灣

林語堂自一九二七年從外交部秘書的位置上離任以後基本上疏遠政治，他不再涉足官場，也沒有加入某個黨派，更沒有捲入政治旋渦之中，但是這並不意味著他與政治絕緣，他依然關心著政治，他站在個人主義的立場上觀察和審視政治。一九三六年，張學良和楊虎城發動西安事變。事變發生以後，每一個中國人和國際友人都很關注中國的未來，並且預測著事態的發展。但是由於各種原因，許多人對這一事件的預測趨於悲觀，還有不少人感到迷茫，而林語堂則由於身在政治的廬山之外而保持清醒的頭腦，進而準確地推斷出這樣的結局：「張學良不僅會釋放蔣介石，還會友好地陪同蔣介石一起回到南京。」（施建偉：《林語堂傳》，第三九一頁）一九四〇年，林語堂回到了抗戰中的祖國。對於他的回國，許多人以自己的思想意識來猜測林語堂的回國目的——做官。但是，林語堂根本沒有這樣的想法，他明確表示自己「沒有『官癮』」。（施建偉：《林語堂傳》，第四四六頁）他清醒地認識到：「做官有做官的良心，做人有做人的良心，做官不同做人，做官的要有做官的手腕，做官的方法，他自己就缺乏這種手腕和方法。」（施建偉：《林語堂傳》，第四四六頁）其實，他當年做官經歷已經表明，一個人如果做了官，那肯定是「人在官場，身不由己。」因此，他覺得還是做一個文人更自由，更瀟脫，可以根據自己的喜好去做事，可以說自己想說的話。因而，他不用隱瞞自己對蔣介石的敬佩之情。哪怕是蔣介石及其政府受到西方國家的冷漠對待，他仍然沒有改變對其信賴和支持，他把中國抗戰的希望寄託在其身上。對於林語堂的這種感情，國內很少有人理解，西方盟國也不能理解，他一度陷入了孤立的境地。但是，林語堂仍然心有不甘，他「仍然負隅頑抗」，「林語堂意識到自己是在進行一場毫無勝利希望的戰鬥，他成了失利一方的有名傷兵。」（施建偉：《林語堂傳》，第四六八頁）林語堂對蔣介石的信賴與支持，是因為蔣介石是抗戰最高統帥，他從民族利益出發，沒有個人的私心，至於後來蔣介石給予他的優待並不是林語堂事先所想得到和期待的，因而與林語堂的私心沒有關係。

一九六六年，旅居美國多年的林語堂回到了臺灣，儘管他的故鄉在海峽的對岸福建漳州，但是他將臺灣當做自己晚年的人生歸宿。此時，由於林語堂長期以來信賴和支持蔣介石及其政府，大陸方面肯定不會容納他，況且大陸正處於極權統治之下，作為自由主義知識分子而一向特立獨行的林語堂自然不會自投羅網，為了鄉情而犧牲自己的獨立與自由。好在他的故鄉與臺灣並不遙遠，在地理形態和語言語音上都與家鄉相似。然而，就在林語堂回歸祖國寶島臺灣之際，臺灣卻有不少人正在湧向美國，渴求美國的綠卡。而林語堂則放棄了成為美國公民的機會，他以七十多歲高齡回到祖國的懷抱，終於落葉歸根了。

回到臺灣後，林語堂雖然接受了蔣介石給他提供的優厚的經濟條件，沒有斷絕與官員的交往，但是他沒有奔走於官場，沒有主動造訪上層社會，倒是包括蔣經國在內的高級官員出於對知識分子的尊重而前來拜訪他。他沒有在臺北熱鬧的市區住下來，而是在陽明山麓租下了花園別墅，享受「世外桃源」（施建偉：《林語堂傳》，第六〇四頁）的自然和清靜，過著半隱居的生活。

作為特立獨行的自由主義知識分子，林語堂是很幸運的，他雖然生活在二十世紀，他雖然在國外長期僑居，雖然受到不少人誤會、曲解、批判和唾罵，雖然遭受這樣那樣的挫折，但是他並沒有遭遇重大的不幸，他的幾十年的人生總體來說還是比較順當的，因為他的絕大部分時間都生活在民主自由的社會裡。如果說他所生活的二〇年代中國雖然還是北洋軍閥統治之下，但是作為自由主義知識分子還是擁有一定的精神空間，那麼後來他到美國，雖然是異國他鄉，但是他能夠自由地創作，自由地表達。晚年的林語堂回到臺灣定居，當時的臺灣雖然還是處於蔣介石的獨裁專制之下，但是那裡的國民黨政權相對來說還是比較尊重知識分子的，因而，林語堂能夠在充分享受晚年的清靜與平和中安詳地走完他八十年的人生。

4 美麗的噩夢

彷彿是深夜在沙漠上行走，又似乎是暴風雨中駕一葉孤舟飄在一望無際的大海上，不辨方位，不知所至，又饑又渴，焦急萬分。忽見前方閃出一線光明，又好似幻化出一座美麗的花園島。他帶著甜蜜的微笑，狂呼著拚命奔去。但待他筋疲力盡地趕到那「光明」的所在，才發現那是一匹巨獸的凶眼和獠牙放出的光；那「美麗的花園島」卻是一個呼嘯著的大漩渦！眼看就要被那匹巨獸吞噬了，眼看就要陷入那永劫不復的大漩渦了……

——董健：《田漢傳》，北京十月文藝出版社一九九六年十二月版，第八六八至八六九頁

一九一六年八月的一天，湖南青年田漢離開祖國前往日本訪學。在直航神戶的「八幡丸」上，田漢做了這樣一個「美麗的噩夢」。誰也沒有想到，這樣一個夢竟然以隱喻的形式幾乎分毫不差地應驗著田漢後來幾十年的人生。

革命的火種

與他那一代許許多多知識分子一樣，一八九八年出生的田漢自幼深切地感受到祖國的貧弱憂患、社會腐敗和民族危機，同樣接受了傳統文化的薰陶與愛國主義教育，並且由於家境日趨貧寒，幼小的心靈不僅體驗到世態

炎涼，而且培植了不滿的情緒。所幸的是，田漢有著聰穎好學的品性，並受到良好的教育（包括舊式教育和新式教育），這為其後來在文化事業上有所作為鋪平了道路。對於田漢來說，童年對於戲劇的特別愛好陶冶出他的浪漫情調和藝術激情，同時令他朦朧地認識到藝術具有獨立性，不在官方在民間。特別值得注意的是，辛亥革命前夕，田漢雖然出身在湖南貧困的鄉村，但是由於那裡靠近省城長沙，所以一點都不閉塞。在他的家鄉，反封建的革命思想廣泛傳播，辛亥革命先驅陳天華的《猛回頭》以通俗的說唱的形式在田漢的家鄉宣傳，其中的革命思想自然沐浴著幼小的田漢。與此同時，先由譚嗣同、黃遵憲、唐才常和皮錫瑞在長沙開辦南學會，鼓吹和宣傳維新變法思想，後來又有赫赫有名的維新派領袖梁啟超在這裡創辦時務學堂，開展啟蒙教育。不久，孫中山的強烈的反對封建專制，推翻清王朝的反動統治的革命思想也傳到了這裡。孫中山所創辦的《民報》與梁啟超主持的《新民叢報》和《國風報》等已經出現在田漢就學的校園裡，給那裡的師生們送來了西方各種先進的思想學說。當時的田漢雖然只是十多歲的少年，還不能完全搞懂這些思想理論，但是他「與一切抨擊中國現實的言論發生強烈的共鳴」（董健：《田漢傳》，第五一頁）。這使田漢對於腐敗透頂的清朝政府和黑暗的現實十分不滿，於是，少年田漢的心頭從此埋下了革命的火種。隨著年齡的增長，田漢接觸到的現實更為廣泛，對於社會的認識更加深刻，他的愛國主義情感和政治意識更加濃重，這就孕育了他的改變現實的革命之夢。

美麗的夢幻

早在一九一一年五月，只有十三歲的田漢就用他童稚的聲音第一次發表反政府的政治演說。隨後他便拿出行動，和同學組成一支志願隊，幫助民營當局修建鐵路，以示與「國有」政策的對抗。同時，田漢與他的三位同學懷著一股豪情為自己改名，將「田壽昌」改為「田漢」（即「英雄懷漢」之一）。隨著辛亥革命的爆發，整個長沙都洋溢著革命的氣氛，田漢深受感染，毅然參加了學生軍，表示要為革命效力。但是，歷史從來就不是一帆風順的，田漢參加的學生軍只過了三個月就被解散了，他只好重新回到學校裡來。不過，他的革命熱情並沒有減弱，只是在他的心底深深地潛伏著。

十分幸運的是，田漢有個開明的舅舅，他為有田漢這樣聰慧好學的外甥感到欣慰，而且非常欣賞田漢，竭力鼓動和支持他到日本去讀書，到那裡可以接觸更為廣泛的西方文化，這樣就可以使田漢大開眼界，可以找到反對東方封建專制主義的有力武器，進而可以將當了幾千年奴隸的中國人喚醒，可以使自己的祖國煥發出「少年中國」之氣概。誰知，就在趕赴日本的船上，竟然做了那麼個令人心悸的「美麗的噩夢」。當時，他只是大叫了一聲，沒想到在他後來數十年的人生中，這個「美麗的噩夢」竟然像一道揮之不去的符咒一直籠罩著他的命運。

來到了日本，田漢與魯迅、郁達夫等留日的青年學生一樣，如饑似渴地閱讀各種書刊。田漢的閱讀特別關注社會政治問題，對於俄國的暴力革命建立新政權十分感興趣，試圖從這裡找到改變中國社會現狀的靈驗妙方，並且大膽地預言：「若然，則繼種族、政治革命之後，不數十年，且將有社會之大革命也！」（董健：《田漢傳》，第八一頁）當時，在日本流傳的西方思想學說很多，就與五四時期的中國一樣，以暴力革命思想為主的馬克思主義學說只是其中的一種，而且打著社會主義招牌的思想也是五花八門。田漢對這些社會主義的思想理論雖然認識並不深刻，但是他的態度是真誠的，熱情是巨大的。這些社會主義思想理論之所以對田漢具有強大的吸引力，是因為這些理論突出了處於社會底層的工人與農民的辛勤勞動與悲慘的遭遇，歌頌勞工的創造與勞動，反對剝削和壓迫，在某種程度上契合人們的人道主義情懷，而且這些思想理論大多主張通過暴力革命推翻「反動」政權的統治，建立沒有壓迫和剝削的理想社會。當時的社會現實，確實如此，工人、農民從事非常繁重的體力勞動，生活卻極其貧困和艱辛，就像後來所宣傳的那樣：「吃的是豬狗食，幹的是牛馬活。」勞動者的處境確實十分悲慘，尤其是在貧困落後的中國。所以，這樣嚴重不公的社會現實自然會激起人們的義憤和反抗意識，自然有理由予以改變。在這種情況下，懷著義憤和反抗意識的人們很自然地傾向於通過暴力革命改變現狀，特別是叛逆心理強烈的青年人由於自己的社會地位普遍沒有確立，常常處於弱勢，更容易走極端，情緒偏激，認同和接受暴力。在他們的心目中，暴力革命決不拖泥帶水，可以讓人感到痛快淋漓，改變現實既迅速，又徹底，還可以宣洩他們那長期壓抑鬱悶的心理。然而，在信仰這種以階級鬥爭理論為主導的社會主義理論之時，田漢與當時的那些知識分子和熱血青年一樣，忽視了這樣十分重要的問題：推翻了「反動」的舊政權之後建立起來的新政權就一定是理想公正的嗎？偉大的學說之「龍」難道在任何情況下播下的「龍」種就不會收穫「跳蚤」嗎？暴力革命的理論就是絕對的真理嗎？美麗炫目的光芒就一定是來自理想的天堂嗎？對於這些問題，田漢想都沒有想過，只是憑著自己的一腔愛國熱情在心底揚起了革命的理想，進而投入到實現夢想的實踐中，不顧一切地撲向那個美麗的夢幻。於是，他在東京參加了少年中國學會，希望為創造一個嶄新的理想的「少年中國」而效力。

真誠而直率

田漢是個非常忠厚的人，他的為人處世、待人接物都特別講究真誠。這樣的性格決定了他無論對誰都從不掩飾自己的真實情感，決不耍心眼，使手段，所以他說話就不知道拐彎抹角，旁敲側擊，而是直來直去，為此他常常並非本意地得罪人。他的女友易漱瑜在東京學習遇到困難找到他時，他不是耐心地勸慰幫助，而是「動不動就指責她『沒有志氣』，有時還說什麼『你十七、八小二十的人了，應該有一些「真自覺」了！』」（董健：《田漢傳》，第一五〇頁，原文如此。）最容易得罪人的是他有一次對郭沫若說的話。那是他與郭沫若滔滔不絕地談論文學藝術及其批評，郭沫若覺得他想得太多，於是對他說：「我看我恐怕沒有什麼批評能力，能當個小小創作家就不錯了。」頭腦稍許活絡的人馬上就可能奉承道：「老兄的創作成就是有目共睹的，想來批評也一定是一流的。」即使不奉承，至少也該這樣說：「郭兄怎麼如此謙虛呢！」可是，田漢卻直截了當地說道：「好啊！『凡是創作家只儘管去創作，別管批評家的是非毀譽』……」這話雖然非常真誠，但是沒有寬懷大度的人聽了是很不舒服的。田漢這樣的性格顯然不是搞政治的料，倒很適宜於去搞藝術。

革命與藝術之間

事實上，田漢一直癡迷於藝術，尤其是戲劇創作和演出，而且把他的真誠帶到了藝術中來。所以，他儘管對政治懷有濃厚的興趣，然而他還是將更多的精力投入到戲劇藝術的王國。他似乎天生就具有浪漫主義的感傷情懷，再加上他作為年輕人的力比多的旺盛強勁，在全身心投入到戲劇王國時，他非常鍾情於violin（藝術）與rose（愛情）。一九二二年，田漢從日本回國，幾乎傾盡他的心血投入到戲劇運動——他已不滿足單槍匹馬地編寫劇本，而是組織成立南國社，將藝人們組織起來從編劇到演出，搞戲劇運動——中來。由於擔心戲劇運動為人利用，異化為別人的工具，他決心不投靠官府，對於政府的拉攏保持高度警惕，竭力保持自己的獨立性和民間性，儘管後來的國民黨當局多次試圖招安，但是都被田漢巧妙地頂了回去，體現了現代知識分子獨立的人格。他雖然因此而吃了不少的苦頭，常常陷入經濟窘迫的困境，但是他贏得了戲劇界同行們的普遍尊敬，在藝人們中間享有崇高的威望，被人尊為「田老大」。

田漢在他熱心搞藝術的同時，並沒有完全忘了政治，他常常將自己的政治激情融進戲劇的創作、排演和教育中去。他在回國之時就立下宏願：「我要『紮硬寨，打死仗』，我要以正義為武器，與禍害中國的一切惡魔戰鬥！」（董健：《田漢傳》，第一九六頁）在具體的戲劇活動中，田漢確實是按照自己對藝術與政治的關係的理解去處理一切，而且他的處理原則雖然不能說完美無缺，但還是寄激情於符合藝術規律的戲劇活動之中。問題是田漢並沒有生活在半空中，在他的周圍還活動著無數的「左翼」和「右翼」政治人士，他們通過各種方式和各自管道向田漢施加影響，力圖將自己的思想理論和政治主張灌輸給田漢，而田漢最初並不偏於任何一方，而是要在這兩者之間保持自己的獨立，而這談何容易！他常常要為維持自己的超越政見的友誼而感到左右為難，十分頭疼。儘管他作出了種種努力，但往往很難令雙方滿意，以至時常引起誤解，遭到朋友們的批評。由於他在國家主義者的刊物上發表充滿愛國激情的文章和這樣的歷史劇，很快就有共產黨人林伯渠的規勸，要求他不要在那雜誌發文章，也不要與那些人來往。然而過了不久，中國的社會現實卻給田漢以巨大的外力推動著他改變了原先的不偏不倚，令他向著「左」的方面轉變。這就是二〇年代後期中國的「左翼」文藝運動聲勢浩大，蔚為壯觀，幾乎所有激情澎湃的作家都為激進的革命口號所吸引，就連許多國民黨官僚都高喊革命口號（只是他們的「革命」的含義未必與共產黨人的相同）；三〇年代由於「九一八」事變，日本帝國主義併吞我東北三省進而對整個華北乃至全中國虎視眈眈，中華民族面臨著嚴重的危機。於是，受到時代感召的田漢日漸「左」轉，進而投入到「左翼」政治的懷抱，在他的政治信念中，「左翼」思想佔據越來越重要的地位。於是，他在編織自己「銀色的夢」的同時，組織建立了「中國左翼戲劇家聯盟」，並且加入了中國共產黨。田漢的這種「左」轉基本上出於憂國憂民的情懷，出於對革命高揚時代的理想憧憬。他開始變得激進起來，激動地宣稱，歷史「早由個人主義時代進到了社會主義時代了！」（《田漢文集》，中國戲劇出版社，一九八三年版，第十四卷，第三四一頁）單看這樣的口號，田漢似乎有點忘乎所以。可是，當他沉浸在藝術的王國裡時，五四時代的那種個人的聲音便又不可遏制地在他的戲劇作品中迴響。作為五四時期現代知識分子獨立人格和現代精神具體體現的那種「獨立癖」的個性也沒有在他的身上消失。只是理想與個性，政治與藝術之間產生了矛盾，而田漢則是「當局者迷」，他沒有意識到。

一九二九年一月，田漢率領的「南國」在南京舉行連場演出，後來卻受到了一個名叫章冠群的「小兵」的批評。在這位「小兵」看來，田漢等人演出不合大眾的口味，因為他們的戲過於「清高、溫柔、幽美」，不夠「粗野」和「莊嚴」。（參見董健：《田漢傳》，第三一八頁）「小兵」的這個批評恰恰契合了田漢當時的政治情感，因而他十分重視，並由此檢討自己的戲劇創作和演出，覺得應該從「抒情詩時代」向「敘事詩時代」轉變，性情變得浮躁。搞過藝術的人可能擁有這樣的經驗：一個人的創作路子是在長期的摸索中形成的，要想改變並非輕而易舉。單憑一腔熱情，沒有做好充分的心理準備，在知識結構上作相應的調整，並且作深入細緻的思考和研究，那麼，這種轉變必然是草率而膚淺的，其結果必然以犧牲藝術為代價。他根據「小兵」要求編排的社會劇《火之跳舞》和《第五號病室》，無論創作還是演出，都倉促上陣，結果「藝術上可觀之處不多，社會反響也平平」。（董健：《田漢傳》，第三四五頁）這使他未能避免許多轉向左翼的藝術家所犯下的諸多通病：作品標語口號化、簡單圖解政治、審美趣味淡薄以及編造痕跡太重，等等。由此可見，人，不可沒有激情，但是應該注意到激情很容易遮蔽人的眼睛，令人看不清事物的本質，更容易讓人衝動而失去理性，進而喪失最基本的判斷能力，以至釀成各種大大小小的悲劇。

就在田漢廣泛地接受了左翼思想理論和觀念之時，中共內部的極左的教條主義盛行，激進情緒蔓延，左翼人士的思想理論觀念不可避免地包含許多因急躁而缺乏理性以及違背人性和歷史規律的因素。這使得田漢極其虔誠地全盤接受左翼思想理論，忽視了任何一種思想理論都存在缺陷，都有其局限，都可能是一把雙刃劍，甚至還可能將左翼思想理論的某些錯誤的東西視為真理而毫無保留地全面接受。於是在回顧了「南國」藝術運動史時，田漢批判了自己走過的路，「過去的南國，熱情多於卓識，浪漫的傾向強於理性，想從地底下放出新興階級的光明而被小資產階級的感傷的頹廢的霧籠罩得太深了。」（《田漢文集》，第十四卷，第三五二頁）勇於批判自我的精神是十分可貴的，然而關鍵是批判的對象應該是確實錯誤的東西，而田漢卻將正確的視為錯誤來批判，不能不說是他的重大失誤。正是左翼思想理論中某些東西蒙住了田漢的眼睛，令他是非顛倒。這樣，田漢的左轉無疑暗合了一九一六年那個「美麗的噩夢」，他本以為迷人的美麗島原來不過是暗藏著的可以將人捲入其中的巨大漩渦。

左翼思想以其巨大的煽惑力量牽引著田漢放棄客觀地看待事物的立場，放棄對於事物的思考，將他牽向「集體主義」，進而一步步地消磨他的獨立和個性，限制他的自由的空間。他按照一個知識分子和藝術家展開的社會交往不時受到黨內某些「同志」的批評，他的廣交朋友，頗講義氣，本來沒有什麼不好，但是在某些「同志」看來卻是原則性不強的表現，就像數十年後的「文革」中許多人被批評為立場不堅定，旗幟不鮮明，路線沒劃清一樣。他因此而日漸感受到被限制的痛苦，尤其是當他的藝術追求與左翼政治的要求難以協調一致時，他的這種痛苦更加突出，但是，他只能將痛苦強忍著吞進肚裡，從不輕易流露。儘管如此，他對左翼政治仍然堅信不移，沒有絲毫的懷疑，按照這個政治團體的說法，應該是立場堅定，意志堅強，然而，田漢的這種牢固的信念並沒有得到普遍的認可，還是不時遭到他的「同志」的懷疑和批評。

轉向之後的田漢思想上非常激進，考慮問題趨於機械化、簡單化和絕對化。轉向前，田漢曾在與國民黨宣傳部長、理論家戴季陶辯論時說：「藝術同政治有時是朋友，有時是敵人。」（董健：《田漢傳》，第三八九頁）田漢這話雖然說得比較籠統，但是大體上是對的，中國幾千年的文學史可以充分證明這一點。轉向之後，田漢可能受政治信仰和情感的影響，改變了這個看法，憑著主觀感覺，機械地將國民黨當局視為藝術的敵人，將共產黨的政治視為藝術上的朋友，理由是國民黨是保守的，是壓迫人民大眾的反動派；而共產黨則是革命的先鋒，是解放被壓迫者的，尤其是民族危亡之際，共產黨高舉抗日的旗幟，深受人民的擁護。田漢的這個看法當然是有現實根據的，不過，從二十世紀的文學史來看，他的這個看法就有很大的問題。就拿當時的情況來說，領導左翼文藝運動的共產黨人出於某種政治目的，竟然不尊重藝術家們的意願，經常要求他們參加各種遊行示威和飛行集會，迫使他們不得不中斷自己的創作投入到政治活動中來。而藝術家之所以為藝術家，全在於搞藝術，離開了藝術，他們就不再是藝術家，而是掛著藝術家之名的其他什麼人，或者只能說是曾經的藝術家。況且，身為中共黨員的許多批評家通過自己的文藝批評和理論闡述將各種藝術極力牽引到政治鬥爭中來，令本來應該具有獨立性的藝術淪為政治鬥爭的急功近利的工具，從而使作品的藝術品質急劇下滑。他的朋友郭沫若等人在二〇年代末的詩歌創作就是明顯的例子，田漢本人當時的創作也時常出現這樣的情況。

對於田漢的左轉，還是有人看出問題的，王平陵就是其中的一位，他看得比較清楚，為田漢的左轉深感惋惜，認為這會損害田漢的藝術探索和追求，從而導致其戲劇編排品質的下降。事實就是如此，王平陵的「惋惜」是正確的，他在戲劇方面是個內行。非常可惜的是王平陵的身份令他的意見不僅很難讓田漢認可和接受，而且很容易使田漢產生強烈的逆反心理，因為王平陵是國民黨的文化人士。這樣的身份使田漢產生了錯覺，更以為王平陵是站在國民黨的反動立場上反對革命藝術。

與此同時，左翼陣營的「同志」則竭力鼓動田漢進一步左轉，總覺得他轉得很不夠，明確表示不喜歡他的《械鬥》等戲劇，認為他那個時期編排的戲劇「缺乏階級分析」。當他被從南京的監獄裡釋放出來時，田漢並沒有像上海的左翼人士所希望的那樣保持沉默，而是非常活躍，組織了不少演出。由於這些左翼人士並不真正瞭解田漢視戲劇如生命的性格以及當時田漢所排演戲劇的思想內涵，再加上訊息不通與某些媒體的誤導，田漢一度被認為是犯了「自由主義」的毛病，是政治上幼稚天真的表現。這樣的批評既有其合理之處，又有其專制的特點。田漢與許多知識分子一樣在政治上確實幼稚天真，他總是從善良的願望出發往往把殘酷的政治鬥爭朝著理想甚至帶點浪漫的方面去想，而且以自己的真誠的哲學去想像他人，輕信他人，尤其是身邊的朋友和熟人。所以，他有時在不知不覺中得罪了別人，或者造成各種誤會。他聽信了穆木天的話告訴魯迅胡風不可靠，結果造成了魯迅對他永遠的誤會，令他非常難堪。而田漢的所謂「自由主義」也確實有點，但這不是缺點，他那保持自己的人格尊嚴與展示自己個性沒有錯，正是五四文化精神的某種具體體現。

隨著抗日戰爭的爆發，共產黨的武裝力量不斷壯大，在中國社會生活和政治舞臺上發揮的影響也越來越大。到了抗戰勝利之時，共產黨的部隊已經遠遠不是抗戰之初的幾萬人，其根據地也不再是抗戰之初的彈丸之地，其政治影響從某種程度上說與國民黨可以說是平分秋色。接著不過四至五年的時間，國民黨政權竟然被趕出大陸，躲到偏僻的臺灣島上去，而共產黨則建立了稱為「人民政府」的新政權。形勢朝著有利於共產黨方向的發展更加堅定了田漢的政治信念。相比之下，當年那種政治對他個性的限制和對他藝術追求的誤解與壓制所造成的痛苦現在在這樣堅強的政治信仰面前已經算不得什麼了，可以忽略不計。更何況周圍的各種媒體的正面宣傳給他描繪了無限美好的未來，比他當年夢中的「美麗島」還要光彩奪目，更加具有誘惑力。憧憬著美好的未來，田漢感到興奮和激動，特別是得到當局的寵幸時，他不只是產生了無限的光榮感，而且不知不覺地將自己融入到主流政治中去，把自己視為當政者的一分子。當他被派往莫斯科參加規模宏大的大檢閱並在那裡到處參觀訪問時，他天真地認為自己就「像入了革命的寶山」（《田漢文集》，第十三卷，第九頁），「只有社會主義才能保護藝術，發展藝術。」所以他在同行的人當中顯得最為活躍。回國後，在標誌著當代文學起點的第一次文代會上，田漢對於郭沫若等人的報告感受最深的就是：第一，「今後一切都要照毛澤東的文藝方針辦」，正如郭沫若所說的「以毛澤東主席的意見為意見」；第二，「文藝工作者要學習，要改造思想」。（董健：《田漢傳》，第七四五至七四六頁）他完全認同了報告中的這些要求，從心底擁護這樣的報告。這樣，田漢就不需要自己再去思考問題，一切都按照最高領導人的意見去做；如果他的想法與最高領導人的思想不一致，那只能說明自己的思想沒有達到新社會主人的標準，就必須通過向工農兵學習來徹底改造自己的思想，直到一致為止。

滅頂之災

問題是田漢畢竟是個知識分子，他雖然努力要與最高領導人的思想保持一致，但是他並沒有領會和把握到最高領導人的意旨。新中國剛剛成立，田漢就甩開膀子大幹起來，全力抓戲曲改革，誰知他的那些設想並不符合最高領袖的否定舊戲的基本精神（舊戲中大量的「鬼神」被最高領袖認為是「反科學」的，是「封建迷信」），他以為最高領袖禁演舊戲，管制舊戲是不瞭解具體情況，於是數次給他的老朋友主管文藝工作的周揚寫信，通過旁徵博引，洋洋灑灑寫了數萬言，充分論述舊戲中的民族性和藝術性問題。他的這種一廂情願的行為在他自己心目中就像歷史上的那些大臣們一樣對皇帝對朝廷忠心耿耿，一心要為當政者效力；但在當政者看來，田漢敢於表達自己的思想，簡直是在與他們唱對臺戲，是不曾馴服的表現，是缺乏黨性原則的行為，是不把領導放在眼裡的自大和狂妄。於是，「『組織上』對他的信任就大大地打了折扣」。（董健：《田漢傳》，第七四九頁）只是田漢在豪情滿懷中對此毫無覺察。還是他二〇年代的一位叫左舜生的朋友頗有預見性地認為：在中共政權之下，田漢「既不長於恭維人，更不願汩沒他的個性，他的精神上會不會感到愉快？」（左舜生：《萬竹樓隨筆》，香港九龍書業中心一九五七年版，第三二頁）

事情正如左舜生預料的那樣，一九五一年五月《人民日報》發表社論〈應當重視電影《武訓傳》的討論〉。這篇由最高領導人毛澤東親自撰寫的社論的標題儘管用詞比較溫和，但是其內容卻非常嚴厲。武訓的辦學精神曾經得到過包括田漢、陶行知在內的許多知識分子的贊同和敬佩，然而現在卻被指責為「承認或者容忍汙蔑農民革命鬥爭，汙蔑中國歷史，汙蔑中國民族的反動宣傳為正當宣傳」。社論的發表令田漢感到來勢兇猛，大有泰山壓頂之勢。他不敢相信，即使自己的認識可能錯了，難道那麼多包括郭沫若在內的與他持同樣觀點的人也都陷入了「思想混亂」？田漢感到困惑不解。他到底是個單純的人，想不通就是想不通，儘管感到苦悶和抑鬱，但是他不會像郭沫若那樣非常輕易地轉過思想的彎子，善於及時地作檢討表態，他只能抑制住自己的思想和內心的嚴重不安，並且就像被遠遠甩在車輪之後的人非常痛苦地追趕著目標並不明瞭的前方馬車，心裡還在惦記著：緊跟現實，不能掉隊。他之所以這樣往前全力追趕，是他認定自己錯了，自己遠遠落後了。他所處的這個時代把他搞糊塗了，令他搞不清楚自己並不落後，其實，他的許多觀點和看法是科學的，是正確的。只是周圍所有的宣傳和現實中絕大多數人的表現將他導入一個盲區，讓他看不清歷史發展的趨向和時代的本質，失去了基本的思考能力和判斷能力，而且不假思索地將最高領導人的講話和指示視為絕對而神聖的真理，盲目地崇拜和服從。

盲目地崇拜和服從給田漢的人生埋下了悲劇的種子。因為在盲目地崇拜和服從過程中，由於不能及時地領會和把握最高權力階層的真實意圖和真正要求，不能像郭沫若等人那樣對最高領袖的意志心領神會，田漢的所有努力不僅不能有效地配合當局行事，反而常常使自己的努力適得其反。他在二〇、三〇年代所保持的那種最可寶貴的民間意義上的獨立性被丟棄掉了，他的一些行為與二〇、三〇年代的田漢相比則顯得不可理喻，讓人多少覺得二〇、三〇年代的田漢在人生舞臺上出演的是帶有點浪漫感傷和憂鬱情調的正劇，而三十年後的田漢則不時在人生的舞臺上扮演類似於丑角的滑稽的角色。他在創作出《白蛇傳》、《關漢卿》和《謝瑤環》這些優秀劇作的同時竟然也寫出《十三陵水庫暢想曲》與《兩尺玉米棒，斗大棉花朵》迎合大躍進時代的等浮誇性的作品。此時的田漢被那個他所信仰的政治撕裂開來，形成了如其傳記作者董健先生所說的一「真」一「假」兩個田漢。當他在反右鬥爭中為並非錯誤的「錯誤」挨批鬥，做檢討時，他的頭腦已經迷亂，幾乎到了山窮水盡的地步，只能按照權力的話語邏輯看待形勢的發展與各種鬥爭。他寧可相信組織上的每個結論、每一句話，他也決不相信與他共事多年的朋友與他一樣遭受的冤枉和委屈。正是從這樣的權力邏輯出發，田漢以激烈的態度和粗暴的言辭狠狠批鬥他的好友吳祖光。此時的田漢是被他所遵從的政治嚴重扭曲揉扁了的「假田漢」（董健：《田漢傳》，第七八九頁），一個頭腦完全麻木呆滯，為人操縱的政治機器人。只有當他一時躲開現時的政治，全身心投入沉浸在戲劇藝術王國的時候，他才真正回歸真實的自己，就是董健先生所說的，「他在《關漢卿》中找到自我」（董健：《田漢傳》，第七九一頁），此時的田漢才是體現他本性的「真田漢」。而這一「真」一「假」兩個田漢實在有天壤之別，其形態相距之遠，簡直讓人難以置信，然而這卻是事實。這種兩重性表明田漢的人格嚴重分裂。

田漢所追求的理想的政治終於發展到史無前例的，使人性中的惡大肆膨脹的「文化大革命」，他的浪漫主義激情推動著他撲向這個理想，現在，政治像一頭巨獸終於向他張開了血盆大口：他傾盡心血創作的《謝瑤環》遭到嚴厲的批判，年近七旬的他被當著牛鬼蛇神抓起來多次接受大規模的批鬥，年輕的紅衛兵揮舞起銅頭皮帶向他劈頭蓋臉地抽打，就連他的兩個兒子也參加了對他的批判。此時，他除了本能地反感各種法西斯暴行對他精神與肉體的雙重虐殺，只感到政治的神秘可怕，只覺得自己完全被打入悶葫蘆，頭腦裡一片空白。他的精神被徹底摧毀，他的身心早已傷痕累累。一九六八年十二月十日，政治這頭巨獸終於將他無情地吞沒了，幾乎不留一點痕跡，就連他那風燭殘年的母親和他那老弱的妻子安娥都不知道他已經帶著無限的遺憾和迷惘離開這個他所熱愛的世界。

5 學潮中的聞一多

二十世紀的中國知識分子總是與學潮發生著這樣那樣的關係，由於各人的思想、性格、社會地位等各種因素的不同，他們對學潮的態度也各不相同，就是同一個人在人生的不同階段，對於學潮的態度也會發生變化。聞一多，生於一八九九年，一九四六年被國民黨特務槍殺，在短短不到五十年的人生中，聞一多經歷了多次學潮。特別值得注意的是，聞一多對學潮的態度與學潮中學生對聞一多的態度都發生了耐人尋味的戲劇性變化。這種現象在現代社會中並不多見，有必要進行深入地探討。

初涉學潮

聞一多於一九一二年考入北京的清華學校，一九二二年畢業離校。這十年，正是中國社會急劇變化的時代，標誌著中國走向現代化開端的五四新文化運動就發生在這期間，特別是作為現代史重要事件的五四運動就在一九一九年爆發。五四運動以學潮為主體，波及全國，影響深遠。當時，聞一多二十歲，正當青春年少，血氣方剛，而他所就讀的清華學校在運動中雖然沒有像北大那樣處於領導地位，卻也是一支重要的力量。聞一多在進入清華以後，一方面認真讀書，一方面積極參加學校組織的或學生自己組織的各項活動，參加演劇、演講、合唱、辯論、英文演說會，編輯《課餘一覽》、《清華週刊》，並為其撰寫文章，參加圖畫校外寫生團和美術比賽，參與成立文藝團體「遊藝社」，參與創辦貧民小學，並且還在學生社團和學生群體中擔任班長、級長、社長、部長等領導職務，成為學生中特別活躍的人物。一九一九年，五四運動爆發時，作為學生領袖的聞一多自然參加了學生運動。早在一九一八年十一月，聞一多就和清華的同學同赴天安門，參加北京學界舉辦的慶祝第一次世界大戰協約國勝利的集會。五月四日的天安門集會與遊行，由於清華地處遠郊與各學校之間協調不到位，清華的學生沒有集體參加當天的遊行。但是聞一多在瞭解到天安門的學生集會情況以後，深受感動，當晚抄錄岳飛的〈滿江紅〉表明自己的激動之情。五月五日，清華學生各社團負責人開會討論配合城裡的學生運動，聞一多擔任書記。五月六日，清華學生舉行罷課。後來成立學生代表團，聞一多任秘書。六月初，聞一多與一百六十多名同學步行進城做宣傳，並做好坐牢的準備。一九二一年六月三日，李大釗、馬敘倫等領導北京八校教職員舉行罷教索薪抗議活動，遭到了北洋軍閥政府軍警的鎮壓，由此引起了北京學生的又一次學潮。清華學校全體學生大會決定以罷課的方式聲援，遭到了學校當局的阻撓。聞一多等以拒絕考試反對學校當局的態度，進而受到學校當局給予的留級處分。至於聞一多在五四時期學潮中的表現，梁實秋比較瞭解，他曾經撰文回憶道：「一多在這潮流裡當然也大露頭角。但是他對於愛國運動，熱心是有的，卻不是公開的領袖。五四運動之際，清華的學生領袖最初是陳長桐，他有清楚的頭腦和天然的領袖魅力，繼起的是和聞一多同班的羅隆基，他思想敏捷，辯才無礙，而且善於縱橫捭闔。聞一多則埋頭苦幹，撰通電、寫宣言、製標語，做的是文書的工作。他不善演說，因為他易於激動，在情緒緊張的時候滿臉漲得通紅，反倒說不出話。」（梁實秋：《談聞一多》，臺灣傳記文學出版社一九六七版，第六頁）梁實秋的這番話準確指出了聞一多在五四運動中的表現和作用，但對聞一多的某些看法不夠準確。恰如梁實秋所言，聞一多在五四運動中並沒有承擔起領導的角色，只是重要的配角，輔佐學生領袖陳長桐、羅隆基等人的工作。至於說聞一多「不善演說」，則不確切。從聞一多在清華讀書期間多次參加演講和辯論活動，並且獲得優秀成績，以及他後來在李公樸的追悼會上發表的〈最後的演講〉，可以看出演講確是聞一多的強項。可見，聞一多雖然從感情上支持和擁護學潮，並且在一定程度上投入學潮，但是他並沒有成為學潮中的領袖人物。這主要是清華學校地處遠郊，與北京大學等高校的資訊交流不暢，進而使整個清華在學潮中被邊緣化，未能在學潮中發揮主導作用；從聞一多自身情況來看，他在學生社團和學生群體中所擔任的多是副職，做學生領袖的助手，輔助學生領袖的工作。同時，我們注意到，聞一多出身於湖北省蘄水縣的一個耕讀世家，幼時即受到良好的私塾教育和家庭教育，令他養成了對國學的濃厚興趣。到清華讀書以後，聞一多雖然多少接觸到西方思想文化，但是他對國學的濃厚興趣依然不減。因而聞一多常常沉浸在學術性的沉思中，他在清華就讀的十年時間裡寫了許多國學文章，其中不少在《清華週刊》上發表。國學中的儒家文化精神不僅推動著他關心國家大事，積極投入到社會活動中來，而且還增添了他的儒雅氣質。這使他雖然滿懷愛國熱情，但是與那些持激進思想和性格活躍的青年拉開了距離。因而，五四時期的聞一多在學潮中並不十分活躍，當然對時事也表現出一定的關心。

受學潮衝擊

一九三〇年，聞一多在武漢大學任教時，這裡發生了一次學潮。這次學潮規模雖然不大，但是對聞一多影響卻不小，他竟成為學生攻擊的對象，並且被迫辭去了教職，離開武大。對這次學潮的具體情況，史料不多，說法也各不相同。事情的起因可能是劉華瑞要在武大籌辦的《文史季刊》刊發文章受到聞一多的阻撓。劉華瑞是校長王世杰聘來的教授，他的文章的主要內容是談論太極拳的，而這個刊物主要是討論江漢文化的。劉文顯然不合刊物要求。聞一多看了文章後不同意刊發，於是引起了劉華瑞的不滿。劉華瑞進而慫恿學生張貼標語，攻擊聞一多。事件發生後，劉華瑞與有關學生沒有受到處分，而且校長王世杰態度曖昧，「表情冷漠」（聞黎明、侯菊坤：《聞一多年譜長編》，湖北人民出版社一九九四年版，第三八六頁）聞一多因此憤而離開。從種種跡象看，在這次學潮中，聞一多成為派系鬥爭的犧牲品和受害者。但是，僅僅以學生受劉華瑞等人的教唆而反對聞一多，不能算是充分的理由，就聞一多來說，他也有應該反思的地方，是否存在某些不為人知的因素也很難說。

離開武漢大學，聞一多隨即來到了風光秀麗的青島，任教於國立青島大學。沒想到，剛到這裡兩三個月，青島大學就爆發了學潮，而且聞一多再次遭到學生的反對。這次學潮的起因是，一九三〇年秋，青島大學開學後，學校發現某些學生用假文憑報考，於是決定取消這些學生的學籍，引起了一些學生的不滿，進而爆發了學潮。在這次學潮中，聞一多站在學校當局的一邊，支持學校當局的決定。因而，他給學生留下的印象不太好。不過，聞一多當時僅僅是學校的一名教授，沒有負責具體的工作，所以，他還不是學生主要的反對對象。

一九三一年十一月，青島大學再次爆發學潮，這一次學潮的起因主要是日本帝國主義發動「九．一八事變」，侵佔我國的東三省，而國民黨軍隊卻節節敗退，中華民族面臨著空前的危機。青島大學的學生舉行反日救國大會，要求南下向南京國民黨政府請願。對於學生的要求，學校當局雖然肯定他們的愛國行為，但是要求學生不要超出學校的範圍。然而學生沒有理睬校方的約束，反駁學校當局的主張，並且走出校門，經濟南乘火車前往南京。對於這次學潮，聞一多與校當局的意見基本上是一致的。一方面，他與學生一樣也懷有一腔愛國激情；另一方面他反對學生南下，主張「揮淚斬馬謖」，開除為首的學生。這樣，聞一多再次走向了學生的對立面。

一九三二年六月，青島大學又一次爆發學潮，起因是學生自治會要求修改學則，要求校長楊振聲三日內答復。但是，校長沒有答應學生的要求，學生便發起了全校罷課。在這次學潮中，聞一多與梁實秋都遭到了反對，學生指責「新月派包辦青大」。其實，主要原因是他們二人反對學生的舉動，並且支持學校當局開除學生，因而他們也就被誣為「不良教授」（聞黎明、侯菊坤：《聞一多年譜長編》，第四二三頁），遭到了學生的驅逐。在這次學潮中，聞一多竟又成為學生攻擊的主要對象。青島大學非常學生自治會甚至印發了〈驅聞宣言〉。在這個宣言中，聞一多被扣上了「准法西斯主義者」、「不學無術的學痞」等大帽子，指責他「很僥倖與很湊合的在中國學術界與教育界竊取了一隅地位，不幸他狼心還不自已，必欲奪取教育的崇高地位。以為擴展實力的根據。他上年在新興武漢大學潛竊了文學院院長的地位，……前年又來夤緣佔據了我們學校文學院院長的地盤，狼子用心，欲繼續在青大發揮其勢力，援引了好多私人（如果私人是有學識的，我們絕不反對）及其徒子徒孫，並連某某左右其手包圍楊振聲校長；為欲完成其野心，他很機智的採取了法西斯的道路……」（聞黎明、侯菊坤：《聞一多年譜長編》，第四二四至四二五頁。這篇〈驅聞宣言〉存在著不少語病和表達不當問題。）在學潮高潮之際，受鼓動的學生甚至包圍了聞一多等人的住宅，準備圍攻他，幸而青島市政府派兵保護，才沒有發生不測。與聞一多同時成為學生攻擊對象的還有校長楊振聲、梁實秋教授、趙畸等。這次學潮的結果導致青島大學被解散，成立了國立山東大學，聞一多也離開了青島並應聘於清華大學。

五四時期的聞一多尚站在學潮中學生的一邊，支持學潮，幾年過後他怎麼會站在學生的對立面，成為學生反對的目標呢？從身份上講，聞一多已經由學生轉變為教授，雖然他還很年輕，到一九三二年也不過三十三歲。然而，這些並不十分重要，更重要的應該是聞一多這些年的思想演變。

五四時期，各種激進思想風靡，聞一多雖然很年輕，卻沒有為其所裹挾。在眾多的激進思想中，無政府主義思潮影響甚大，後來巴金都接受了這種思想，以其強烈的激情投入到小說創作中。而聞一多卻在一九二一年就寫文章〈恢復和平〉，明確表示反對無政府主義，強調社會應有一定的秩序。他在這篇文章中指出：「社會的幸福建於秩序與和平的基礎上。所以他的秩序將破則維持、既破則恢復才是我們的天職。愛和平重秩序，是我們中國民族底天性。我不願我們青年一味地眩於西方文化的新奇，便將全身做了他的犧牲。」同時，他表示：「我們學校與當局一向取敵對態度，一言一動，輒藏機心。如今我們若認為這種態度是用不著的呢，便不妨拋掉了他。還是和衷共濟赤誠相待的，舒服得多，痛快得多。」聞一多的這一思想雖然不免有些幼稚和天真，但是他非常明顯地認同儒家的重平和與秩序的思想。當時，聞一多就讀的確實是具有西方背景的清華學校，在一定程度上多少受到現代西方文化的薰陶，但是他對西方的東西並不像胡適等人那樣傾心沉醉，對一些來自西方的東西不太感興趣，有時甚至比較反感。他一方面認同西方的民主自由理念，另一方面反對西方的物質主義、一味追求工業化。總的來說，他仍然立足於中國傳統文化的基礎之上。

一九二三年，聞一多與在美留學的清華同學一道組織成立大江社，該社的宗旨是「本自強不息的精神，持誠懇忠實的態度，取積極協作的方法，以謀國家的改造。」（聞黎明、侯菊坤：《聞一多年譜長編》，第二二五頁）後來，該會在改組時強調：「我們現在誓守『誠懇忠實』的態度；我們從前是學生裡取極端個性主義者，是不能用『積極合作』的方法，我們現在誓用『積極合作』的方法。我們更覺得『己國無和平的國民，不配談世界和平主義』，我們現在誓奉國家主義，取『國治而後天下平』路逕，以達到國際主義目的。」（聞黎明、侯菊坤：《聞一多年譜長編》，第二二六頁）聞一多從愛國主義出發，參加組織大江社。他的著名詩作〈七子之歌〉就是他的「國家主義的呼聲」。尤其值得注意的是，一九二〇年代聞一多等人所持的國家主義視共產主義為其「主要障礙與對手」，他們反對左傾政治，在反對日本覬覦中國的同時，也反對蘇俄向中國滲透。後來，聞一多所在的國家主義派就控訴蘇俄迫害華僑之事與共產黨員學生發生衝突。這使他一度對共產黨十分反感。不過，對於三一八慘案中北洋軍閥政府的殘暴行為，他表示譴責和憤怒，對學生的罹難深表同情，對學生的精神深表讚揚。在這一點上聞一多與左翼人士是接近的。聞一多的這種思想形成了他對於學生的矛盾態度：一方面，他的胸腔中燃燒的愛國主義激情以及他對學生的愛護，使他可能理解學生的某些要求。他深愛自己的學生（比如在青島大學工作的時候非常喜愛陳夢家和臧克家），那麼對於學生的要求也就偏重嚴格；另一方面，他所持的秩序與和平的理念與學生的要求和行為相對立。與此同時，聞一多強烈反對左翼政治，反對蘇俄，甚至對共產黨的反感都給學校中的左翼人士留下很不好的印象。而二十至四十年代的學潮絕大多數是由共產黨為代表的左翼政治力量所領導的，因而他在學潮中被轟也就不奇怪了。再加上學校裡某些人操縱學生為自己的派系鬥爭服務以及聞一多可能不善於與學生溝通等因素，他淪落到了學潮鬥爭的對象。這對聞一多來說是非常不幸的。

理解學潮

一九三五年冬，由於日本在侵佔我國東三省之後又不斷蠶食華北地區，國家民族危機日重，而國民黨蔣介石卻採取了「攘外必先安內」的政策，進而引發了北平學生的大規模抗議和遊行示威。這就是著名的「一二九」運動。對於這次學潮，聞一多雖然沒有給予大力支持，倒還是表示一定的理解，作為知識分子的他顯然也看到了國家民族的嚴重危機。同時出於愛護學生，聞一多與其他教授一樣，不贊成學生的罷課和遊行示威的舉動，主要擔心學生被捕，「不忍見諸位同學作無代價的犧牲」。一旦學生被捕入獄，他感到非常著急，趕忙四處打電話詢問情況。當清華大學學生自治會為抗日救國募捐時，聞一多慷慨捐了十元，「是認捐者中款額最多者之一」。（聞黎明、侯菊坤：《聞一多年譜長編》，第四七七頁）學生們由於參加學潮，一定程度上影響了課業，於是要求免考。包括聞一多在內的清華大學的教授們並沒有同意學生們的要求，而學生也沒有屈服，從而導致全體教授發表總辭職宣言，認為不能行使教授職權，「愧平日教導之無力」，決定向校長辭職，「以謝國人」。（《清華大學校刊》一九三六年第七二一號）後來這事以學生妥協，同意參加考試而告終。然而，一九三六年二月底的一個早晨，四百多名軍警闖進校園抓捕領導學潮的學生領袖，聞一多、朱自清、馮友蘭等在學生安全受到威脅之際，極力予以保護，讓學生躲在自己的家裡，表現出可貴的護犢之情。這次學潮中，包括聞一多在內的教授雖然與參加學潮的學生存在一定的分歧，在考試問題上還存在著比較深的矛盾，但是畢竟沒有像以前那樣激烈對抗，教授們也不再成為學潮的反對對象。這主要在於無論是教授們還是學生都感受到民族危亡，應該共同承擔起匹夫之責。而且，在中國共產黨領導下，學潮的目標不是攻擊教授，而是要求國民黨放棄不抵抗政策，聯合共產黨一道抗日。所以，即使學生與教授之間存在著一定的矛盾和分歧，他們還是能夠顧全大局。另一方面，教授們要求學生參加考試，不贊成學生罷課和遊行示威，還是從愛護學生出發，並沒有對學生提出任何處罰的要求，對於這一點，學生們還是能夠感受到的。

參與學潮

從一九四〇年代初開始，學潮在國統區逐步發展為聲勢浩大的民主運動，也就不再是單純的學生運動，而是在共產黨領導下的由社會各界廣泛參與的政治運動。此時的聞一多漸漸地由學潮的旁觀者轉變為積極的參與者和鼓動者。在昆明，自一九四二年初至一九四六年，先後爆發了「倒孔（祥熙）」運動、「保衛大西南」集會、紀念雲南護國首義二十九周年大規模集會、「五四紀念大會」、抗議國民黨在淳化趕走共產黨的武裝部隊的事件爆發的遊行示威、反對內戰的時事演講會以及抗議「一二一慘案」等大大小小的學潮。最初，聞一多「雖然站在旁觀的人群中，卻對青年們充滿了理解和同情。」（聞黎明、侯菊坤：《聞一多年譜長編》，第六二九頁）後來，他不僅加入到學生的隊伍中來，一起上街遊行示威，而且為學潮做了大量的動員工作，盡力多爭取一些人參加。集會時當遇到國民黨特務滋事搗亂和破壞，他和李公樸等挺身而出，維持會場秩序，並且經常在學生集會上發表演講，既給學生以巨大的精神鼓舞，又引導著學潮向縱深發展，幫助學生擴大影響，爭取得到社會各界的理解和支持。當學潮中學生遭到國民黨特務的毆打和殺害時，他更是勇敢地站出來，代表教授們起草並發表抗議書和嚴正聲明，譴責特務的暴行，聲援學生。在加入了民盟以後，聞一多根據組織指示，通過教授會進一步擴大並堅持鬥爭，組織安排為犧牲的學生舉行大規模的公祭。聞一多在這些學潮中始終站在學生一邊，對於學生的罷課等舉動始終給予積極支持，盡最大努力支持學生實現罷課目標，同時積極鼓動教授們起來支持學生，推動教授會議通過罷教和發表宣言與聲明等各種方式配合學生運動。最終，聞一多和他的好朋友李公樸均在學潮中被國民黨特務所殺害，為爭取民主自由的學潮獻出了他的一切。

一九四〇年代的聞一多思想發生了重大轉變，由過去的「國家至上」轉變為「人民至上」，左翼色彩越來越濃厚。到他犧牲前，他的思想基本上與共產黨的政治主張和要求相一致。可是在一九二〇至一九三〇年代，他的思想則以國家主義為主，強調秩序與和平。一九三六年，西安事變爆發，消息傳來，聞一多與清華大學的教授們發表宣言，從「國家至上」觀念出發，強烈譴責張學良和楊虎城將軍的逼蔣抗日之舉。同時，他還在課堂上怒斥張、楊二人「真是胡鬧」，認為他們的舉動是「稱兵叛亂」，是「害了中國」。（張春風：〈聞一多先生二三事〉，《宇宙風》

一九四七年第一四七、一四八合期）當時，聞一多之所以作出如此激烈的反應，是因為張學良和楊虎城發動的「西安事變」有悖於他的「國家至上」的理念，傷害了他心目中的「領袖」。到了一九四五年，聞一多公開表示「人民至上」，反對「國家至上」，其思想觀念和政治態度發生了根本性的轉變。促成他這種思想轉變的主要原因是：首先，他在經歷了戰亂的顛沛流離之苦的同時，目睹並體驗到底層民眾的疾苦。抗戰爆發以後，北京大學、清華大學等高校相繼遷離北平，到遙遠的昆明組建西南聯合大學。聞一多與學校的師生一道千里迢迢翻山越嶺來到昆明，由於這是戰爭時期的大規模遷徙，其間的甘苦可想而知。其次，自一九四〇年代初以後，生活水準的急劇下降，讓他感受到生活的艱辛；一九四四年，抗日戰爭進入了最艱苦的時期，國家由於長期戰爭與國民黨政權的腐敗而陷入經濟困境，國統區物價暴漲。即使是全國最有影響的大學——西南聯合大學教授的聞一多生活水準也在急劇下降，一度陷入了窘迫的境地。為了貼補家用，緩和家庭經濟的困窘，聞一多不得不拿出許多時間和精力給人家刻印章。經濟上的巨大壓力，不僅使人在社會生活中尊嚴受損，而且直接改變人的心理情感和思想意識，將人推向批判社會現實和當局的方面。其三，中共地下黨員與他密切接觸，不斷做他的思想政治工作，並且推動他加入共產黨的友黨中國民主同盟（簡稱「民盟」）；一九三八年西南聯大剛開學，中共地下黨員就建立「聯大劇團」，開始與包括聞一多在內的聯大的師生接觸。經過幾年的接觸，中共地下黨員華崗、劉浩、張光年等人按照周恩來等領導人的指示，做聞一多的統戰工作和政治思想工作，催促聞一多思想向左急轉。與此同時，聞一多的好友羅隆基、楚圖南、吳晗等人思想也在左轉，並且極力敦促他思想的轉向。一九四三年，聞一多發表〈時代的鼓手——讀田間的詩〉，盛讚解放區詩人田間的創作，這標誌著他「思想轉變時期的一聲吶喊」。（聞黎明、侯菊坤：《聞一多年譜長編》，第六七六頁）到了一九四四年、一九四五年，聞一多經常閱讀《聯共（布）黨史簡明教程》、《列寧生平事業簡史》、《新民主主義論》、《論聯合政府》等紅色書籍，他在此間發表的演講、提出的主張、撰寫的論文等也都明顯地表達著左傾政治。其四，蔣介石否定五四新文化運動和國民黨特務的搗亂、破壞與暗殺激起了作為知識分子的聞一多強烈的逆反心理。一九四三年春，蔣介石發表《中國之命運》，「公開的向五四宣戰」，聞一多讀後感到「我是無論如何受不了的。」（聞黎明、侯菊坤：《聞一多年譜長編》，第六六二頁）一年後，國民黨政府悍然宣布取消「五四」紀念。聞一多「對此大為不滿」。（聞黎明、侯菊坤：《聞一多年譜長編》，第七〇〇頁）「五四」在自由主義知識分子那裡是一個象徵，代表著現代文化的開端；在左翼知識分子那裡，是愛國反帝的壯舉。國民黨竟然愚蠢地將其取消，實在令知識分子們失望。聞一多正是在對國民黨的失望中走向它的對立面——情感和思想上轉向共產黨一邊。聞一多思想在向左轉的過程中變得越來越偏激，情緒也越來越激烈。而他偏激的思想和偏激的情緒則推動著他深入到學潮中去，促成他在波瀾壯闊的學潮中形成勇敢堅定的品性，成全了他成為學潮中的英勇烈士。

聞一多對學潮的不同態度與他在學潮中的不同角色，代表了二十世紀中國知識分子與學潮的幾種關係：參與學潮、旁觀學潮或反對學潮。他們在學潮中所承擔的角色也各不一樣，有的在學潮中成為學生的導師與朋友，支持學生，有的是學生反對的目標和攻擊的對象，也有的只是學潮冷靜的旁觀者。這些不同的態度和角色反映了知識分子不同的政治理想和政治態度，反映了他們與不同的政治力量結盟或者參加不同的政治勢力，所以他們最終也就為不同的政治勢力所接納和反對。然而真正在學潮中表達獨立的思想或者成為學潮的領導者的知識分子還不多。就聞一多來說，二〇、三〇年代的他是被捲入學潮的旋渦，到了四〇年代，他不過是在他人搭建的政治舞臺上跳舞。他與學潮的關係令我們深思。

6 不願懺悔的夏衍

經歷數十年風風雨雨的人生磨難，到了晚年，著名作家夏衍覺得他與周揚不同，「沒什麼可『懺悔』的」（陳堅、陳抗：《夏衍傳》，北京十月文藝出版社一九九八年八月版，第五九八頁）他只表示需要對歷史進行反思，而這歷史包括他個人歷史。夏衍之所以這麼想，大概是周揚參與過對許多人的迫害，傷害了不少人，犯下了嚴重的罪錯，而他夏衍雖然有過極左的思想意識，但是沒有整過人。夏衍的這個想法還可能在於他不相信基督教，覺得自己沒有「罪過」，也就沒有必要「懺悔」，他只相信反思。然而，一個人是否需要懺悔，與是否迫害過人並沒有必然的聯繫，因為人的罪錯並不一定就在迫害過他人，或者說迫害人只是人的罪錯中的一種。一個人如果只是反思而缺乏對罪錯的痛心疾首式的自我悔過，那麼其反思就必然是有限的。當然，這只是其一；另一方面，夏衍的幾十年人生表明，他只是中共黨內的開明人士，而不是一個自由主義知識分子。而這決定了他反思的方式和深度。

文藝幹部

夏衍是在一九三〇年前後登上文壇的，隨後他也創作了不少具有重大影響的文學作品，但是就其在一九三〇至一九四〇年代的身份而言，與其說是一個作家，倒不如說是中共的一位文藝幹部。從夏衍的青少年來看，他自幼就受到文藝與政治的共同影響，進而表現出對此兩者的濃厚興趣。夏衍的父親沈學詩是個讀書人，家裡收藏著經史子集和《水滸傳》、《七俠五義》等小說，讓夏衍從小接受到文學的薰陶。到了十一歲的時候，夏衍就已經讀過了當時所能得到的好多種小說和彈詞，並且還能夠給姊姊們作繪聲繪色的講述。「夏衍」後來所流行的這個筆名，就是由他父親的字「雅言」諧音而來的。與此同時，夏衍對政治同樣懷有濃厚的興趣，這大概與他父親早逝有一定的關係。父親在夏衍三歲的時候因中風不幸去世，於是家庭便開始衰落。他們家辭去了原先所雇的長工，許多粗重的家務活都由母親親自操持。雖然夏衍家庭的衰落沒有魯迅家當年那麼嚴重，他也沒有因此而遭到別人的歧視，沒有感受到世態炎涼，但是他對社會的感受一定滲入了某種苦澀。所以，當辛亥革命爆發的時候，年僅十一歲的夏衍毫不猶豫地剪下了象徵著民族屈辱的辮子，從而成為他家所住的嚴家弄剪去辮子的第一人。就是這個小小年紀的他，「在一些大事上，」「頗想自己對外界事變作出獨立的反應」，他「從一開始就對推翻清王朝的革命軍政府抱有好感」。（陳堅、陳抗：《夏衍傳》，第十四頁）隨後，夏衍不僅非常關注政治，而且還在觀察的基礎進行獨立的思考，從而使他對政治產生了自己的認識。他在老師的影響下篤信的「實業救國論」雖然並不那麼現實，但是他能夠「對國民政權的革命性和有效性產生極大的懷疑」。（陳堅、陳抗：《夏衍傳》，第二三頁）與此同時，他通過廣泛閱讀，不斷地吸納新知識和新思想，並且還就現實形勢與他的同學進行熱烈的討論。當時正值五四時期，西方各種文化思潮湧進中國，其中最容易為青年人接受的是經過蘇俄改造過的馬克思主義，它的激進的革命要求與烏托邦式的描繪不僅與年輕人的血氣方剛相吻合，而且對青年人頗具吸引力，因而激進的革命理論很容易為夏衍所接受。當然，夏衍當時所接受的並不單純是革命理論，也包括具有科學民主精神的某些思想，從而使夏衍的思想具有某種複雜性，也成為他在八〇至九〇年代一再呼籲民主與科學的思想動力。

五四運動爆發，身在杭州的夏衍作為骨幹積極開展抵制日貨運動，表現出非常高的政治熱情。後來，夏衍在沈玄廬的影響下，接受了無政府主義的影響，同時，蘇俄的布爾什維克理論也在吸引著年輕的夏衍，令他的思想開始激進起來。在這些思想的推動下，夏衍參加了在讀學校——浙江公立甲種工業學校出版的《浙江新潮》的編輯工作，並且以宰白的筆名發表文章，表達自己對社會現實的思考和對社會問題的認識。一九二七年，夏衍從日本留學歸來，隨即作為左翼文藝工作者登上了文壇。由於在日本留學期間，夏衍一方面接觸了日本左翼思想理論，一方面作為左派人物加入了中國國民黨，所以他從日本回來後並不是一心搞創作，而是秘密加入了中國共產黨，忙於發動工人運動。他登上文壇，是受夏丏尊的邀約翻譯本間久雄的《歐洲文藝思潮論》、倍倍爾的《婦女與社會主義》以及高爾基的作品，不經意間在文壇上亮了相。特別是翻譯高爾基的長篇小說《母親》，為他贏得了翻譯家的聲譽，得到了文壇巨擘魯迅的稱讚。或許是夏衍搞這些左翼文藝著作的翻譯非常出色，他很快得到了中共地下黨組織的賞識。一九二九年冬，潘漢年代表中共中央約見夏衍，命他參加籌建左翼作家聯盟。經過一番籌備，左聯於一九三〇年三月初在上海成立。在成立大會上，夏衍與魯迅、錢杏邨被推定為主席團，並且當選為「左聯」常委，從而成為「左聯」的領導人之一，黨的文藝工作幹部。隨後，夏衍將左聯的領導工作交給周揚，接受黨組織的安排，創建藝術劇社，領導左翼劇聯，開闢新的工作領域。

夏衍是從政治介入文學的，這就給他最初的文學活動塗上了濃濃的政治色彩。他不僅翻譯介紹了蘇俄與日本的左翼文藝理論和文學作品，而且對於文學的認識同樣與革命政治密切相聯。他從日本回來後很快捲入了創造社與太陽社的郭沫若、馮乃超、成仿吾、錢杏邨等人對魯迅的圍攻。當時，夏衍雖然沒有直接寫文章攻擊魯迅，但是他向這些攻擊魯迅的人提供了藏原惟人等人的理論。這雖然不能說是多大的罪過，但是可以看出夏衍的思想與藏原惟人等人的理論觀點基本上是一致的，或者說夏衍在當時基本上接受了藏原惟人等人的理論。藏原惟人等人的思想理論不僅強調了文藝的政治性和階級性，而且突出了階級政治的意識形態對於文藝的嚴格控制，將文藝視為階級鬥爭和政治鬥爭的工具。中國後來的文藝專制在很大程度上來源於此。所謂「藝術價值=文學在普洛運動中的效果」（陳堅、陳抗：《夏衍傳》，第九九頁）公式體現了夏衍對藏原惟人思想觀點的認同。但是，夏衍的文藝思想又是矛盾的，一方面，他接受了藏原惟人等人的思想理論，思想走向極左的文化專制；另一方面他畢竟閱讀過大量的文學作品，對文學創作的規律有著深切的感受，使他對於文化專制產生了某種本能的抵制。夏衍的這種矛盾不僅表現在思想上，而且在工作中也有表現。一方面，他是一個知識分子，無論是工作，還是與人相處，他都進行獨立思考，具有一定的理性精神，因而「他極少作那種『殘酷鬥爭，無情打擊』的事」（陳堅、陳抗：《夏衍傳》，第一〇一頁），沒有寫文章圍攻魯迅和茅盾等人，不贊成創造社與太陽社的那幫人「用如此激烈的態度到處樹敵，尤其是與魯迅展開公開劇烈的論戰」（陳堅、陳抗：《夏衍傳》，第一〇六頁）；另一方面他又是組織上的人，得按照組織要求工作，這就決定了他作為工具而存在，按照別人的意志行事。他不得不將自己的某些觀點和看法深藏於心底，「怕招來『溫情主義』的非難」（陳堅、陳抗：《夏衍傳》，第一〇六頁）。儘管夏衍有時對組織上的決定並不贊成，但是他還得通過左聯組織遊行示威和飛行集會，還得帶領人們上街去寫「保衛蘇聯」、「打倒國民黨」之類的標語，並且對茅盾夫人孔德芷的牢騷話（「連自己也保不住，還說什麼保衛蘇聯？」）進行批評教育，對於田漢沒有參加南京路的示威活動，夏衍和孟超還向他提出過警告。嚴酷的現實令夏衍對組織上的決定和命令產生了懷疑，覺得那簡直「近乎遊戲」（陳堅、陳抗：《夏衍傳》，第一四二頁），但是，他「又缺乏勇氣，他覺得這樣不是在懷疑黨中央、黨組織嗎？」（陳堅、陳抗：《夏衍傳》，第一四三頁）。中共與蘇聯的關係是非常親密的，而且是共產國際的一個支部，因而作為中共黨員的夏衍同樣不能說蘇聯任何的不是。一九三六年，西安事變爆發，蘇聯的塔斯社竟然報導稱張學良此舉是受到日本的策動。夏衍等人瞭解到塔斯社的報導後，「從內心裡」「也很反感塔斯社，但在公開場合又不能批評蘇聯，左右為難。」（陳堅、陳抗：《夏衍傳》，第二五八頁）一九四六年，駐東北的蘇聯紅軍肆意拆運東北全境日偽留下的機器設備，將本來應該由中國政府接收的財物裝運到蘇聯。這個消息經由西方通訊社報導後，夏衍最初還不相信，但是當他核實以後，不免感到困惑。他的直覺告訴他蘇聯不該這樣做，但是由於中共與蘇聯的密切關係使他不能將內心的「反感情緒」（陳堅、陳抗：《夏衍傳》，第四三四頁）表達出來。既然參加了政治組織，那麼就要對組織絕對忠誠。然而，任何組織都是由個人來領導的，而任何個人都可能犯錯誤，即使是再英明的領袖也不例外，更何況在當時組織內部所建立的機制缺乏民主和對個人的尊重，領袖往往置於所有人之上，具有絕對的權威，那麼他的缺陷和局限就更不容易為人們所發覺，或者即使有人發現，也沒有讓他能夠指出的渠道。在領袖的權威面前，作為普通的組織成員一旦發現自己與組織上的意見、觀點和判斷不合，總是不能自信，總以為自己的認識出現了偏差，或者出於被整挨批的恐懼而在嚴格的紀律面前退縮了下來。這樣，組織中的人只能在矛盾中壓抑著自己，竭力將懷疑和思考壓制住，不予流露。結果可能導致兩種情況：一是放棄自己的思考，最終走向盲信和盲從，失去對於事物最起碼的判斷能力；另一則是壓制令他長期陷於痛苦之中，從而扭曲自己。但是一切扭曲都會使人精神畸變，並且可能因內心的真實情感和認識總是不自覺地流露出來而受到委屈、和批評乃至迫害。在國統區，由於環境的因素，組織上雖然做不到對同志的迫害，但是使同志並非因為錯誤而受委屈，挨批評還是能夠做到的。關鍵是在組織裡是否得到上級領導的認可。如果上級領導認可，那麼這個同志就是好同志，就可能受到表揚和提拔，如果領導認為某個同志有問題，那麼這個同志就難免不受委屈和挨批評。至於領導是否正確，那只能由更高的領導來認定，而更高的領導的正確與否則由最高領導來確定。這樣，一旦最高領導出了問題，犯了錯誤，那麼整個組織就不可避免地跟著犯錯誤，而這個錯誤只能由後來的繼任者來糾正，就像李立三糾正陳獨秀的「錯誤」，毛澤東糾正王明等人的「錯誤」那樣。問題是組織內部的權力轉交不是由全體黨員決定的，而是由最高層的權謀鬥爭得到的，因而對於前任「錯誤」的糾正往往帶著個人利益和感情色彩，而組織內部的權力結構與運行體制則沒有根本改變，這樣所有在任領袖都是絕對「正確」的，其判斷「正確」與「錯誤」的基本邏輯必然是勝者是而敗者非。夏衍作為文藝幹部，雖然無法思考現實中黨的決策的是否正確，但是他的身份決定了他必須執行，正如後來「文革」時期流行的一句話所言：「理解的要執行，不理解的也要執行。」然而，這樣的信條與他的知識分子的本性必然會發生衝突。

筆桿子

夏衍無意於介入上層的是與非，這不僅是黨的紀律所規定的，而且他畢竟是個知識分子，雖然在一定程度上被政治化了，但是他並不是以政治作為人生的職業，然而他既然進入了政治圈子，理所當然要圍繞著政治轉，這樣他就隨著形勢的變化而變化，進而成為中共安插在國統區的一支筆桿子。自從一九三〇年代中期，夏衍由翻譯革命文藝理論轉向了文學創作，從報告文學《包身工》到戲劇《賽金花》、《自由魂》再到小說《泡》、《黑夜行屍》等。夏衍之所以轉向文藝創作，首先是他所領導的左翼文藝組織內部爭權相當嚴重，其中的矛盾已經到了半公開化的地步，魯迅在致曹靖華的信中寫道：「諦君曾經『不可一世』，但他的陣圖，近來崩潰了，許多青年作家，都不滿他的權術，遠而避之。他現在正在從新擺陣圖，不知結果怎樣。」（陳堅、陳抗：《夏衍傳》，第二二一頁）夏衍雖然不是那種樂於爭權奪利的人，但是他一定對左翼人士的這種爭權奪利的爭鬥有些厭惡。其次，過去一段時間內，夏衍的寫作主要在翻譯，創作的不多，而且成就不那麼突出，因而被人譏笑為「空頭文學家」（陳堅、陳抗：《夏衍傳》，第二二二頁），這給夏衍以很大的刺激，他那知識分子的本性使他不想靠權謀樹立自己的威信，他要拿出作品證明自己的創作實力。但是，由於多年在政治風浪中的搏擊並且仍然沒有脫離政治圈子，夏衍的創作同樣塗上了濃濃的政治色彩，就同他前面的文學活動一樣。他的那些作品雖然不是簡單的直奔主題的政治說教，而且具有深厚的生活積累，但是仍然屬於那種意識形態寫作，最早給他贏得巨大聲譽的話劇《賽金花》就被認為是「國防文學」的代表作。他的報告文學《包身工》雖然包含著強烈的人道主義精神，但是根本出發點卻是反帝，是對日本資本家殘酷剝削和壓迫最高工人的血淚控訴。不管怎麼說，夏衍的這些創作奠定了他在現代文學史上的地位。抗戰爆發以後，夏衍受組織上的派遣到廣州創辦《救亡日報》，從而實現了由文藝幹部向筆桿子的根本轉變。作為筆桿子，夏衍的寫作就不是單純的個人寫作，而是要聽命於組織寫作，按照組織上的指示和要求調整自己的工作和寫作。而組織上的要求則是隨政治形勢的變化而變化的，那麼夏衍的工作與寫作當然也就隨之而改變，因此夏衍此時的寫作基本上是應時而作，很難留下經典性的作品。且不說他的那些發表在《救亡日報》上的許多文章，就說他的話劇《一年間》，雖然稱得上是抗戰劇中的上品，但是「內容和結構的若干弊疵是免不了的」（陳堅、陳抗：《夏衍傳》，第二九五頁），根本無法與前期的《上海屋簷下》等作品相比。不過，可以略感欣慰的是，夏衍這段時間的創作滑坡還不算十分嚴重，畢竟沒有像一九五〇至一九六〇年代郭沫若、沈從文和冰心等人那麼糟糕。看看郭沫若當場朗誦給江青的那些詩，再看看冰心和沈從文在咸寧向陽湖所寫的那些表態詩，那簡直令人不堪卒讀，其水準與許多中等文化程度的文學愛好者沒什麼差別，甚至還不及。此時，夏衍畢竟在國統區工作，他所辦的報紙還不能顯得太紅，為了生存下去，同時也為了統一戰線政策的需要必須注入一點灰色。這就使夏衍多少還得從現實出發寫作。所以，他的寫作還比較犀利，特別是那些雜文和時評，在讀者中產生了一定的影響。但是，夏衍的寫作本質確是筆桿子，為政治寫作。同時我們必須看到，此時的夏衍主要精力還不在創作上，他的主要工作是利用辦報紙和自己過人的交際才幹開展統戰和宣傳工作，一方面將那些有社會影響的人物轉化到自己這一邊來；另一方面盡可能抓住民間組織的領導權，實行對民間組織的有效控制，使之演化為中共的週邊組織。因而，夏衍在抗戰階段應該說一直是在為組織工作，為後來革命的成功作出了巨大貢獻。不過，人們對於夏衍的瞭解還是他的創作，而對於他當時的那些革命工作瞭解不多。

交上華蓋運

按照常理來說，夏衍既然為革命作出了巨大貢獻，到了革命勝利以後應該坐享革命成功的勝利果實了。但是，歷史從來就不是如此簡單的。革命勝利後，夏衍與許多革命者甚至知識分子一樣，最初確實頗受重用，地位很高，但是好景不長，漸漸地交上了華蓋運。上海一解放，他就被任命為上海市文管會副主任，統管上海市的文化工作。但是，時間不長，夏衍就陸陸續續地遇到了麻煩，而且這些麻煩一不在於他的工作能力，二不在於他的下級工作出了差錯，而是他所投入的革命現在將矛頭轉向了他，而且不是針對他個人，也不是由於他走到了革命的對立面，而是革命發展的邏輯必然使夏衍交上了華蓋運。夏衍在投入革命的時候根本沒有想到，他的知識分子本性與革命的要求天然地存在著距離，而且革命的嚴厲還在於根本不能容忍這種距離，特別是革命勝利之後，更是不能容忍。革命所要求的是高度統一的意志，而且向來容不得絲毫差異，要求的是絕對地服從權威和遵守規則。從本質上說，夏衍還是非常忠誠並服從組織的，但是由於他的知識分子的本性，使他沒有主動揣摩上級乃至最高領導的意圖，他那沒有泯滅的某些人性使他的某些言行不能令領導滿意，他以自己的思考得出對於社會現實和人類歷史的認識也不會與領導的相吻合，這就決定了他必然交上了華蓋運。夏衍的運交華蓋雖然是在一九四九年以後，但是這事早在二〇年代末就已埋下了伏筆。一九二八年深秋，作為中共地下黨員的夏衍根據組織安排在上海由於工作關係開始接受時任江蘇省委宣傳部黨組書記的潘漢年的領導。此後，夏衍便與潘漢年長期接觸，產生了深厚的友誼，但是誰會想到過了二十幾年後，潘漢年竟然被以「反革命」的罪行抓捕入獄，處以重刑。與潘漢年一道被捕的上海市公安局長楊帆同樣與夏衍存在著長期的工作上的聯繫。這種純粹工作上的聯繫誰知到了五〇年代潘漢年楊帆案爆發以後會對夏衍的命運產生深刻的影響呢！當然，這只是問題的一個方面。另一方面，早在一九四〇年前後，《新華日報》就曾經發表社論「批評」夏衍的劇作《愁城記》。這些批評雖然不著邊際，但是以社論的形式顯然是在敲打夏衍。只是由於周恩來的及時制止，《新華日報》的「批評」才沒有形成氣候。一九四一年，夏衍發表〈論上海現階段的劇運〉、〈論劇本荒〉和〈戲劇抗戰三年間〉等一系列文章，提出了「難劇運動」。這是夏衍針對一段時間以來，國內戲劇一味地將宣傳目的抬舉得太高，便會遠離話劇藝術的真諦的現狀提出的，他想以宣導表演難度較大和藝術風格比較複雜細膩的話劇編排來改變這一現狀，以提高中國話劇的演、導水準。但是，夏衍的提倡沒有得到應有的回應。原因是當時中國的話劇藝術基本上受左翼的「藝術目的＝政治宣傳教化」（陳堅、陳抗：《夏衍傳》，第三三五頁）觀念的統治。這雖然沒有對夏衍形成「批評」，但是可以從這種無聲的抵觸中讀出點東西來：在某些人心目中，夏衍在自己的預設政治目標上愈行愈遠。只是當時正處於抗戰時期，團結的要求暫時將這種可能存在的不滿掩蓋起來。與此同時，夏衍在對待人道主義的態度上被某些左翼人士不屑一顧與嗤之以鼻。他認為：「我們沒有權利和必要來要求一個知識階級的作者，違背自己的良心和感情而急速地去迎合另一種人群的口號」。他還表示，不應該「過低評價一個知識分子的人道主義和理性」，還應該「更深和更廣的人道主義，和更有機地和自己感情融合了的理智。」（陳堅、陳抗：《夏衍傳》，第三三六頁）夏衍的意見表明他是相當開明的，而且也符合藝術的本質，然而與革命的主流意識存在著一定的距離。但是，夏衍沒有政治敏感，也就沒有意識到這個問題，所以他就沿著這條路往前走。一九四二年到一九四三年，夏衍集中發表一批文章，反對獨裁專制和分裂，要求實現民主，推崇科學精神。他的這些作品被認為是「最成熟」和「最有異彩的」（陳堅、陳抗：《夏衍傳》，第三九八頁）。如果沿著這條路子走下去，夏衍一定會成為時論寫作和散文創作的大師。但是，他的這種寫作方向卻不能為黨內某些人士所容忍。一九四三年七月，夏衍為紀念法國大革命一百五十四周年而寫作的〈祝福！人類抬頭的日子〉便引起黨內某些人的不滿，招致嚴厲批評。夏衍在這篇文章中寫道：

> 《人權宣言》卻跨過了一切限制，向全世界的人類申訴，而在人類的歷史上創造了一個新的時代。它鼓勵了個人的理想自由，鼓勵了人民結合起來，向一切藐視人權的勢力鬥爭，它申訴的對象是「人」，不單是法國人，不單是法國的第三階級，也不是法國血統的民族，它像耶酥的福音書一樣對全人類宣言，而在長期壓抑下的全人類心中增進了新鮮熱烈的靈感。從這時起，人才發現自己是個有人權的人，人才能昂起頭來主張，挺起胸來戰鬥。這和西格弗里教授（Prof Siegtrincd）所說的一樣：「它是可以使各種人類的麵料

發酵的酵母，它代表著永遠生存，和不斷活動的力量。」（陳堅、陳抗：《夏衍傳》，第四〇一頁）

夏衍的這篇文章寫得多好，對人類普世價值的人權理念表示讚賞，就是到了二十一世紀的今天仍然具有偉大的現實意義。但是，就是這樣的文章居然讓黨內的某些領導感冒。他們認為，這篇文章「給人的感覺是，英美資產階級的民主彷彿是人類得救的最後希望。這對於黨報的宣傳導向來說，便有點南轅北轍了。」（陳堅、陳抗：《夏衍傳》，第四〇一頁）於是，在董必武主持的《新華日報》第一次整風會上，夏衍因這篇文章受到了「批評」，它被指責為「無產階級立場不夠堅定，乃至欣賞了資本主義國家的所謂『自由、民主』」。（陳堅、陳抗：《夏衍傳》，第四〇一至四〇二頁）與他一同受到「批評」的還有喬冠華、陳家康和章漢夫等。這次整風到底是否在夏衍的心底留下陰影？陳堅、陳抗的《夏衍傳》的看法是否定的，不過有一點是確鑿無疑的，那就是對夏衍的思想作了可怕的「校正」，從而促使他放棄了思想中的普世價值。不僅如此，這樣的整風批評還促使夏衍形成了自我審查機制。一九四四年，延安派來的何其芳等人到重慶來幫助這裡的黨員開展整風運動。運動還沒展開，夏衍就主動停下了在《新華日報》所開設的「司馬牛」雜感的寫作，「以檢查其中是否有原則上的錯誤」（陳堅、陳抗：《夏衍傳》，第四一一頁）。即便如此，前來幫助整風的何其芳等人還是對夏衍不滿意，他們從夏衍的劇作《芳草天涯》中發現了問題。俄國文學大師托爾斯泰說過一句名言，大意是「人類靈魂上最苦痛的，恐怕要算是床第間的悲劇了。」（陳堅、陳抗：《夏衍傳》，第四一一頁）夏衍深受托爾斯泰這句名言的影響，感受到其中深刻的含義，創作了這出話劇。陳堅、陳抗在他們的《夏衍傳》中對這部戲評價很高，認為該劇不僅「思想成熟」，而且「達到了很高的藝術水準」。（陳堅、陳抗：《夏衍傳》，第四一四頁）而且，該劇演出時

「賣座極盛」，深受觀眾喜愛。但是這出戲到了曾經是著名大詩人的何其芳這裡竟然成了「失敗之作，幾乎是夏衍最糟糕的一部劇作」。（陳堅、陳抗：《夏衍傳》，第四一四頁）這些黨內欽差大臣對於《芳草天涯》的評價竟然與公眾的完全相反。而且，欽差大臣們並不滿足於簡單地發表意見，他們舉行了一場頗具規模的座談會，然後將座談會的紀要交由《新華日報》發表，將對夏衍的「批評」形成了正式的文本，留存下來。夏衍「以後看到批評文章，心裡想不通，對敵人不應容忍，但夫婦之間有一點容忍，就是資產階級思想了？」（陳堅、陳抗：《夏衍傳》，第四一六頁）夏衍實在「想不通」（陳堅、陳抗：《夏衍傳》，第四一六頁），但是人家是欽差大臣，自己抗不過去，只好忍氣吞聲。由此，夏衍是否對將來自己的命運產生某種預感也未可知，但是，夏衍後來的命運確確實實是在按著這樣的邏輯演進，他雖然是中共黨員，擔任過領導職務，為革命的成功作出了巨大的貢獻，但是他的知識分子的底色和他沒有被極左政治閹割和泯滅的做人的良知都使他與極權專制不可避免地發生衝撞，因為在極權專制那裡，任何知識分子的品性，任何做人的良知都是可怕的，都需要根除。既然夏衍不能根除這些，那就只能走上厄運。一九四八年年底開始，夏衍主持《華商報》並且開設「專稿」之類的通訊專欄，因而銷路大增，但是作為著名新聞記者的范長江瞭解到情況後不是予以支持，反而來信批評，「說這是資產階級辦報方法」。（陳堅、陳抗：《夏衍傳》，第四六〇頁）這是令人感到非常詫異的，為什麼黨內某些人士對於夏衍的創作與辦報的看法偏偏與社會反應截然相反呢？為什麼這些黨內要員自己也搞過創作和新聞卻偏偏不聽群眾的反應而自以為是地扣大帽子呢？夏衍當然對此持有保留意見，但是還得「尊重范長江的意見，以後就不再搞這類的『專稿』了。」（陳堅、陳抗：《夏衍傳》，第四六〇頁）

如果說一九四九年以前，夏衍受到不公正的對待主要來自某些個人，那麼到了此後，夏衍遇到的政治寒流則來自上層機關。一九四九年，中共奪取了政權，夏衍按理來說該以主人翁的姿態迎接文藝新工作，但是他卻萌生了退意。當他被派往上海領導文藝界工作的時候，他既沒興奮，也沒激動，反而「不願意重回文藝界工作」，「他一直覺得自己變成一個作家、文藝活動家乃是一個『誤會』。為了革命事業，他只能把這個『誤會』持續下去。而革命勝利了，他希望能夠『功成身退』，重新搞他的電機。」（陳堅、陳抗：《夏衍傳》，第四八〇頁）夏衍為什麼會在這個時候萌生退意呢？陳堅、陳抗的《夏衍傳》沒有交代，但是據筆者推測，可能他預感到在文藝界幹下去，自己的處境將越來越尷尬，稍有不慎就可能出問題。但是，周恩來出面做他的工作，夏衍才接受了在文藝界繼續工作的安排。夏衍的預感是對的，果然如此，僅僅過了短短一年的時間，夏衍在文藝界和新聞界的工作就招來了「不少」「責難和抨擊」，而且「有些批評還來自北京」（陳堅、陳抗：《夏衍傳》，第四八六頁）。就連幫助著名表演藝術家蓋叫天解決經濟困難，居然也有人以此為口實攻擊他。他為《新民報》開設《燈下閒話》專欄也引來非議，有人責問他，「作為高幹給一家私營報紙寫稿，他的階級立場站到哪裡去了？」（陳堅、陳抗：《夏衍傳》，第四九〇頁）其實，當時的夏衍思想上還是比較左的，與當時的主流意識形態沒有什麼差異。他在一九四九年十二月初所發表的《想起了梁漱溟》的文章中痛罵自由主義知識分子梁漱溟是「十足的偽君子」，並且給人家扣上「反共反蘇反人民」的大帽子。一九五七年，夏衍受命在作協黨組會上作「爆炸性發言」（陳堅、陳抗：《夏衍傳》，第五二七頁），猛烈攻擊馮雪峰。但是，夏衍畢竟是搞了多年黨的統戰工作，總是希望團結各階層的人共同為黨工作，因而他根據自己多年的工作經驗，根據他對文藝規律的理解，在具體問題上執行比較寬鬆的文藝政策，表現出比較開明的姿態，因而，夏衍在領導文藝界的工作時從繁榮黨的文藝工作出發，「對一些作品的思想傾向、題材選擇與當時的主流意識形態是否契合，沒有給予足夠的重視」，結果被人抓住了把柄，受到了攻擊。但是，缺乏政治敏感的夏衍並沒有引以為戒，後來他又根據自己的理解和認識，提出了文藝也可以寫「城市的小資產階級勞動群眾和知識分子」的主張。夏衍的這一主張雖然有毛澤東的〈在延安文藝座談會上的講話〉作依據，但是並不符合那些左爺們的要求。然而，夏衍並沒有停止自己的探索和思考，他又提出了「白開水論」（只要不存在政治問題，不起壞作用，哪怕只要娛樂作用的作品也可以存在）和「離經叛道論」（文藝創作可以稍稍離一下「革命經」，叛一下「戰爭道」，營造比較寬鬆的創作環境）。夏衍的這種意見和主張給他帶來了災難。最初是北京的《文藝報》點名批判他的「右傾」，接著在批判電影《武訓傳》時他竟受冤。當初他並不同意拍這部電影，但是當這部電影受到毛澤東的批評以後，有人竟然不顧事實，稱「這部片子是在上海拍的，你是上海文藝界的領導，能不負一定的責任嗎？」（陳堅、陳抗：《夏衍傳》，第四九五頁）人家既然覺得他不順眼，就要批判他，總會找到某個藉口。面對批判的強大壓力，夏衍感到非常迷茫，他「猛抽著煙，一次又一次地強迫自己的思想向社論（指的是毛澤東在《人民日報》上發表的〈應當重視電影《武訓傳》的討論〉——引者注）靠近。」（陳堅、陳抗：《夏衍傳》，第四九八頁）就這事他想了一個多月，隱約覺得想通了，實際上並沒有想通，「只能檢討自己的思想已跟不上形勢的發展」（陳堅、陳抗：《夏衍傳》，第四九八頁）。後來到了「文革」期間，包括夏衍的老領導周恩來也有這種感覺：偉大領袖的步伐走得太快了，自己怎麼努力都跟不上。事實上，並不是夏衍的思想產生了巨大轉變，也不是他「落後」了，而是急轉的形勢背叛了他當初參加革命的理想。許多革命者當年都是抱著理想和信念參加了革命，因為，當時的革命口號和主張與自己的理想信念相契合，相一致，也就是說在革命者的心目中，他與革命團體之間在思想信念上形成了某種契約，而這是他參加革命的思想基礎和精神動力。但是，革命者個人與革命集團後來卻出現了分歧。這個時候，人們往往將目光對準個人，懷疑個人是否出了問題，從來不會懷疑集團也有可能背離個人，包括革命者本人都不會想到這一點。即使某個個人發現了這個問題，也很難有勇氣指出來，因為個人的力量是非常有限的，既無力與組織抗衡，又受不了被孤立、被鬥爭，所以只能隱忍。有時還可能產生這樣的錯覺，犯錯的只能是個人而不會是組織和團體。如果組織的錯誤後來被證明了，被揭露了，那也只能簡單地歸結為幾個人犯了錯，決不會懷疑到這個組織的運行機制和權力結構可能存在問題。這樣，夏衍理所當然在受到組織不公正對待的情況下只能成為俎上之肉，任人處置，決無反抗和決裂的念頭。儘管他很想也作出巨大的努力，想方設法緩和與組織上的緊張，但是沒有收到成效。他根據主流意識形態創作了話劇《考驗》，但是由於宣傳氣味較濃，藝術上沒有獲得巨大成功。他自己也很不滿意，到了晚年連提都不願提。即使如此，他的這部戲還是遭到抨擊，被指責為「給老幹部臉上抹黑」。（陳堅、陳抗：《夏衍傳》，第五〇九頁）當然，這些嚴厲的抨擊，還不算什麼，只能算是和風細雨，因為畢竟沒有對夏衍傷筋動骨。到了一九六四年，毛澤東的批示「恰如晴天一個霹靂」，將夏衍等人「完全打懵了」。（陳堅、陳抗：《夏衍傳》，第五五〇頁）毛澤東在批示中不僅批評他們「做官當老爺」，而且警告他們「跌到了修正主義的邊緣」，很有可能「變成匈牙利裴多菲俱樂部那樣的團體」（陳堅、陳抗：《夏衍傳》，第五五〇頁），成為反革命分子。毛澤東的這一棒擊潰了夏衍的精神，「他歎了口氣，把手輕輕到放到鼻子和嘴唇上，捂住了大半個臉。他的心痛苦極了，他的思想也亂極了。」（陳堅、陳抗：《夏衍傳》，第五五〇頁）然而，這還不是最嚴重。更嚴重的是到了「文革」時期，夏衍所在的中宣部被毛澤東稱為「閻王殿」，他和中宣部的同事則成了大小「閻王」，接著他就被人押到萬人大會上接受批鬥。被揪上臺的夏衍被迫掛著沉重的胸牌，上面寫著「反革命文藝黑線大頭目、電影界祖師爺」的罪名，而且他的名字還被打上鮮紅的叉叉。與此同時，紅衛兵們還要讓他坐「噴氣式」，對他這位六七十歲的老人拳打腳踢，皮帶抽打，強迫他們這些被批鬥的人唱「我有罪」的歌。到了一九六七年秋天，夏衍被打得「身上青一塊紫一塊，有時渾身血跡斑斑，慘不忍睹。」（陳堅、陳抗：《夏衍傳》，第五五六頁）到了這年冬天，有位軍人出與「樸素的階級感情」，朝年邁的夏衍狠狠踢了一腳，導致夏衍右腿股骨脛骨折。儘管這樣，夏衍還是沒有被放過。一九六九年他被關押起來，一九七五年被關進了秦城監獄，竟然成為他所追求的革命的階下囚。

不願懺悔

面對著瘋狂的政治迫害，《夏衍傳》的作者陳堅、陳抗所讚賞的是夏衍如何如何「苦中找樂」（陳堅、陳抗：《夏衍傳》，第五五五頁），如何如何「泰然處之」（陳堅、陳抗：《夏衍傳》，第五五八頁），以顯示夏衍在法西斯暴政中的豁達、開朗和堅強。這也是許多作家認為這是夏衍這一代人遭受苦難時最值得大書特書的地方，也是這一代人最值得自豪的地方。但是，最需要深入探討的應該是，夏衍與他的這一代革命者在面對國民黨的壓制、刁難和迫害時是那樣的富於智慧，那樣的富於反抗精神和戰鬥勇氣，為什麼到了這個時候，面對著極權政治的法西斯暴政卻失去了反叛的精神和勇氣？他們的那種樂觀與豁達雖然能夠幫助他們挺過災難的歲月，但是這其中是否多少有些阿Q的「精神勝利法」呢？因為他們在暴戾的政治面前實在是非常無奈。他們這一代人最大的問題就是沒有對法西斯暴政產生過任何懷疑，更沒有思考過不僅給他們個人，更給整個國家和民族帶來浩劫的根本原因。所以，當「文革」結束以後，當夏衍走出監獄，恢復了名譽恢復了工作，並且不再受到政治迫害的時候，他固然對一些問題進行了思考，而且思考還是比較深入的，具有重大的現實意義，但是他只是作為受害者來思考問題的，他承認「我們黨在有些重大問題的認識上是違背了歷史唯物主義和辯證唯物主義的，而自己在許多問題上以犯有本本主義、教條主義的錯誤。」（陳堅、陳抗：《夏衍傳》，第五六八頁）他對問題的思考依然停留在原先的那種思維方式和話語形式上，也就是說他的認識仍然在所謂犯錯誤的層面上，沒有脫離「失誤」的框架，根本沒有認識到一九四九年以後的法西斯暴政具有反人類的性質。所以在這樣的情況下，讓夏衍有所懺悔是不可能的，他根本就沒有達到懺悔的思想境界。因而，就夏衍在一九八〇年以後的思想認識來說，他在他們那一代人中能夠反思「文革」和極左路線，反對極左政治，宣導科學民主精神，確實可貴，值得肯定，但是他的思想還是可以再往前邁出一步，然而卻沒有邁出，這實在是非常可惜！

7 從批人到挨整的張聞天

整治同志

從照片上看，張聞天儒雅而文質彬彬，戴著一副寬邊深色眼鏡，臉上露出慈祥的笑容，給人以和藹可親的感覺，讓人覺得他既是一位知識淵博的學者，又是可親可敬的長者。我們很難將他與批人整人的形象聯繫起來，然而恰恰就是他在一九三〇年代初寫文章嚴厲地批人整人，按照現時常用的一個說法，他那時表現得相當「左」。

一九三一年夏，時任中共中央總書記的向忠發被捕，很快叛變。隨後，經過共產國際批准，從莫斯科學習歸來不久的張聞天進入了「中央臨時政治局」，成為中共最高領導人之一。擔任了主要領導人的張聞天深受史達林的影響，根據共產國際的意見在黨內掀起了「反右傾」的運動。他和當時的其他領導人一道「批評以至打擊黨內對於『左』傾觀點持不同意見的組織與同志」。（程中原：《張聞天傳》，當代中國出版社二〇〇六年十二月第二版，第九八頁）一九三二年初，由張聞天等人組成的「臨時中央」通過了〈關於爭取革命在一省與數省首先勝利的決議〉。這項決議根據共產國際的要求──「必須進行堅決的鬥爭，去反對目前的主要危險──右傾機會主義以及右傾調和的態度。」（程中原：《張聞天傳》，第九八頁）──以嚴厲的語氣要求全黨「應該集中火力來反對右傾」。（程中原：《張聞天傳》，第九八頁）接著，張聞天要求給中共江蘇省委、全國總工會以及劉少奇等人「以打擊」（程中原：《張聞天傳》，第九九頁）。與此同時，張聞天還寫了許多文章和社論，點名批評和指責「幾乎所有部門、省區」。（程中原：《張聞天傳》，第九九頁）在這次運動中，劉少奇被撤銷了中央職工部長和全總組織部長的職務，毛澤東則被排除在中央蘇區的領導權之外。

不過，當時張聞天的批人整人雖然給當事人造成一定的傷害，但是有幾點值得注意：首先，他不是出於權爭的目的。當時他剛剛從蘇聯學習回來不久，他根據自己的思想認識，從維護黨的利益出發，從他與其他領導人對當時現實政治形勢的判斷出發，按照共產國際的指示辦事，不是出於爭權奪利的私心。從張聞天的成長歷程來看，他自小就顯示出文人氣質，早在南匯一高讀書時，他不僅「功課出類拔萃」，而且「好學深思，訥於言而長於文」，在弟妹們的心目中，他「完全是一個讀書人了。」（程中原：《張聞天傳》，第七頁）到了二〇年代，張聞天一度熱衷於文學，創作出長篇小說《旅途》等作品，並且對《紅樓夢》和王爾德的思想理論進行深入研究。張聞天后來雖然從事政治，並且成為一位革命家，即使進入了中共最高領導層，並且擔任了中共中央總書記，但是他的本質還是文人，他始終沒有脫去文人的氣質，他就是批人整人，也是文人式的，說到底基本上是言語式的，最嚴重的就是讓受批評和挨整的人靠邊站，接受批評教育，既沒有對挨整受批的人進行人格侮辱，也沒有讓那些受攻擊的人遭受皮肉之苦，更沒有將人往死裡整，從肉體上消滅。這就是說，張聞天當時的批人與整人，相對來說算是和風細雨，很少後來那種濃濃的血腥氣。但是，即便如此，我們也不能肯定張聞天當時批人整人行為。不管怎麼說，批人整人都是對人的傷害，都是依仗權力將黨內不同的政治觀點和意見主張加以壓制並予以否定，其實質就是唯我獨尊的獨裁專制，是對黨內同志民主權利的剝奪。張聞天之所以顯得如此的「左」，我們往往輕易地將其歸結為史達林和共產國際的影響。誠然，這方面的因素不可忽視，但是我們更應該看到這兩個方面的問題：一是張聞天當年所接受的思想理論本來就出了問題；一是無論是中共，還是蘇共和共產國際都存在著嚴重的體制問題。張聞天出生於一九〇〇年，到了五四新文化運動時期，他正當青年，接受各種新思想的影響是很自然的。作為熱血青年的張聞天同當時的許多同齡人一樣，懷著憂國憂民之心，追求真理。但是，青年人往往容易為時代風尚所裹挾，在追求真理過程中走向激進與偏激，特別容易為烏托邦的假像所迷惑。正當其時，蘇俄通過暴力革命建立的政權經過宣傳給人們樹立了理想社會的楷模，得到了許多社會名流和高級知識分子的熱捧，經過蘇俄化的馬克思主義儘管已經與原初的發生了一定的偏差，但是被奉為解決民族危機與社會問題的圭臬。本來還宣傳「平等、自由、博愛和民主共和國的思想」（程中原：《張聞天傳》，第十五頁）的張聞天很快轉到「馬克思主義」這一邊來，試圖「扣住中國革命這個根本的現實問題來闡發和宣傳馬克思主義」（程中原：《張聞天傳》，第一六頁），並且「熱情洋溢地宣傳了共產主義理想」。（程中原：《張聞天傳》，第十七頁）為此，張聞天加入了具有政治色彩的團體「少年中國會」。與此同時，父母為張聞天包辦婚姻，激起了他反抗，推動著他更加走向激進。到了一九二二年初，張聞天剔除了頭腦中的空想社會主義和無抵抗主義等非馬克思主義的思想，全面信奉馬克思的「科學社會主義」。接著，他到國外遊歷，探尋改造中國社會的途徑，並且加入了中國共產黨。繼而，他被黨組織選派到莫斯科學習。既然是黨組織所派，那麼張聞天所學習的不是普通的科學技術，也不是廣泛的人文社會科學理論，而是經過蘇俄改造過的馬克思主義思想理論。馬克思主義思想理論在蘇俄的改造下，突出的是階級鬥爭，而且以最迷惑人的革命的名義掩蓋了封建專制與獨裁，而馬克思本來所強調的人的全面發展與自由，人的基本權利與民主思想卻被閹割過濾掉了。但是，那些到莫斯科學習的青年們根本沒有注意到。儘管在莫斯科學習期間，張聞天也目睹了蘇共黨內激烈而殘酷派別鬥爭，也切身感受到他所就學的中山大學不同派系的爭鬥，他看到了就在他的身邊，就是這些共產黨人，「特別著重於生活檢討和互相批評，注意力都放在日常生活瑣事上，上綱上線，揭發批判所謂資產階級意識的表現，會下還有互相打『小報告』的」（程中原：《張聞天傳》，第七二至七三頁），對於這些，具有文人氣質的張聞天不可能沒有反感，但是他沒有對引起這些尖銳鬥爭的體制進行過任何反思，他可能為這種絞肉機式的政治造成人的道德敗壞和人格卑劣所恐懼，但是他決沒有去探究一下造成這種狀況的原因。此時的張聞天顯然是以虔誠的態度來莫斯科取革命之「經」的，當然不會對這裡出現的問題進行質疑和反思。久而久之，張聞天對於黨內的殘酷鬥爭也就習以為常了，漸漸地認同了，對於因黨內鬥爭而造成人性的扭曲和道德的潰敗也變得麻木了，甚至認為只有通過鬥爭才能戰勝錯誤。畢竟，在莫斯科學習期間，張聞天沒有受到嚴重的傷害——他雖然與沈澤民等人面臨被開除黨籍的危險，但是這事到底沒有得逞，所以他仍然是共產黨員，他在政治上沒有受到什麼損失，他還可以積極地表現自己，「積極參加了」「反對托派的鬥爭」。（程中原：《張聞天傳》，第七七頁）由於反對「托派」有功，張聞天被委以重任，在中共六大上擔任文件的翻譯工作。因而，他也就將黨內激烈鬥爭看成是很正常的事，他要以鬥爭的方式解決黨內的問題，這樣，他在擔任中共高層領導職務時參與整人批人也就不奇怪了。

從蘇共與共產國際歷史來看，對於內部出現的分歧，不是通過對話、溝通、協商的方式來解決，而是將竭力將其加以壓制乃至消除，因而不同的觀點和主張往往就只劃分為正確與錯誤，以絕對化的二元對立的方式看待，而不是以科學的多元的眼光來認識。而且，在共產國際和蘇共內部，可以通過否定別人來塑造自己的光輝形象，樹立自己的威信，進而掌握權力。因此，觀點和意見的分歧不再是單純的認識問題和能力問題，而是與權力掛起鉤來，因而否定和批判他人的觀點就成了奪取、掌握和鞏固權力的手段。而擁有權力在蘇共與共產國際內部就可以控制和奴役他人，就可以被供奉為神明，永遠英明、偉大、光榮與正確。所以，黨內不同觀點和意見需要通過鬥爭來解決，無論哪一派在鬥爭中都要將對方徹底否定，徹底鬥垮，不僅要將對方的觀點和意見貼上「反動的」、「『左』傾」、「右傾」、「機會主義」或者「反革命」的標籤，而且將其從官位上拉下來，剝奪其申辯和人身自由的權利，甚至從肉體上加以消滅。因而，黨內鬥爭雖然發生在同志、同事與戰友之間，但是其血腥程度卻可能超過對敵鬥爭。張聞天到蘇聯學習，雖然讀了不少馬克思主義列寧主義著作，對中國的社會做了非常深入的研究，但是對於黨內鬥爭的嚴酷性以及這種鬥爭對於人性的嚴重扭曲卻從來沒有認真思考過，他在烏托邦思想理論的迷惑下，思想發生了偏頗，從而將殘酷的黨內鬥爭視為純潔黨的必要手段，所以他認為：「中國共產黨內兩條戰線的鬥爭，是黨內最主要的任務。在反對黨內主要的危險右傾時，黨是一刻也不能放鬆反對『左』傾的。」「對於這種『左』傾，我們的黨必須給予嚴重的打擊。」（程中原：《張聞天傳》，第八四頁）在張聞天這裡，黨內的批判和整肅雖然並不帶有爭權的目的，而且相對來說比較溫和，但其性質仍然是專制的。正是在張聞天所肯定和宣導的黨內鬥爭中，瞿秋白被以「調和路線錯誤」的罪名從領導崗位上拉下來並受到精神圍剿；反對六屆四中全會的李求實、林育南、何孟雄等人非常「巧妙地」很快被國民黨一網打盡，全部犧牲；還有一些人則被開除出黨，這雖然不能歸罪於張聞天一人，但是作為領導層的一員，他是負有責任的。

張聞天當年的批人整人好在沒有走向瘋狂，就他自己來說，在這方面是有節制的，而他自己也表現出一定的理性，他畢竟是一個文人，他的身份雖說是個政治家或者革命家，但是他又是那種學者型的，這就使他與那些專門玩弄政治的人有所不同。他在擔任領導職務期間，非常善於思考一些問題，並且提升到理論的高度來認識。儘管他的思想理論的立足點和出發點可能存在某些問題，但是他還是努力將自己發動或參與的批人整人的運動納入到理性的軌道。所以他根據自己的研究和思考的結果時提出反「左」或者反「右」的理論、政策和方法，試圖糾正批人與整人時出現的偏差，從而在一定程度上避免打擊範圍的擴大，避免讓更多的人受到傷害，也儘量減少由整人所引起的震盪。因而，他的這種理性制約下的反「左」或者反「右」從某種意義上說是相當難得的。不過，張聞天並沒有掌握中共中央的最高權力，即使他擔任了中共中央總書記，其情形大概與八〇年代的胡耀邦、趙紫陽擔任總書記一樣，從來沒有掌握到最高權力，所以，他在批人整人中唱的大多不是主角，許多時候只是參與者與鼓動者而已，而真正的導演卻是別人。一九三三年，張聞天參與了王明、博古等人反對所謂的「羅明路線」的鬥爭，好在他後來作了一定的反省，「一再沉痛檢討這一嚴重錯誤，並從中吸取了終生受益的教訓。」（程中原：《張聞天傳》，第一一一頁）

遭受整治

然而政治是一匹野馬，即使是經驗非常豐富的政治家和革命家都可能被它從背上摔下來，因為政治在信奉鬥爭哲學的政黨內部不僅非常狂野，無法駕馭，而且在鬥爭場上歷來是山外有山，天外有天，誰都難說自己的鬥爭藝術和權謀功夫化到爐火純青、出神入化的地步。因而，在共產黨內，往往是三十年河東，三十年河西，今天整了別人，明天就可能挨整，今天挨了別人批，明天還可能去批別人。事過境遷，物轉星移，從三〇年代初到三〇年代末，張聞天或領導或參與了對張國燾與王明的批判，可是時過不久，他就靠邊站了，到了五、六〇年代他簡直被整進了人間地獄。據王震回憶，毛澤東多次表揚張聞天，稱讚他「不爭權」。（程中原：《張聞天傳》，第二六八頁）就在長征結束後，張聞天樹立起毛澤東的威信，到了一九三八年，毛澤東在中共中央的威信完全確立，他就隱身而退，離開了權力核心。然而，隨著離開了權力核心，他很快就遭到冷遇。一九三八年，毛澤東與江青結婚，張聞天根據他所瞭解的江青在上海的表現認為這樁婚姻不合適，於是寫信給毛澤東提出了自己的意見，而毛澤東當場就將那信給撕了，隨後他們舉行婚禮，就沒有邀請張聞天。到了四〇年代初，毛澤東為了肅清黨內異己，鞏固和維護自己的權威與地位，掀起了延安整風運動。儘管張聞天算不上是毛澤東的異己，不僅從總書記的位子上退了下來，而且處處尊重毛澤東，樹立和維護他的威信，但是他還是不幸落到了受批評的境地。一九四一年，毛澤東在《農村調查》一書的序言中，批評那種「『下車伊始』就哇啦哇啦地發議論，『欽差大臣』滿天飛的作風。」（毛澤東：《毛澤東選集》，人民出版社一九九一年版，第七九一頁）接著又在《改造我們的學習》中進一步批評道：「不注重研究現狀，不注重研究歷史，不注重馬克思列寧主義的應用。」（毛澤東：《毛澤東選集》，第七九七頁）毛澤東雖然沒有點名，但是張聞天心裡十分清楚，那是在批評他呢！對於批評，張聞天並不拒絕，但是他「內心感到委屈」，覺得毛澤東「不公平」，「看人有點『偏』」。（程中原：《張聞天傳》，第二九九頁）其實，張聞天並不是那種不做調查研究的人，不是那種專門喜歡「哇啦哇啦地發議論」的人。張聞天以為這可能出於誤會，於是找毛澤東談心，希望消除誤會。但是毛澤東在約見張聞天的同時，還有康生、陳雲和任弼時等人在場，他進一步批評張聞天「一事不懂，偏要人家依，不依則打；說張不顧全大局，無自我批評精神。」同時「還給張聞天下了五個字的批語：狹、高、空、怯、私。」（程中原：《張聞天傳》，第三〇〇頁）事實上，張聞天並不是毛澤東所說的那種人，而毛澤東的批評與他先前對張聞天的稱讚是「有矛盾的」。（程中原：《張聞天傳》，第三〇〇頁）那麼，人們不禁要問，毛澤東為什麼不顧事實，冤枉張聞天呢？程中原先生在他的《張聞天傳》中沒有給出答案。根據種種跡象，我們不妨做出這樣的推測：張聞天首先具有文人氣質，他既善於運用他所掌握的思想理論思考現實問題，又往往從全黨利益出發。這就決定他對長期在本土進行武裝鬥爭而形成的某些潛規則不太瞭解。儘管張聞天自遵義會議以後給了毛澤東以很大的幫助和支持，但是由於他不瞭解某些潛規則，因而在某些情況下與毛澤東的關係不那麼協調，尤其是在毛澤東與江青結婚的問題上，他沒有放棄原則予以配合。其次，張聞天是從莫斯科學習回來的，具有深厚的理論修養，並且與王明等人具有相同的政治背景，而王明等人曾經排擠和壓制過毛澤東，因而毛澤東可能覺得自己與他們隔著一層說不清楚的東西。現在他要通過批評張聞天，來測試張聞天會對自己採取什麼態度，同時也是對莫斯科回來的所有人一個警告。同樣是從莫斯科回來的康生當初也是跟著王明跑的，但是他轉得非常快，並且幫助毛澤東整肅異己，於是成為毛澤東的心腹，因而得到了毛澤東的重用。而張聞天雖然支持和幫助過毛澤東，而且在很多時候還是站在毛澤東一邊，但是他並沒有成為毛澤東的鐵桿心腹。一九三五年的會理會議前夕，林彪曾經寫信給最高領導層，抱怨毛澤東帶領紅軍走「弓背路」，不適宜再領導指揮紅軍。儘管這事與張聞天沒有關係，但是毛澤東認為張聞天參與其事，與彭德懷合謀妄圖奪自己手中的權，因而記恨在心，從而使他們兩人之間有了一直沒有消除的隔閡，「確鑿的事實仍沒有真正驅散這團烏雲」。（程中原：《張聞天傳》，第一五三頁）此外，在一些事情上與毛澤東並不完全保持一致，因此必須以批評的方式予以警告。儘管張聞天沒有落下什麼把柄，但是既然要批評，有了權力作後盾，怎麼批評都行，就是令其受委屈，張聞天「聽了雖然不服」，也只能擱在肚子裡，也只能默默地承受著，「沒有去辯解」，並且「承認自己的錯誤」。（程中原：《張聞天傳》，第三〇〇頁）對於張聞天的遭遇，王明對他說：「這次整風（指延安整風），主要是懲我們莫斯科回來的同志的，尤其是你，一九四〇年三月周恩來同志說從莫斯科治傷後返回延安，傳曼努伊爾斯基（共產國際執委主席團委員）的話說，你是我黨的理論家。毛主席聽了這話大發脾氣說，什麼理論家，背了幾麻袋教條回來。所以要特別地反對你。……毛主席此人太厲害了，真是睚眥必報。」（程中原：《張聞天傳》，第三一一頁）王明這話雖然有挑撥和拉攏的成分，但還是說到了點子上。事實上，「從九月政治局會議起，張聞天停止了自己的實際工作」（程中原：《張聞天傳》，第三〇〇頁），靠邊站了。從此，張聞天的官越做越小，地位越來越低。到了新中國成立以後，他已經不再是中央領導人了，而是一個地方或一個部門的負責人。而且，更令人感到酸楚的是，他一面不斷地作自我檢討、自我批評和自我否定，表示承擔犯錯誤的責任，另一方面還得不斷地為毛澤東歌功頌德，或主動或被動地投入到對毛澤東的個人崇拜的造神運動當中。一九四二年，在建黨二十一周年的會議上，「反覆強調，中國革命過去的歷史證明，有了毛澤東同志的領導，革命力量就會逐漸壯大，就會逐漸走向勝利，就可以轉危為安；如果不聽毛澤東同志的意見，或反對毛澤東同志的領導，革命就會遭受挫折，就會轉勝為敗，就會從順利走向困難。」（程中原：《張聞天傳》，第三〇五頁）毛澤東領導中國革命確實有一套辦法，取得了很大的成功，但是將他推崇為勝利的標誌和真理的化身，顯然是在將其神化。一九四五年，張聞天在檢討自己長期以來犯了理論脫離實際、脫離群眾和缺乏自我批評等錯誤的同時說道：「遵義會議後，一般來說，我是在毛澤東同志的領導下工作，故沒有發生路線錯誤。」十分屈辱地將自己擺在毛澤東的下級的位置。

既然張聞天擺正了自己的位置，沒有對毛澤東鞏固和維護權力形成威脅，而且表現出一定的臣服姿態，因而他雖然挨了整，但還不算嚴重，只是做做檢討，做做自我批評，並且被邊緣化而已。然而到了一九五九年，廬山會議的風暴將張聞天捲進了災難的深淵。在這次廬山會議上，身為黨的高級幹部的彭德懷為大躍進給全國造成的嚴重災難痛心疾首，於是在會上就大躍進提出了批評意見。非常敏感的毛澤東覺得自己的權力與地位受到了威脅，於是使出了非常手段，很快出現了幾乎所有人都不曾預料到的驚人的逆轉。彭德懷沒有料到他的這一舉動觸動了毛澤東的權威，捅了馬蜂窩，立即遭到了圍攻和批判。張聞天出於一個文人的正直和做人的良知，支持彭德懷的意見，也被一道拉下了馬，他們被打成了反黨集團，受到嚴厲的批判。本來，身為政治局成員的彭德懷與張聞天「交換意見，甚至聯名寫信向黨中央主席提出意見，也是完全正常的事」。（程中原：《張聞天傳》，第四一二頁）但是，在那個不正常的時代，本來正常的事情也被認為是不正常的，而本來不正常的事此時已經變得十分正常了。有了權力就可以隨意給人扣上駭人聽聞的大帽子，就可以無中生有，任意栽贓誣賴，就可以瘋狂地迫害。張聞天和彭德懷被誣為「反黨集團」，莫須有地指控他們成立「軍事俱樂部」，企圖搞政變奪取權力，還給張聞天扣上「裡通外國」的大帽子。在毛澤東聲勢凌厲的攻擊下，張聞天百口莫辯，只能聽任往他頭上扣屎盆子，徹底敗下了陣，乖乖地由人整他。到了這地步，毛澤東以勝利者的姿態寫信給張聞天，百般調侃、羞辱和戲弄。毛澤東在信中寫道：「怎麼搞的，你陷入那個軍事俱樂部去了。真是物以類聚，人以群分。你這次安的是什麼主意？那樣四方八面，勤勞艱苦，找出那些漆黑一團的材料。真是好寶貝！你是不是跑到東海龍王敖廣那裡取來的？不然，何其多也！然而一展覽，儘是假的。講完沒兩天，你就心煩意亂，十五個吊桶打水，七上八下，被人們纏住脫不了身。自作自受，怨得誰人？我認為你是舊病復發，你的老而又老的瘧病原蟲遠未去掉，現在又發寒熱症了。……你把馬克思主義的要言妙道通通忘記了，於是乎跑進了軍事俱樂部，真是武文合璧，相得益彰。現在有什麼辦法呢？願借你同志之箸，為你同志籌之。兩個字，曰：『痛改』。」（程中原：《張聞天傳》，第四二二頁）毛澤東在這裡充分施展了他的文才，以嬉笑怒罵的方式，淋漓盡致地諷刺和挖苦張聞天。而張聞天感到一肚子委屈，但是沒有辦法，只能扭曲自己，承認自己「患了一場政治的急性寒熱症。頭腦好像給魔鬼纏住了似的，塞滿了『要講缺點，要從缺點總結經驗』的魔道，使我頭腦發脹，發熱，發燒，神志不清，胡言亂語。」（程中原：《張聞天傳》，第四二四頁）在違心檢討自己的「錯誤」中將毛澤東給他扣的屎盆子全給接了過來，連起碼的人格尊嚴也顧不了了。

張聞天被鬥倒了，毛澤東揚眉吐氣，志得意滿，於是擺出一副寬厚仁慈的面孔：給張聞天等人「必須留有餘地。必須有溫暖，必須有春天，不是老留在冬天過日子。」（程中原：《張聞天傳》，第四二八頁）可是，此後張聞天多次請求與毛澤東當面談談，希望緩和他們之間的緊張關係，一直沒能如願。後來，毛澤東所允諾的「春天」和「溫暖」並沒有到來，倒是迎來了更加嚴酷的「暴風雪」（程中原：《張聞天傳》，第四二五頁）張聞天不僅沒有見到毛澤東，反而遭到更加猛烈的批判，而且他還被列入了專案審查，成為可以隨意迫害的對象。他的這種狀況只是到了一九六二年的「七千人大會」時才略有改善。然而，這種改善又是十分短暫的。隨後而來的「文革」更是瘋狂，不僅再次給他扣上「反黨集團」的大帽子，而且把他押上了大會上批鬥，並且抄了他的家，甚至遭到造反派的拳打腳踢，讓他這個六、七十歲的老人飽嚐皮肉之苦，讓他這個革命幾十年的共產黨員飽受侮辱。不僅如此，就連他的愛人劉英也跟著遭受迫害，受到監禁和審查。此時，張聞天雖然沒有被開除黨籍，但是他的境況並不比敵人好多少。想當年，張聞天雖然也整個人，但是他畢竟是文人式的，多少還有點文質彬彬，只是思想上的鬥爭，沒有瘋狂到肉體上的折磨。當他面對著各種侮辱和拳腳相加時，當他感到冤枉而不能申訴的時候，他很可貴地仍然還在思考，思考著黨和國家的命運，但是他就是沒有思考自己參與的政治，以絢麗的理想開始，到頭來卻演變成如此的瘋狂和醜陋，在這種政治中就連他這樣的高級幹部都要說違心話，扭曲自己，就連一些領袖級的人物在大是大非面前都不顧事實，參與對受迫害者的精神圍剿。他就是沒有思考在「無產階級先鋒隊」的共產黨內為什麼連真話都不能說，在權力絞鬥中為什麼連做人的良心都要泯滅，心腸變得鐵硬而冷漠，……因而他根本弄不清楚自己挨整的原因，有時甚至糊塗地以為自己真地犯了錯誤。其實，他的根本問題既不是反黨，也不是所謂的「右傾」，不是什麼機會主義，而是他的到處調查研究和對於問題的思考。通過實地調查研究和讀書思考，張聞天發現現實中存在的問題還不小，特別是「『左』的傾向」越來越嚴重，給黨和國家造成的災難也越來越嚴重，於是他懷著深深的憂慮，不斷地給中央寫信，給毛澤東寫信，表達自己的憂思，提出相關的建議。然而，他根本沒有意識到自己的意見與主張不僅與毛澤東的相左，他的思考雖然還是在體制之內，雖然極力要與毛澤東保持某種一致，雖然仍然承認當時政治的正確，但是他已經觸及到「極左」的敏感處，影響到毛澤東的權威，因而他不可避免地遭到了猜忌和報復，惱怒中的毛澤東甚至提出建議，撤銷他的職務並開除黨籍。可惜的是，張聞天一直沒有看清楚他與毛澤東之間矛盾所在，沒有搞清楚他越是寫信提建議越是遭受打擊，他已經不顧自己的命運和人生得失，他要忍辱負重，要顧全大局，但是他錯把維護毛澤東的權威視為大局，而真正的大局——如何幫助國家擺脫極左政治的災難，減少黨和國家遭受的損失——卻置之一邊。因而，張聞天最終在思想意識上沒有重大突破，一直困擾在長期以來一直堅持的意識形態的圈子裡，這就決定了他最終逃不脫整人到挨整的悲劇命運，決定了他沒能覺醒。

8

廢了文功的沈從文

幼稚寫作

五七幹校氣象新，「三同」「四好」意義深。反帝防修千年計，加強牢固在基層。養豬種菜英雄業，園地豬圈一戰場。深明動植辨證理，勝利才能有保障。夏麥明黃豆苗青，田裡農活不暫停，採桑種棉趕時令，愧殺穿衣吃飯人。

——李揚《沈從文的最後四十年》，中國文史出版社二〇〇六年十二月版，第一九九頁。

讀了上面所錄的這首詩，我們很難將它與文學大師沈從文聯繫起來，怎麼也想不到是沈從文的大作。然而這恰恰是七〇年代初他下放到湖北咸寧向陽湖五七幹校勞動改造期間所作的〈新認識〉。坦率地講，這首〈新認識〉不僅表現了作者在意識形態上與官方保持高度一致，而且缺乏詩的意境和味道，就和那個時代的文學青年所寫的應時應景詩差不多。讀到這樣作品，我們不禁要問，當年被魯迅稱為「自新文學運動以來，『出現的最好的作家』之一」（凌宇：《沈從文傳》，北京十月文藝出版社一九八八年十月版，第二一七頁）的沈從文怎麼會寫出這樣的爛詩？由此，人們可能會聯想到郭沫若。五四時期令許多青年十分崇拜的郭沫若創作出〈鳳凰涅槃〉、

〈天狗〉等輝煌的傳世之作，可是到了一九四九年以後只能寫出令人作嘔的〈獻給在座的江青同志，也獻給各位同志和同學〉之類的阿諛奉承之作，於是對郭沫若的人格提出了質疑。然而，沈從文不同於郭沫若，他寫〈新認識〉和〈好八連〉這些詩歌的時候，與著名詩人臧克家的〈憶向陽〉中的那些詩作一樣，都是真實情感的抒發。問題是沈從文的這些作品根本不能與臧克家「向陽」詩作相比，這讓人看到一個非常悲哀的事實：他的文學功夫已經被廢了。

一個武術家最悲哀的事莫過於他的武功被徹底地廢掉，這意味著他在武林根本沒有立足之地，對於作家來說，最悲哀的事情不是被捕入獄，不是遭受批判和圍剿，而是文功遭廢。一個作家一旦失去了寫作能力，那就意味著他文學生命的終結，意味著作家的稱號已經屬於過去。對於沈從文來說，他的作家身份到了一九四九年就被中斷了，後來他雖然很想通過努力再創輝煌，無奈力不從心。

遭受厄運

一九四八年三月，郭沫若在《大眾文藝叢刊》第一輯發表了〈斥反動文藝〉，將沈從文列為批判對象，該刊同期還刊發了馮乃超的〈略評沈從文的《熊公館》〉與邵荃麟的〈對於當前文藝運動的意見——檢討．批判和今後的方向〉同樣將批判的矛頭指向沈從文。這些批判文章雖然是以個人的名義發表的，但是卻代表著左翼革命陣營對沈從文的政治宣判。特別是郭沫若在左翼革命陣營中已經被樹為繼魯迅之後的文化旗手，他的文章更是代表即將建立新政權的中共的態度。於是，在一九四九年七月召開的全國第一次文代會上根本沒有沈從文的位置。與此同時，他還遭受解放區報刊的嚴厲批判。所以，當新中國成立之際，沈從文陷入了極度不安和疑懼乃至精神恍惚之中。本來，就在國民黨撤退大陸前夕，沈從文已經被列進了「搶救」北方學人的名單之中，國民黨當局給他提供了南下的飛機票，但是沈從文沒有隨國民黨南下，而是留了下來。他儘管對未來的新政權並不十分瞭解，但是他對國民黨印象並不怎麼好，非常厭倦國民黨的統治，而且曾經得罪過國民黨，同時他還有過十分幼稚的想法，根據多年來的人生經驗他認為：「儘管自己對政府頗有微詞，但最壞的結果也只不過是書籍被禁毀，怎麼著也不會影響到生計問題。我寫我的，你禁你的就是了，總不能把我的作品全都禁了吧？」（李揚：《沈從文的最後四十年》，第四〇頁）顯然，沈從文這是以過去的社會環境和人生經驗想像著新社會自己的未來，根本沒有想到兩種社會制度的根本差別，更沒想到中共對待不喜歡的作家作品所採取的措施與國民黨的方式截然不同。此外，沈從文在共產黨內還有丁玲、吳晗、何其芳、樂黛雲等一批朋友。殊不知，他的這種人生選擇卻將他推上了文功遭到廢棄的路途，這是他怎麼也想不到的。儘管他內心感到迷茫和苦悶，「預感到自己的寫作方式與即將到來的新生活格格不入，最終的結局恐怕是『被迫擱筆』」（李揚：《沈從文的最後四十年》，第三九頁），但是他還是從國家與民族利益出發來應對眼前的歷史劇變。

然而，歷史並沒有因為他胸懷國家和民族利益而對他有所寬容，反而越來越對他形成逼迫。當然，中共並不像國民黨那樣愚蠢地查禁和審查，而是以非常高明的方式逐步廢棄他的文功。首先，在新政權成立之前，沈從文的作品就被北京大學的學生們「宣判了死刑」。（李揚：《沈從文的最後四十年》，第四四頁）這樣的死刑宣判由於來自青年學生，令沈從文真有點丈二和尚摸不著頭腦，他雖然可能意識到這些青年學生的態度來自一股政治勢力，然而其行為十分巧妙而讓他無可奈何，令他緊張和不安，內心感到強大的壓力。面對著這種無形的壓力，他找不到抗爭的對象，就像魯迅所說的陷入了「無物之陣」。北京大學的青年學生並不因此而甘休，他們還貼出大幅標語，將他視為第三條路線的代表要予以打倒。革命勢力高明就高明在不以行政的方式處理像沈從文這樣的作家，而是通過青年學生發動鬥爭，進而對他發出嚴厲的警告：不要再以原來的方式進行創作！趕緊轉向革命的一邊搞創作！否則就是反動作家，就要遭到更嚴厲的鬥爭。對於身處這樣的尷尬境地，沈從文進行了反思，「他想從自己的作品中為郭沫若尋找自己反動的證據，但越看越糊塗，越看越難受。」（李揚：《沈從文的最後四十年》，第四七頁）於是，沈從文在極度的恐慌和困惑中，感到一張無形的巨網正向他撲來，並且慢慢收緊。沈從文的這種恐慌和懼怕心理或許正是有關方面所需要的。一個作家在憤怒、悲痛、苦悶、挹鬱、憂愁的心境中都可以進行創作，並且可以創作出傑出的作品，惟獨在恐慌和懼怕精神狀態下怎麼也寫不出什麼像樣的作品！恐慌和懼怕中的沈從文儘管經受巨大的精神壓力，但是沒有對新政權採取對抗的態度，而是從國家和民族的未來著想，竭盡全力試圖融入新社會，與新政權建立友善的關係。與此同時，新政權也沒有將沈從文排到敵人的行列，先前讓青年學生批判他，只是給他一個嚴重的警告，希望他不要滑到敵人的那邊。既然沈從文在文學界擁有那麼大的影響，如果將他改造過來，為自己所用，倒是一件兩全其美的事。於是，革命陣營就在北平解放之際，馬上有人來做沈從文的思想工作。一九四九年二月上旬，北平剛剛宣告和平解放，張以瑛就從天津趕來看望沈從文。這個張以瑛一方面是夫人張兆和的堂兄張鼎和的女兒，另一方面又是革命隊伍中的一員。她來看望沈從文並不是一次單純的探親，更重要的任務就是幫助沈從文努力適應新的社會。後來，東北野戰軍後勤政委、黨委書記陳沂得知沈從文的精神狀態後，一方面馬上給沈從文寄來了「進步」書刊，一方面到沈從文家來與他進行深入的交談，「讓他相信黨，不要總是疑神疑鬼。」（李揚：《沈從文的最後四十年》，第六三頁）隨後，陳沂給周揚寫了一封信，建議繼續幫助沈從文實現思想與創作的轉變。但是，沈從文一時轉不過思想的彎子，內心的陰霾仍然沒有驅散，他深切地感到屬於自己的那個時代已經成為歷史，他還無法融進新的社會，他不知道以後到底該怎麼辦，於是他絕望了，絕望中他用剃刀劃破了頸部及兩腕的血管，又喝了些煤油……由於被發現及時，得到及時搶救，沈從文才被從死神那裡奪了回來。然而他的內心卻仍然沒有擺脫嚴重的危機。

當時，像沈從文這樣陷入精神危機和創作困境的知識分子還有一些，為了「幫助」他們融入新社會，有關方面將他們安排到中央革命大學培訓學習，通過一系列的政治教育「幫助」他們轉過思想的彎子，進而對新政權產生認同感。於是在十個月的學習期間，「聽政治報告，學習各種政治文件，討論，座談，對照自己過去的思想認識，檢查、反省、再認識，是學員們每天的課目。」（凌宇：《沈從文傳》，第四二六頁）漸漸地，沈從文的思想意識產生變化，開始認同當局的意識形態，並且以其作為思考問題的出發點。與此同時，開始從自己的身上找原因，反覆審視自己走過來的人生道路和過去的作品，進而否定自己過去的創作，他的那些經典之作，「現在看來在一個動的社會中，歷史偉大的變革過程中，人民革命向前發展中，可以說毫無意義可言，是應當隨同舊社會一齊埋葬，才不至於還有不健全影響的。」（沈從文：〈總結‧思想部分〉，《沈從文全集》第二十七卷，北嶽文藝出版社二〇〇二年版，第一二〇至一二一頁）就在這段學習期間，在這思想扭轉的過程中，大多數學員為自己的思想轉變而欣喜，以跳舞的方式放鬆自己慶祝新生。沈從文沒有加入到跳舞的行列中來，他卻跑到廚房做起了幫櫥工作。在幫櫥中，沈從文結識了一位炊事員，他與沈從文一樣都有過行伍的人生經歷。這使他們十分親近，於是兩人常常在聊天交談。炊事員向沈從文敘述了自己的人生，進而激起了沈從文的創作慾望，不久，他寫成了小說〈老同志〉。小說寫成後，沈從文再看這篇作品，感到非常不滿意。一方面，他從官方的意識形態來審視這部小說，覺得現在的創作「只醉心於與這個偉大時代不相稱的人生瑣屑」。（凌宇：《沈從文傳》，第四二八頁）另一方面，他又感到此時所寫的東西「已經很難見到他往日小說的神韻了。」（李揚：《沈從文的最後四十年》，第八九頁）一段時間以來，他對小說作了反覆修改，並且不斷地往外投稿，然而屢遭退回。一九五二年，他將稿子寄給老朋友丁玲，懇求她「看看，如還好，可以用到什麼小刊物上去，就為轉去，不用我的名字也好。」（一九五二年八月八日致丁玲，王增如、李向東編著：《丁玲年譜長編》（上卷），天津人民出版社二〇〇六年一月版，第二九五頁）為了發表作品，沈從文幾近哀求了。這種有傷尊嚴的乞求反映了沈從文內心的嚴重焦慮，他是多麼想重返文壇，回到作家的行列中來啊。然而這部作品很可能由於不合時宜也有可能沒有達到發表水準而最終未能與讀者見面。這樣，作為作家的他開始從文壇上消失，而他本人經過三年的猶豫、彷徨和掙扎之後逐漸找到了新社會生存的通行證，也為自己找到了新的崗位——和文物打交道。

邊緣人生

與文物打交道，可以說是沈從文最明智的人生選擇。且不說他早年行伍時就與文物打過交道，擁有比較豐富的文物知識，最關鍵的是與文學相比，搞文物鑒賞和研究更遠離政治風暴，然而同樣可以實現自己的人生價值，不過，按照沈從文當時的認識，就是能夠更好地為國家服務，為社會主義建設服務。看看他過去的那些作家朋友，後來在反右與「文革」當中輕的遭到批鬥、流放，重的被凌辱和毆打，甚至被迫害致死。丁玲在反右運動中被揪出來「再批判」，後來流放到環境十分惡劣的北大荒，又慘遭牢獄之災；老舍在「文革」中不堪紅衛兵的批鬥、侮辱和毒打，投湖身亡。沈從文雖然也遭到批鬥，坐噴氣式，被流放到湖北咸寧去墾荒，但是畢竟避開了毒打、凌辱和牢獄的厄運。他雖然不時感到壓抑和痛苦，但是他畢竟沒有感到撕心裂肺或者生離死別的劇痛，也沒有陷入絕望的精神折磨。即使他常常受到某些人的嘲笑和干擾，但是還是能夠做點事情，生活在文物的天地裡，多少令他有點世外桃源的感覺。沈從文雖然找到了新的實現自我價值的園地，但是並不能一下子割斷與文學的聯繫，他和文學還有那種藕斷絲連的感覺，他心有不甘。依據理智，他深深懂得：「如果繼續從事文學創作，自己已經定型的寫作方式與已經自覺的社會要求之間，必不可少地存在著衝突。」（凌宇：《沈從文傳》，第四三七頁）而且，他還可能意識到自己的文學功夫已經被廢了許多，他與文學界的許許多多老朋友一樣，一九四九年以後再也創作不出過去那些精彩的華章，再也不能在中國文學史上獨領風騷，再也不能像過去那樣屹立於世界文學之林。然而，沈從文畢竟創造過文學的輝煌，畢竟在文學的天地裡實現了自己的生命價值，現在要完全割斷與其聯繫，是多麼的艱難！因而，在這斷與連的兩難中作出選擇，既十分無奈，又異常痛苦。

沈從文最終還是離開了他曾經奮鬥了二十多年的文學，專心致志地從事他的文物整理與研究。然而在一九五三年他作為美術界的代表出席了第二次文代會。在這次會上，他不僅見到了許多文學界的老朋友，而且還見到了最高領導人。意味特別深長的是，毛澤東似乎對他特別關心，不僅詢問了他的工作和身體狀況，而且還對他說：「你還可以寫小說嘛。」（凌宇：《沈從文傳》，第四四一頁）這句話看似關心，然而沈從文聽了一定十分心酸。此時，他的文功已經被廢了差不多了，還能寫出什麼作品！即使勉強寫出點小說，還能容許發表和出版嗎？或許這只是毛澤東的試探，或許這當中還包含著勝利者的得意。沈從文以他幾十年的人生經驗，可能已經琢磨出詢問所包含的這些十分豐富的內涵，他沒有簡單地拿其當令箭，表現出興高采烈，他只「報以微笑，對毛澤東提出的希望卻未能作答。」（凌宇：《沈從文傳》，第四四一頁）他一定記憶尤深，就在前不久，他接到了上海開明書店的來信，他被告知：「你的作品已經過時，凡在開明的已印未印各書稿及紙型，已全部代為焚毀。」（凌宇：《沈從文傳》，第四二二頁）殘酷的現實已經傷透了沈從文的心，他當然在毛澤東的試探面前保持清醒。

要想徹底割斷與文學的聯繫是很困難的，文學對於沈從文來說就是他的初戀情人，即使離開了她，他也會在內心深處永遠保持他的眷念，他也會在心底保持她應有的位置。平時，沈從文或許忙於工作和各種繁雜的事務而無暇眷顧文學，但是當他遇到仍然在堅守文學的老朋友的時候，當他遇到政治氣候比較寬鬆的時候，埋在心底的文學情思一定會浮出水面。一九五六年二月，毛澤東提出了著名的「雙百」方針，文藝界立即活躍起來。人民文學出版社組織編寫了《沈從文小說選集》準備出版，當書稿送到沈從文手裡的時候，他的內心立即打破了往日的平靜，平日裡被深深壓在心底的文學情思又湧起波瀾。他的胸中燃燒起創作的慾望，他想提筆寫作重新回到文學的隊伍。但是，不久更加暴烈的反右運動開始了。沈從文剛剛燃燒起來的文學激情再次被無情地壓制住。

文功被廢

這年夏天，沈從文家裡來了位自稱是青年學生的不速之客，要採訪他，並且表示：「你是著名的老作家，解放後對你的待遇太不公平，你對共產黨有什麼意見，儘管說，我一定代你寫出，在報上為你鳴不平。」（凌宇：《沈從文傳》，第四五四頁）這個所謂的青年學生到底懷有什麼意圖，是不是受人指派來試探他的態度呢？一時搞不清楚。經歷過幾十年風風雨雨的沈從文立即警覺起來，拒絕了他的採訪與報導。沈從文只是嘴上表示他自己沒有什麼不平，其實嚴酷的現實令他只能將委屈壓在心底。從一九四八年受到郭沫若等人的批判，到一次文代會他被邊緣化，從文學期刊不再向他約稿並且拒發他的作品，到開明書店代為焚毀書稿和紙型，沈從文能不感到委屈嗎？他的心裡怎麼會沒有不平？但是他更看到一九五〇年以來文藝界一波接一波的大批判運動，特別是胡風和丁玲這樣的人物都受到嚴重迫害，沈從文能不從中吸取教訓嗎？正是這些慘痛的教訓給了沈從文以嚴重警告，他只能按照當局的意識形態要求去看待問題，發表言論。久而久之，沈從文在自覺不自覺中與當局保持一致。因而他對當局的批判和整人表示贊同，沒有表示任何疑義。一九五六年到一九五七年的鳴放期間，許多人出於一時衝動或者把持不穩而提了意見，結果遭受迫害。而沈從文則一直不為所動，在這期間一言不發，守口如瓶。他必須將自己隱藏得很深很深，即使要講話，他也講些讓當局很放心的話，表明自己的馴服和順從。他說：「我擁護人民的反右派，因為六億人民都在辛辛苦苦的努力進行社會主義建設的工作，決不容許說空話的破壞。如有人問我是什麼派時，倒樂意當個新的『歌德派』，好來讚美共產黨領導下社會主義祖國的偉大成就。」（李揚：《沈從文的最後四十年》，第一二八頁）沈從文的這種表現給最高當局留下了印象，這也正是他們需要的沈從文。而此時的沈從文再也不能寫出過去那樣的作品，又表現得比較服貼。然而，當局對沈從文的這種表現並不完全滿意，還有更高的期待，那就是將他改造成按照其意識形態寫作的作家。一九六一年夏，沈從文在有關部門的幫助下到山東青島住下，計畫以其內兄張鼎和——一九三六年犧牲的共產黨員鬥爭為題材寫作一部長篇小說。然而，由於他「畢竟已經有十餘年沒寫小說了，而這部小說從構思、題材到風格都與沈從文早年的寫作方式有著很大的距離。另一方面，儘管沈從文想極力適應時代的要求，但在其內心深處，『文學』依然是一個極其神聖的所在……」（李揚：《沈從文的最後四十年》，第一五八頁）這種既想適應時代，又想保持文學的聖潔的矛盾令他失去了創作自由的心境，結果必然導致他的創作流產。這年年底，沈從文和另外八個人一同被安排到井岡山去體驗生活。沈從文雖然離開文壇多年，但是一旦能夠重返文壇，他還是很樂意的。他很想通過這次訪問、調查和觀察，能夠創作出一部長篇小說。可是，組織上安排的所謂體驗生活，不過是到實地走一遭，很像是旅遊觀光，他們住的是招待所，並且還有井岡山歌舞團的青年陪同。他們很想與當地的農民談一談心，看看他們的實際生活，但是沈從文一行卻被尊為上面來的領導，受到格外尊敬和熱情接待，根本不可能向沈從文等人敞開心胸說掏心窩的話。可見，經組織這麼安排，沈從文等人就像油花一樣總是浮在生活之水的表面而不能沉到水的深處，更不用談融於水中。結果自然是與實際社會的隔膜，最終無功而返，創作長篇小說的計畫自然也就化為泡影。井岡山之行，沈從文沒有寫成長篇小說，倒是創作了五言詩〈井岡山之晨〉。然而毋庸諱言，沈從文的這首詩已經烙上了非常明顯的思想改造的印記，除了「歌德」之外，已經沒有什麼思想內涵，沒有屬於他個人的精神與情感，而且缺乏詩的意境和藝術性，與前面提到的〈新認識〉一樣都令人感到詫異：這種拙劣的詩作竟然出自一代文豪沈從文之手！這大概算是沈從文最後在文壇上留下的身影吧。而他的這一身影不客氣講是十分委瑣的。等到粉碎「四人幫」之後新時期到來，沈從文已經到了七八十歲的高齡了，再加上多年不搞創作，人們看到他的只能是數十年前的文學大師的身影。好在他在文物研究中有驚人的建樹，才使他在一九四九年後的人生放射出光彩。

沈從文文功遭廢，追根溯源，就在於他是一個自由主義作家。一九二〇至一九四〇年代，作為京派的代表作家，沈從文既反對國民黨的獨裁專制，又不認同左翼文藝思想主張。在他的朋友圈子中，既有丁玲、胡也頻、李達、巴金等左翼人士，又有邵力子、陳立夫等國民黨要人，還有胡適、徐志摩、朱光潛等自由主義人士。他與這些朋友的交往基本上限於私交，很少涉及政治。丁玲於一九三三年被國民黨當局秘密逮捕後，沈從文出於朋友情誼，一方面四處奔走，積極營救；一方面發表文章聲援和支持丁玲，但是他不捲入政治，因而他既沒有加入國民黨，也沒有加入共產黨，更沒有參加其他黨派，就連三〇年代初影響蓋遍全國的左聯成立，他也沒有加入，始終保持自己精神自由和人格獨立。同樣，對於朋友們的政治信仰，沈從文從不干預，並且予以尊重，包容朋友的思想觀點和政治主張。他明確表示：「儘管我從來不覺得我比那些人有絲毫高尚之處，而且居多還感覺到自己充滿弱點性格的卑微庸俗，可很難和另一種人走同一道路。我主要是在任何困難下，需要充分自由，來使用我手中的筆。」（凌宇：《沈從文傳》，第二六七頁）他對文學和人生有著自己的認識和理解，形成了屬於他的自由主義文學觀。然而他的這些文學觀卻不能為許多人所容忍，於是受到了不少人的批評，特別是包括魯迅在內的左翼作家嚴厲批評，然而歷史證明他是對的。儘管如此，左翼作家們總是從階級和階級鬥爭理論出發，不能容忍，但是無法從學理上說服沈從文。正是自由主義文學思想將沈從文的創作推向了輝煌。因為他的創作既不像左翼作家從思想觀念出發，懷著極大的功利和實用理性去寫作，也不像某些御用文人聽從別人的意見，根據別人的要求而寫作，他由此獲得了許多作家都不曾擁有的精神自由，並且取得了巨大的成功。然而，到了一九四〇年代後期，隨著國共內戰中共產黨日益佔據優勢，以郭沫若為代表的革命作家們日漸掌握了文藝話語權，沈從文的自由主義文學觀很不符合革命意識形態的要求，於是受到了清算。他不僅被排到「反動」作家的行列，受到批判，而且他的作品也被掃出了文學市場，他的文學話語權也遭到了剝奪。他的深厚的文學功夫由於不符合新政權的口味和需要就必須被廢掉，除非他轉變到革命文學方面來。因而，沈從文和許許多多不合時宜的作家一樣在新中國成立之初，都面臨著創作轉型的問題，其中不少作家由於一時沒有轉過來而陷入精神痛苦之中，他們的創作陷入了空前的危機。那些轉型成功的作家不久奉出了新的作品，但是幾乎都無法和轉型前的作品相媲美，這些過去的大師們如今筆下產生的作品不是十分幼稚，就是非常荒唐，無論是郭沫若、曹禺，還是巴金、艾青、張愛玲，都是如此。還有一些無法實現創作轉型的作家便只有從文壇上消失，改行幹別的。沈從文就是如此。然而，無論轉型還是改行，這些現代文學史上的大師們幾乎都被廢掉了文功，就是在五〇年代初出走香港的張愛玲在短短的時間內也給廢了不少。如果說比較例外的，大概就是無名氏，他以驚人的毅力轉向了地下寫作，因而還能保持自己的寫作姿勢，最終於一九六〇年成功地完成了長篇巨著《無名書稿》。

歷史終於翻過了這多災多難的一頁。隨著改革開放時代的到來，許多作家獲得了精神解放，迎來了創作上的第二個春天。沈從文雖然沒有像巴金、艾青等人獲得第二次文學生命，但是聊以欣慰的是他在文物研究方面建立了新的業績，讓自己的生命價值找到了新的實現的渠道。然而作為歷史慘痛的一頁，決不應該從我們的記憶中抹去。

9 幸福的幻象

痛苦與幸福

一九四九年春天，國民黨政權在大陸潰敗之前，作為一個以筆謀生的作家巴金，身處上海，因物價暴漲其生活陷入了困窘的境地，而且當時的上海社會混亂，人心浮動，社會動盪。就在這後來被人們認為是「黎明前的黑暗」的時刻，巴金的好朋友馬宗融因為老友人許壽裳在臺北慘遭殺害，老朋友喬大壯在蘇州自殺身亡而悲痛不已，不久，巴金的這位老友便滿懷著苦悶、憂鬱和憤懣之情痛苦地離開了人世，留下的兩個子女無依無靠，孤苦伶仃，只好由巴金來撫育照顧。其實，巴金當時與馬宗融一樣，心中也是充塞著痛苦和悲憤。不過，到了五月二十七日，解放軍攻進了上海，巴金的心情與這個社會一樣立即發生了翻天覆地的變化，興奮和激動之情簡直無法以言語來表達，而不久前的那種悲憤和痛苦的情緒現在已一掃而光。隨之而來的幸遇更是將這種巨大的幸福感向後大大地延續。就在解放軍進城後才三天，身著軍裝的老朋友黃源就前來看望他，不僅給他帶來許多令人激動和興奮的消息，而且傳達了黨組織的問候。又過了幾天，巴金接到了他所尊敬和愛戴的中共領導人周恩來從北平發來的電報，邀請他前往北平參加全國第一次文代會。後來在這次會議上，巴金不僅見到了許多久違了的老朋友以及他一直視為老師的葉聖陶，而且受到了中共最高領導人的接見。文代會之後，巴金接著又出席了文聯常委會會議和全國政協會議，更令他終身難忘的是他還應邀在開國大典上登上了天安門城樓，見證了一個新的政權的誕生。一九四九年，對於中國的絕大多數知識分子來說，是意味非常深長的一年，對於巴金來說，更是如此。在這一年裡，巴金同許許多多作家一樣，經歷了由大悲到大喜的劇烈變化，整個人生的重大經歷都幾乎濃縮在這短短的一年時間裡，沒有再比這歷史劇變中產生的幸福感更強烈了。

理想與嚮往

一九四九年的現實是如此的令人激動和興奮，讓人不由自主地產生了這樣一種感覺：幾十年來追求的理想現在正化為現實，正是當年追求的異常艱辛，所以此時的幸福感才特別強烈。巴金是一個充滿著理想和激情的人，他所出身的家庭雖然給過他一些溫暖，但是在他童年時給他更多的卻是壓抑，是苦悶。他的長篇小說《家》雖說少不了虛構的成分，但可以說是他青少年時期生活的真實寫照。封建大家庭內部的種種冷酷和血腥的罪惡令他憤慨，紈絝子弟的墮落令他感到絕望和悲哀。而社會的黑暗專制和腥風血雨更讓人窒息和憤怒。這樣的現實很容易激發起年輕人的叛逆和反抗。恰在這時，巴金在理想的探求中接觸到了克魯泡特金和高德曼等人的無政府主義思想。無政府主義思想痛斥黑暗的社會制度，鼓吹通過暴力革命摧毀舊的社會制度，建立一個非常理想化的自由而幸福的社會。對於無政府主義描繪的「萬人享樂的社會，就會和明天的太陽同升起來，一切罪惡都會馬上消滅」的烏托邦，年輕的巴金深信不疑，一直嚮往著「沒有人剝削人，沒有人壓迫人」「每個家庭都有住宅，每張嘴都有麵包，每顆心都受教育，每個人的智慧都得到發展」的社會。（徐開壘：《巴金傳》，上海文藝出版社二〇〇三年十一月第二版，第一二八頁）因為無政府主義的暴力革命傾向非常投合年輕巴金的思想情緒，進而幫助巴金建立起美好的人生理想。然而這個否定現實的理想必然與他所處的環境發生尖銳的衝突，而且在這不可調和的矛盾衝突中，巴金處於弱勢，因而加劇了他內心的痛苦。於是，年輕的巴金與他的哥哥李堯林一道出走他鄉，就像其小說中的覺慧一樣勇敢地衝出家庭的牢籠，到異國他鄉繼續探求自己的社會理想和人生的真諦。

冷靜與理性

不過，巴金雖然是一個激情澎湃的人，但是他在理想探求的過程中並不像當時的許多同齡人那樣莽撞衝動，而是常常保持著幾分冷靜的理性。一九二五到一九二六年，巴金根據自己的認識和瞭解，連續在《時事新報・學燈》和《國風日報・學匯》上發表〈列寧——革命的叛徒〉、〈再論無產階級專政〉、〈列寧論〉、〈馬克思主義與階級鬥爭〉等系列文章，集中批評蘇俄的所謂無產階級專政和革命的背後的獨裁與專制，並且對馬克思主義理論進行深刻的反思。同時，他還寫文章對北京大學教授陳啟修發表的考察蘇聯的報告與郭沫若所宣傳的共產主義進行了批評。然而，此時的中國整個知識界都在左轉，蘇俄革命在中國正受到包括許多大學教授在內的革命者的追捧，馬克思主義正被整個左翼人士奉為圭臬。巴金的批評雖然不能說是絕對的正確，但是在過了近一個世紀後的今天看來，不能說一點道理都沒有，因為歷史已經驗證了巴金的批評。二〇年代到三〇年代，正是大批知識分子或被動或主動地捲進政治浪潮的時期，許多作家受到各種社會思潮的鼓動而熱衷於政治活動，並且由於彼此之間各種政治信仰的巨大差異而導致各種論爭，許多人忙於打筆仗而擱下了自己的創作，而巴金雖然對於社會的不公和黑暗慷慨激昂和義憤填膺，卻沒有跟著湊熱鬧，基本上不參加黨派的政治活動，也很少參與他人的各種論戰，他只是踏踏實實地做自己的事情，長期堅持不懈從事創作，哪怕是在戰亂動盪的歲月，甚至是在炮火連天的時刻，他都不曾放下手中的筆。據統計從一九二九年到一九三六年短短的幾年時間裡，巴金先後出版了十二部中、長篇小說、十本短篇小說集、六本散文集和十七種翻譯作品，共計三百多萬字（參見徐開壘：《巴金傳》，第二二六頁）。在這戰火紛飛的動盪年代裡，巴金在極其艱苦環境中和極其簡陋的工作條件下取得如此輝煌的成就，沒有實幹精神根本是無法想像的。

巴金的如此冷靜與實幹，是與他對於人生理想的深刻認識密切相關的。一九四七年，巴金寫了一篇關於法國大革命的散文〈靜夜的悲劇〉。文章描寫了法國少女夏洛蒂・哥代的悲劇。這位法國少女既有令人敬佩的獻身精神，又有顛倒是非，不明真相等非常令人遺憾的糊塗。她由於長期受貴族和吉隆特黨人的誣陷和謊言的影響，誤將仁慈、節儉、愛人民的馬拉當作嗜血的惡魔，進而獨自入室，殺死了正在工作的馬拉。她自以為完成了一樁為民除害的壯舉，實際上她卻可悲地充當了別人的殺人工具，給法國革命造成了嚴重的損失。更有一位名叫亞當・魯克斯的德國青年非常崇拜哥代，並且狂熱地愛上了她，心甘情願地像哥代那樣勇敢地走上斷頭臺。對於這兩個人的舉動，巴金給予了明確地否定，他稱哥代刺殺馬拉是「愚蠢行動」，稱魯克斯是「大傻瓜」。在這裡，巴金對於那種為「錯誤的理想」獻身作了深刻的反思。然而在二十世紀的中國，在中國知識分子和青年人中，像哥代和魯克斯這樣為「錯誤的理想」獻身的人絕對不是極個別的少數人，而是具有普遍性，對此，巴金保持著清醒的頭腦。

幸福的幻象

儘管如此，經歷了一九四九年大悲大喜的巴金在天翻地覆的社會變動中頭腦失去了以往的冷靜和清醒，沉醉於幸福的幻象之中，把他所處的新的社會絕對地理想化了。「他相信，中國人民一站起來，新社會一建立，便消除了『一切』弊端，解決了『一切』問題，多少年的弊端和問題，『永遠不會回來了』。」（李存光：《巴金傳》，北京十月文藝出版社一九九四年十二月版，第二八七頁）此時的巴金卻有幾分狂熱，似乎一下子從地獄升到了天堂。在一九五〇年十月發表於《大公報》的〈給西方作家的公開信〉中，巴金以非常肯定的口吻告訴西方作家：「終於到了這一天，人民的力量成了一股爍金熔鐵的烈火，燒盡了一切專制政治和封建主義的惡草毒樹。」其實，後來的幾十年的中國社會現實和發生在中國大地上的前所未有的浩劫與災難恰恰表明「一切專制政治和封建主義的惡草毒樹」並沒有被「燒盡」，而是嚴重地氾濫，就是到了二十一世紀的今天都不能說已經「燒盡」。我們相信，巴金所說的這些不是為了討好當局而故意說謊，而是他真實的感受和想法，是他過度樂觀的表現。時過半個多世紀的今天，我們並不是要簡單地給巴金下一個什麼樣的結論，而是應該討論為什麼像巴金這樣具有一定理性和思考能力的知識分子都會在新中國成立之初產生如此過度樂觀的情緒呢？

這不能不從巴金在一九四九年之前所遭遇到的種種人間慘相和悲劇說起。巴金自幼就目睹了封建大家庭裡發生的一出出悲劇，從而促使他接受了主張暴力革命的無政府主義思想。為了表達自己的思想觀念，巴金與他的朋友一道創辦《半月》、《警群》等雜誌，但是卻受到反動軍閥的一次次監視和阻撓，使他們經常遇到出版的麻煩。在後來的人生中，巴金又目睹了他的好友王魯彥、葉非英、麗尼等人的人生悲劇。所有這些殘酷的社會現實激起了他的義憤，因而，直到一九四九年新中國成立前夕，巴金的創作都是對現實社會的強烈控訴和抗議。在許多時候，巴金只求能表達自己的心聲，向讀者傾訴自己的義憤，不管稿費有無，創作進入了無功利的境地。這在現代中國作家特別是在國統區的作家中是為數不多的。從淞滬抗戰到抗日戰爭的勝利，巴金經歷了戰爭的災難和動亂，進而痛恨和譴責日本帝國主義者的侵略行徑與野蠻暴行和發動的這場不義的戰爭。抗戰勝利時，巴金自然與全國人們一樣為打敗日本侵略者奪取民族解放戰爭的勝利而欣喜若狂，同時期待著和平的到來。但是，和平並沒有按照人們的願望化為現實，不久國共兩黨打起了內戰。而當時的大多數知識分子都認同共產黨的宣傳，幾乎一致地認定國民黨是挑起內戰的罪魁禍首，特別是身處國統區的知識分子大多仍然保持著五四文化傳統，具有強烈的民主意識，對於國民黨政權的專制和獨裁特別反感，而且當時的國民黨政權既非常腐敗，造成了非常嚴重的通貨膨脹，大肆搜括民財，引起了老百姓和知識分子的普遍痛恨，又十分愚蠢地使用血腥的流氓手段對付知識分子的民主訴求，讓人感到特別惡劣，從而使知識分子對其完全絕望，並將整個民族和國家的希望轉到了他的對手共產黨這裡。與國民黨相比，共產黨首先以勞苦大眾的代表身份出現，其思想理論是以暴力革命推翻反動統治，再加上高超出色的輿論宣傳和細緻扎實的統戰工作，非常契合當時絕大多數知識分子的文化心理，贏得了廣大知識分子的信賴和支持。在這期間，巴金雖然沒有像李公樸、聞一多等人那樣站在民主運動的最前列，但是他的政治立場還是非常鮮明的，他在四〇年代後期創作的《寒夜》、《第四病室》等小說就是對國民黨統治的明確的否定。

經過三年內戰，共產黨以神話般的速度終於戰勝了國民黨，推翻了國民黨在大陸的統治，建立了新的政權，實現了包括巴金在內的廣大知識分子的願望，並且給整個大陸帶來了人們期待已久的和平生活。於是，巴金和廣大知識分子一樣在充滿勝利的喜悅之時沉浸在極大的幸福之中，而且這種幸福感特別強烈，可以說強烈到令人難以承受的地步。而處於這種幸福中的人既形成了總是以幸福的眼光看待周圍一切的習慣，對身邊的任何事物都感到非常滿意和滿足，進而在不知不覺中忘記了憂患，沒有注意到還有許多需要爭取的東西，又很容易放棄自己的思考以至根據別人的說法去判斷所有的事物。正是這種強烈的幸福感，巴金的朋友靳以就覺得不僅自己的「全身都在笑」，而且還「看見無數的掛著笑容的市民」。（徐開壘：《巴金傳》，第三七二頁）靳以的這種感覺很具有代表性，巴金當時的感覺也是一樣。不僅如此，中共在建立新政權過程中，一方面盛情對待知識分子，在第一次文代會上將他們稱為「人民的文學家和藝術家」，給了他們各種榮耀，並且給他們提供了比較優越的生活條件，讓他們對新政權產生認同感，把中共建立的新政權當作自己的歸宿；另一方面通過各種宣傳途徑告訴人們已經進入了一個完全不同於歷史上任何一個時期的嶄新的社會，進而在新與舊的對比中製造了一個空前的神話，進一步加強他們的幸福感。

強烈的幸福感為人們製造出一種幻象，使生活在其中的人偏偏自以為還是現實。自己感到了幸福，進而以為別人同他一樣的幸福，自己對現實百分之百地滿意，於是以為別人也像自己一樣的百分之百的滿足。一九五四年國慶日前夕，巴金在〈誰沒有這樣的幸福的感覺呢？〉文章中精心描繪了他所感受到的幸福圖景：「今天再也沒有人關在自己的破屋裡流淚呻吟了，今天再也沒有人冤死在黑暗的監牢裡了，今天再也沒有人餓死、凍死在大街上了，今天再也沒有人為著衣食出賣自己的肉體和心靈了，今天再也沒有人在外國冒險家的面前低頭了。」（《文匯報》一九五四年九月三十日）這就是典型的由自己的幸福推論他人的幸福，而這種推論看似很有道理，其實巴金早已讓過度的幸福遮蔽了眼睛。這就像身在燈光下的人，他的眼睛只能看到燈光所及之處而不能看到燈光照射不到的黑暗的地方，還滿以為到處都是一片光明。當時的現實究竟如何？熟悉那段歷史的人們心裡最清楚，就是巴金本人後來也有了深刻的認識。到了這個時候，巴金的頭腦再也不像以前那樣冷靜地看待周圍的一切，強烈的幸福感足以衝破了他當年憤怒感都不曾衝破的理智的柵欄和思維的邏輯。

追溯這種幸福感的來源，巴金自然對共產黨產生了感激之情。尤其是身處一個個激動人心的場面之中，更是按捺不住內心的激動，情不自禁地表示：「我要寫人民的勝利和歡樂，我要歌頌偉大的時代，偉大的人民，偉大的領袖。」（徐開壘：《巴金傳》，第三八六頁）感激決定了巴金將自己的寫作由控訴和抗議轉為歌頌和歡呼。但就在歌頌和歡呼聲中，巴金一方面向黨組織交心，真誠地發表自己的意見，坦率地說出自己的心裡話；另一方面，他放鬆了警惕，輕易地相信周圍的一切，沒有料到自己所寫的那些東西已經日漸偏離了現實，他自以為描寫的現實其實開始漸漸地失真，而且他的那些作品的思想內涵也越來越淺薄。再加上有關方面安排下的所謂深入生活，讓巴金等人在種種人為的安排和布置中將許多虛假的東西當著真實，結果將受騙的東西當著真實傳達給讀者，從而在不知不覺間充當了「瞞」和「騙」的吹鼓手。直到許多年後，巴金才發現自己的上當受騙。

同樣出於對周圍一切的絕對信任，巴金對於許多問題的思考也都按照他所信賴的官方的意識形態展開，自覺地運用階級和家庭成分理論判斷是非。然而，不幸的是巴金偏偏出身於封建大地主家庭，他的祖輩父輩按照當時的成分劃分都應歸於剝削階級，那麼，巴金就無疑是封建大地主的兒子，現在到了新社會，要適應當前的形勢就必須向工農學習，認真地改造思想，這不僅使巴金的心理上產生了巨大的壓力，而且令他感到自卑，甚至還有幾分自慚形穢。然而，到底如何改造思想？將自己的思想往什麼方向改造？巴金似乎並沒有思考過這些問題，他只是認真地聽從他所絕對信任的組織和領導。既然如此，巴金總是在按照別人的靈魂設計盡最大努力消除自己思想中一切不符合組織和領導的意志和主張的成分。這樣的思想改造的結果是巴金越來越嚴重地偏離了五四新文化運動所賦予他的最為寶貴的科學精神、民主意識、自由品性和獨立人格，從而可悲地成為按照別人意志說話和行事的工具。這樣，當生活中某些現象令他感到困惑不解時，他也不能有效地進行自己的思考，而是在思想改造中被輕易地克服掉了；每當有了某種困惑，他就可能認為是自己的思想落伍，跟不上形勢，於是將理解不了現實歸咎於自己的落後，進而更嚴厲地要求自己和改造自己。

這種不斷地嚴厲地斥責自己、改造自己的結果必然是將自己置於災難之中，並且認為別人遇到了災難同樣是由於思想沒有改造好，應該接受某種懲罰。處於這樣心理狀態的巴金就像一個教徒一樣非常虔誠地向教主請罪，把個人現實的災難看成是靈魂救贖的必然途徑。正是出於這樣的心理，巴金以積極的姿態投入到各種文化大批判和政治活動中來，盲目地相信組織上對於知識分子批判和整肅的正確性，而將當年向封建軍閥和國民黨當局爭取的民主自由、人格尊嚴和基本人權早已置於九霄雲外，跟在別人的後面批判胡風、柯靈等人，向受難者丟石頭，而他儘管包含某種保護自己的意思，但是卻以為是在幫助受難者提高認識以便過關，實際上他已經傷害了別人。直到粉碎「四人幫」以後的七〇年代末，巴金才逐漸意識到自己的過錯，並因此而表示懺悔和道歉。

晚年的自省

儘管巴金懷著一顆赤誠的心對黨表達忠誠，而且努力按照黨的要求改造自己，但是他的實話實說，卻無意中得罪了張春橋、姚文元、柯慶施等位高權重的獨裁專制者，於是遭到了無情打擊和殘酷迫害，到了「文革」中，他的愛妻蕭珊因為他的問題被迫害致死，他本人也受到人格侮辱和精神的折磨。於是，他在新中國建立之初所產生的幸福的幻象被徹底摧毀了。他由天堂而下了地獄。墮入地獄是非常痛苦的，也是十分不幸的。不過，辯證地來看，地獄又是難得的清醒劑，它直接導致了幻象的破滅，可以讓人狂熱的頭腦冷靜下來，更清醒地看待現實，同時可以啟發人的思考。因此，遭受痛苦磨難的巴金終於清醒了過來，看清了曾經的幸福製造的虛假的幻象的本質，並且在苦難結束之後迅速地接上了五四新文化運動賦予他的現代人文精神和思想意識，最終在他的煌煌巨著《隨想錄》中深刻徹底地反思了歷史以及歷史中的自我，從而找到了回歸現實，回歸人的本性的根本途徑。

10 尷尬沙汀

身份的尷尬

著名作家王蒙曾經描述了自己在一九八〇年代的一度尷尬：「我好像是一個界碑，這個界碑還有點發胖，多占了一點地方，站在左邊的覺得我太右，站在右邊的覺得我太左，站在後邊的覺得我太超前，站在前沿的覺得我太滯後。前後左右全都占了，前後左右都覺得王蒙通吃通贏或通『通』，或統統不完全入榫，統統不完全合鉚合扣合轍，統統都可能遇險、可能找麻煩。」（王蒙：《王蒙自傳．大塊文章（第二部）》，花城出版社二〇〇七年四月版，第一五六頁）類似王蒙的這種尷尬，其實三十多年前在沙汀身上就發生過。一九五〇年初，沙汀一夜之間「從舊政權的階下囚一變為新政府的主人」。（吳福輝：《沙汀傳》，北京十月文藝出版社一九九〇年六月版，第三五五頁）論理來說，沙汀應該興奮和激動才是，應該表現出躊躇滿志。但是，他卻陷入了尷尬：「解放區的文化人看他是國統區的進步作家，國統區的朋友視他為根據地出身的黨內幹部。」（吳福輝：《沙汀傳》，第三五五頁）雖然無論是國統區還是解放區的文化人士都沒有將他當作敵人，但是雙方面都沒有將他當作親近的朋友，他可以從中感受到自己處境的微妙窘迫。身於這樣的處境，內心湧起一股悲涼是可想而知的。

解放區的文化人將沙汀視為國統區的作家，是有根據的，也是意味深長的，而且沙汀與巴金、胡風等國統區作家不同，他的最大問題是從解放區，——而且是革命聖地延安——去了國統區的，這就不能不讓人產生無盡的猜想。儘管沙汀自己可能覺得問心無愧，對革命一直保持忠誠，但是別人未必認同。沙汀的出身雖然比較複雜，但是他一旦投身革命，便義無反顧。一九〇四年，沙汀出生於四川安縣一個在當地頗有地位的家庭。他家住在安昌鎮西街，祖上留下了可觀的田產。他所誕生的楊家大宅，可以與巴金小說《家》中的高公館相比，同樣掛著「國泰家慶」與「人壽年豐」的對聯。雖然沙汀的父親在他五六歲的時候就已去世，他的母親獨立支撐起這個家庭，但是這個家庭並沒有立即垮掉，更何況沙汀的舅舅鄭慕周是當地勢力強大的袍哥會的頭面人物，因而，沙汀在青少年時期沒有像魯迅喪父後那樣受人歧視，遭到冷遇，而且能夠受到良好的教育。儘管沙汀當時的生活條件還不錯，但是在讀書時不僅對文學產生了濃厚的興趣，而且對政治產生了濃厚的興趣。一九二五年，原名楊朝熙的沙汀閱讀了發表共產黨人理論文章的《中國青年》，深受影響，竟將自己的名字改為「楊只青」，取的意思是「只有青年才有前途」。（吳福輝：《沙汀傳》，第六五頁）與此同時，沙汀對辨證唯物論產生了濃厚的興趣，思想開始向革命方面傾斜。一九二七年初夏，沙汀在革命遭受嚴重挫折的情況下秘密加入了中國共產黨，從事革命工作。一九二九年，沙汀來到了上海與周揚、周立波等人組織和領導左翼文藝運動，也就從這個時候開始投入了小說創作，從而成為革命者兼作家。一九三七年，抗戰全面爆發，沙汀立即投入到抗日救亡中去，一方面參與集體創作「大眾體長篇小說」（吳福輝：《沙汀傳》，第一七六頁）《盧溝橋演義》，一方面到前線去慰問抗戰官兵、採訪傷兵。忙碌了一陣之後，許多文化人感到上海生存越來越困難，於是決定離開上海，疏散到大後方，繼續從事自己的事業。於是，沙汀回到了他的家鄉四川。回到家鄉，沙汀安頓好妻兒以後，迅速與這裡的文化人取得聯繫，全力參加抗日宣傳工作並創作小說。如果沙汀就這樣在四川一直待下去，他雖然不一定會改變將來的命運，但是或許可以減少對他的某些不信任和猜疑。但是就在一九三八年，沙汀受到當地青年學生奔赴延安的激蕩，於是向組織提出了去延安的要求，很快得到了組織的批准。經過十八天的艱難行程，到了延安，沙汀見到了毛澤東，得到了毛澤東的鼓勵和支持，於是立即要求到前線去採訪。但是，由於延安的魯迅藝術學院正缺人，再加上老朋友周揚的挽留，沙汀只好暫時放棄了到前線的計畫。在魯迅藝術學院工作不久，遇到了賀龍將軍到這裡發表演講，他對賀龍產生了濃厚的興趣，他不僅從賀龍身上感受到軍人的威嚴，而且發現賀龍特別詼諧，充滿著農民的智慧。沙汀於是決定要通過採訪，為賀龍寫點東西。很快賀龍離開延安到前線去，而且向「魯藝」要人充實部隊各級幹部，恰巧「魯藝」的一期學員學習期滿，沙汀便抓住這個機會，隨學員一起跟賀龍到前線去。沙汀去的時候「多少帶點浪漫成分的心願」（吳福輝：《沙汀傳》，第二一五頁），但是，跟著部隊生活了一段時間，那種「浪漫」便漸漸消退了，代之而來的是嚴重的煩惱和焦慮。在隨部隊的行軍過程中，沙汀與和他一道來到部隊基層何其芳覺得自己簡直成了部隊「餵養的兩匹牲口」（吳福輝：《沙汀傳》，第二二二頁），原因是他們在與部隊的行軍中，「只是雜亂無章地跟著吃、睡、走路，不瞭解敵我情況，不能訪問，不能工作，變成了部隊的負擔」（吳福輝：《沙汀傳》，第二二二頁）。這讓他們這些文人覺得自己是個「局外人」，而且「軟弱而無用」（吳福輝：《沙汀傳》，第二二七頁），於是產生了嚴重的自卑心理。而且，他們與士兵之間悄悄地產生了裂隙和隔膜。在部隊裡，「營以上的幹部才有馬騎，而為了這群知識分子就需專門配備一支馬隊。當馬伕的戰士，往往與他們的關係很僵，認為他們是特殊階級。」（吳福輝：《沙汀傳》，第二二七頁）顯然，無論是沙汀還是士兵在那種環境裡，都有對能打仗的崇拜而忽視了不同身份的人之間的差異，沒有看到知識分子的某種不可替代的功能。儘管沙汀等人並不懼怕作戰部隊的艱苦條件，而且做好了與官兵們同甘共苦的心理準備，但是由於缺乏軍事知識，對具體環境不熟悉，再加上體能上不如官兵，更容易讓官兵們對他們產生誤解和誤會。不僅如此，沙汀在行軍中先後三次丟了行李，令他最心痛的是，他在過平漢路的夜裡將非常珍貴的筆記丟了。沙汀苦悶，何其芳同樣感到苦悶，他在苦悶時「回憶他早期的詩作」。（吳福輝：《沙汀傳》，第二二七頁）沙汀則以「喝上一台酒，吼幾句京戲，或者乾脆讀其芳的手抄詩稿」（吳福輝：《沙汀傳》，第二二七頁）宣洩苦悶。他們身在自己的軍隊中，與自己的同志在一起，卻感到十分孤獨和落寞，其尷尬可想而知。與此同時，沙汀看到根據地的農民與他家鄉的農民沒有什麼區別，都有「保守、自私、狡猾、貪圖實利種種弱點」。（吳福輝：《沙汀傳》，第二三一頁）如果說四川的農民是國統區的農民，擁有那些缺點是可以批判的，那麼解放區的農民則是在中國共產黨領導之下，應該具有很高的覺悟，但是實際上卻一樣，究竟如何描寫和表現這裡的農民？看來沙汀心裡是很困惑。此外，沙汀在文藝思想上，「與延安的某些主流理論不合」（吳福輝：《沙汀傳》，第二三五頁）當時延安的主流文藝理論強調幾千年的文化遺產的精華和民間創作的重要，而沙汀與何其芳卻反駁，他們認為「僅僅強調大眾藝術，會『降低藝術水準』」。（吳福輝：《沙汀傳》，第二三六頁）結果，缺乏政治頭腦的他們被人扣上「將藝術脫離抗戰，脫離政治」和「新的藝術至上主義」的大帽子。沙汀心裡不服，雖然可以與人家吵上一通，但是被扣上的帽子不是輕而易舉可以甩掉的，心裡肯定擺脫不了這個陰影，要想爽快起來不那麼容易。於是，在寫完賀龍的書之後不久，他正式提出了返回四川的請求。對於這次返回故鄉的原因，長期以來沙汀沒有解釋，「他不能理直氣壯地講出回故鄉創作的動機，那很容易誤解為不願寫解放區，也不能給自己安上『臨陣脫逃』的罪名」（吳福輝：《沙汀傳》，第三五八頁），倒是賀龍在五〇年代初的一次春節會議上為他打了圓場，說他由延安回四川是「老公跟起老婆走」。（吳福輝：《沙汀傳》，第三五七頁）

尷尬關係

如果是從國統區來到延安，那自然是受到充分的肯定，而且在革命隊伍中寫起自傳來一定非常自豪，也一定會大書特書；如果是組織上要求到國統區工作，那麼也會得到「服從革命需要」或者「聽從領導安排」等肯定性的評語。而沙汀則不同，他是自己向組織上請求的。儘管組織上也同意了，但是在延安那些同志們看來，多少總有些問題，在情感上也可能有些微妙之處。不知沙汀後來是否感覺到這點，他當時終究還是離開了。如果以現在的眼光來看，沙汀當時離開延安還是非常明智的，不知他當時是否已經預感到某種不祥之兆，就在他離開延安以後，那裡發起了整風運動和搶救失足者運動。如果沙汀還待在延安，以他複雜的社會關係和人生經歷很可能遭遇不測，在嚴厲的政治審查中被扣上國民黨特務的帽子，關進監獄，遭受迫害都有可能。即使沒有遇到嚴格的幹部審查，但是在整風運動中，同王實味、丁玲、艾青、蕭軍一樣受到敲打敲打是不可避免的，因為他的「四川脾氣」（吳福輝：《沙汀傳》，第二三六頁）決定了他在整風運動中不會交上好運。

沙汀於一九三九年十一月與妻子玉頎離開延安，並沒有立即回到了他的老家川西北的安縣，而是先到了重慶，在周恩來領導下工作了一段時間。一九四一年「皖南事變」標誌著國共兩黨自抗戰以來合作關係的破裂，共產黨人在重慶的處境非常艱難而危險，中共南方局決定疏散在重慶的共產黨員作家，疏散地主要是延安和香港。

在延安的周揚托人帶信給沙汀，希望他重回延安，「重慶組織上似乎也有這個暗示」。（吳福輝：《沙汀傳》，第二六七頁）沙汀此時在心中也作了權衡，最終決定還是回老家安縣。沙汀心裡很清楚，他的老家決不是理想的去處，那裡是國民黨和袍哥會的地盤，各種社會矛盾錯綜複雜，而他這個共產黨人回到那裡，無疑是十分危險的，而且也是困難重重的，形勢對他來說肯定是非常嚴峻；回延安去，固然是回到了同志們中間，但是過去在延安的經歷他一定記憶猶新，歷歷在目，回到那裡心情未必舒暢。更何況他的創作長於批判和諷刺，在延安很難有用武之地（新中國成立以後，他的批判和諷刺同樣沒有用武之地），而家鄉的人和事，山和水，草與木，他是那樣的熟悉，家鄉許多人的音容笑貌都刻在他的腦海裡，成為他取之不竭的創作源泉。經過這一番權衡，沙汀最終決定疏散到自己家鄉。

果然，他在家鄉沒有得到安逸和溫馨。他的共產黨員身份迫使他過著半流亡的生活，按照吳福輝的說法，「他註定要為此付出代價和得到代價」。（吳福輝：《沙汀傳》，第二六九頁）當他回到他曾經生活過的安縣城關安昌鎮西街的楊家老宅時，沙汀已經找不到當年的「安謐、寬敞」（吳福輝：《沙汀傳》，第二七〇頁）和舒適的家的感覺了。他本來指望就在這裡繼續寫作他的長篇小說《淘金記》，但是這裡現在「破敗得像一床爛棉絮，連空氣都是陰沉、死滅，無法忍受的。」（吳福輝：《沙汀傳》，第二七一頁）沙汀只好另覓住處，並且不得不與妻、兒分居。雖然沙汀有舅父鄭慕周的庇護，但是政治迫害還是「尾隨而來」。一九四二年春夏之交，安縣來了個神秘軍官楊穗，在他的訛詐下，鄭慕周不得不讓沙汀離城躲藏。這樣，沙汀只好一個人躲到離城十里的鄉下。鄉下的條件雖說不錯，但是沙汀卻失去了自由，相當於被軟禁起來，搞得他「一點寫作的欲念也提不起來」。（吳福輝：《沙汀傳》，第二七七頁）不久，這個令人討厭的楊穗走了，沙汀以為自己的政治避難結束了，自己可以自由活動了，但是很快他就聽到了成都行轅密令縣府逮捕自己的消息。鄭慕周為了安全起見，只好將沙汀安排到非常偏遠的地方去避難。這次他來到了距安縣城六十多里遠的睢水。主人同樣出於安全考慮，將沙汀安頓在一個三層樓上，他「整天關在這個房間裡，絕對地不出街一步。」（吳福輝：《沙汀傳》，第二八〇頁）過了一段時間，沙汀才與外界取得了聯繫，並且「在停筆半年之後，終於決定要用筆把這個禁錮他的世界，戳個窟窿，使自己能夠稍稍透出一口氣來。」（吳福輝：《沙汀傳》，第二八一頁）然而，他也僅僅是通過與外界的聯繫「稍稍透出一口氣來」而已，他的生活仍然處於地下狀態，他還不能公開活動，不能走出庇護他的場所。他所能做的只是悄悄地寫作，至多可以獨自從後門出去到河灘邊散步。隨著時間的推移，沙汀感覺到威脅在漸漸的淡薄，便大著膽子到街上走走，甚至到茶館裡坐坐，隨後他還可以將岳母與妻子接到身邊來，從而使他的孤獨得到了緩解。直到一九四二年秋寫完小說《淘金記》，沙汀在睢水才過上正常人的生活，融入了當地人的社會生活中。可是僅僅略微鬆了口氣，沙汀在中秋節前夕又得到了要逮捕他的消息，不得不趕緊收拾點文具和簡單的生活用具，到睢水以南更加偏僻的苦竹庵去避難。一九四三年初，國民黨掀起了第三次反共高潮，政治形勢逆轉，沙汀的處境更加嚴峻，他在舅父的安排下轉到了劉家溝。這裡不僅更加荒涼偏遠，而且條件更是簡陋，主人劉榮山給他臨時騰出的屋子，「塞滿酸菜罐子，發散出一股令人作嘔的臭氣。破爛傢俱偏沒有一張桌子，最要命的是沒有窗戶，也就是沒有白天寫作所必需的陽光。……有一面牆是上段是用破曬席夾成的。」（吳福輝：《沙汀傳》，第三〇一頁）沙汀在這裡上午伏在木櫃上艱難地寫作，下午獨自一人出門爬山，散散心，同時活動活動筋骨。他在這樣的條件下創作了長篇小說《困獸記》的大部分篇幅。一九四四年春，沙汀在散步時遇到一片罌粟，便疑心有人要以此為藉口前來抓捕自己，於是神經緊張起來，在一個深夜裡匆匆逃離。一場虛驚之後，沙汀又回到了苦竹庵，專心繼續寫完《困獸記》。直到一九四四年初夏，沙汀在何其芳的幫助下才離開這裡重返他闊別三年多的城市，當他從大山裡鑽出來時，「朋友們幾乎認不得他了。」（吳福輝：《沙汀傳》，第三〇五頁）一到重慶，沙汀就參加了文藝界的整風學習，重點學習毛澤東的〈在延安文藝座談會上的講話〉。這一學習，沙汀陷入了深深的困惑，儘管他在深山裡創作的《淘金記》受到了一些朋友的讚揚，但是拿自己的創作與毛澤東的這個講話一對照，他發現了問題，他的作品所描寫的基本上都是「農村小市民以上的人物」，與毛澤東所宣導的刻畫工農兵形象相距甚遠。「如果按照整風文件衡量，似乎不是主要的寫作方向。」（吳福輝：《沙汀傳》，第三〇七頁）這樣一對照，沙汀難免不感到忐忑不安，內心同時產生了羞愧。此時，周揚再次邀請他到延安去，然而沙汀再次像上次那樣作了權衡，這次他還是以「家裡的拖累」（吳福輝：《沙汀傳》，第三〇九頁）為由謝絕了周揚的盛情與好意，實際上，他的問題在於「反映落後的生活，諷刺、暴露，是不如歌頌黨和黨所領導的鬥爭來得重要，但自己只能『退而求其次』」。（吳福輝：《沙汀傳》，第三〇九頁）因而他在重慶待到了一九四四年底。由於形勢的緊張，沙汀等人又一次被要求疏散，他只得再次回到了苦竹庵。這次他在這裡專心創作了《還鄉記》。抗戰勝利以後，沙汀的處境不僅沒有得到改觀，反而更加危險，國民黨四川當局對他下了通緝令，「三年，一個長長的夢魘。在夢裡總有人在背後追趕。」（吳福輝：《沙汀傳》，第三三六頁）「他跑到哪裡，哪裡都有一對兇惡的眼睛。」（吳福輝：《沙汀傳》，第三三七頁）住在苦竹庵，沙汀已經感到不那麼安全了，「一有風吹草動，他就從睢水家出門溜上河坎，或者經紅石灘、鄧家碾房繞個大圈子，進入山坳，到蕭家避些日子。」（吳福輝：《沙汀傳》，第三四二頁）在苦竹庵的日子裡，沙汀不僅經受著恐懼的煎熬，還要經受著孤獨、貧困與疾病的折磨。俄國作家契訶夫將沙皇統治下的俄羅斯稱為巨大的精神病院——「第六病室」，沙汀則將他在苦竹庵視為他的「第六病室」，這裡的生活讓他的精神接近崩潰。與此同時，「沉重的家庭負擔加重了他的精神困境。」（吳福輝：《沙汀傳》，第三三八頁）由於子女多，他不得不給朋友們寫信，催促出書寄版稅。到了一九四八年，沙汀受到了「日漸嚴重」（吳福輝：《沙汀傳》，第三四一頁）的胃病的困擾，導致他的寫作幾乎停頓下來，甚至體驗到了死亡。疾病折磨了兩三個月，沙汀終於脫離了險境，身體逐步康復過來。但是，身體還沒完全康復，沙汀又不得不長途跋涉，到永興避禍。就在前往永興的途中，沙汀一到河清的一位熟人家「一頭坐下就不能動彈了」（吳福輝：《沙汀傳》，第三四五頁），隨後人家雇了滑竿才將他送到永興。就這樣，直到一九五〇年春，隨著當地國民黨政權的垮臺與解放軍的到來，沙汀才終於走出了他的「第六病室」，恢復了自由。

尷尬處境

當沙汀走出了他的「第六病室」時，他感到了空氣的清新和呼吸的舒暢，他覺得從此「不用化裝，可以拋頭露面，不怕見任何人」（吳福輝：《沙汀傳》，第三五四頁）了，「解放」的感覺油然而生。然而，沙汀還沒將仔細品味這種「解放」的感覺，他就被人兜頭潑了一盆冷水。就在他坐車前往成都就任軍管會文藝處領導職務之時，與他同車的王維舟「突然」說：「共產黨員可不能操袍哥啊！」（吳福輝：《沙汀傳》，第三五五頁）「為了隱蔽，在哥老當中混混是可以的，現在要注意影響啦！」（吳福輝：《沙汀傳》，第三五六頁）這簡直是對沙汀的嚴重警告，也就是說，沙汀雖然還是自己人，但是還是需要警告一下的。如果他不是在家鄉待了這麼多年，而是待在延安，現在跟著大部隊回來，那情形肯定不一樣。然而，就是在家鄉的這些年，沙汀雖然吃了不少苦頭，但是在創作上還是取得可觀成就的，他不僅創作了長篇小說《淘金記》、《困獸記》和《還鄉記》，而且還留下了數量可觀的短篇小說，而那些長期待在延安的作家生活條件與寫作條件雖然比沙汀強多了，但是其成果卻無法與他相比，從宏闊的文學史來看，延安的作家中沒有幾人的作品能夠與沙汀的相比。就是沙汀本人如果不是回到家鄉，而是一直待在延安，也只能寫寫「賀龍傳」或者《太陽照在桑乾河上》之類的作品，而這些作品一時可能受到讚揚，但是隨著政治鬥爭的展開也可能為其付出沉重的代價或者受到嚴厲批判。那麼，他在延安與家鄉之間選擇了後者究竟該如何看待？相信沙汀即使經歷的一九五〇至一九八〇年代的各種政治波瀾他都不會後悔的。

到了成都，沙汀雖然坐到了領導的位置上，但是他得補上延安的那一課，學習毛澤東〈在延安文藝座談會上的講話〉和黨的文藝政策，與大家一道「洗腦筋」。（吳福輝：《沙汀傳》，第三五六頁）他雖然懂得「文藝為政治服務」，對集體主義與紀律性有明確的認識，但是真正按照這些理論和要求去做，還得有一個適應的過程。他得通過思想改造清除頭腦中一切不符合政治要求的東西，特別是被指為「自由散漫」的思想和習慣。儘管如此，他還是遇到了令他不解的現實：他的朋友林如稷將他的《我所見之賀龍將軍》印出來，而且相信一定會暢銷，但是卻碰了壁。林如稷「忘掉了新社會的書籍事業已經由國家統一管理。川西的宣傳部門對解放之初用一本書來宣傳賀龍是否合適，根本做不得主，提出要請示上級。書被扣住不得發行。」（吳福輝：《沙汀傳》，第三五八頁）想當年，在國民黨統治下，作為共產黨員的沙汀雖然在地下狀態寫了許多小說和散文，但是還能夠在國統區出版發行，而今到了自己人執政時期，就連歌頌共產黨將軍的作品都被扣，不能發行。真不知沙汀想到這事，他的心裡到底是啥滋味！不僅如此，沙汀的尷尬愈益顯得突出，組織上在他的檔案材料中寫下了這樣的話：

「因該同志長期不過組織生活，應加強對黨的路線、方針政策的學習。」（吳福輝：《沙汀傳》，第三五九頁）更令沙汀感到尷尬的是當年保護過他的人不僅沒有得到應有的回報，反而遭到了鎮壓，有的人在遭槍決前遊街時據說還念著沙汀的名字罵。沙汀聽到這些消息後「心裡的感受是挺複雜的。」（吳福輝：《沙汀傳》，第三五九頁）當年人家保護了自己，現在人家有難，沙汀卻無能為力，沒有給予絲毫保護，沙汀能不感到愧疚嗎？其實，沙汀也很無奈，且不說當時他可能不知道那些保護過他的人遭到了鎮壓，就是知道了他也沒有辦法，幫不了忙，因為他在組織那裡沒有得到充分的信任。他如果出面替那些幫助過他的人講話，就可能被認為喪失階級立場，政治覺悟有問題，進而受到批評。

或許是沙汀長期在國統區生活，沒有經過延安的政治的淬煉的緣故吧，沙汀在就任文藝界領導職務之後，對於文藝的某些看法和主張也與某些領導不一樣。比如，擔任重慶市委宣傳部文藝處長兼文聯黨組書記的邵子南「主張首先加強思想改造，然後才能寫作。」（吳福輝：《沙汀傳》，第三六三頁）而沙汀和艾蕪則認為：「讓大家寫，寫出來不好，批評它就是『改造』。」（吳福輝：《沙汀傳》，第三六三頁）他們雖然在本質上沒有區別，但是在細微的地方有些差異，更由於他們之間的地位差距決定了沙汀與艾蕪有些尷尬。好在邵子南與沙汀的關係還算可以，所以沙汀還能夠「婉轉提出希望邵重視黨外一些資身文化人」（吳福輝：《沙汀傳》，第三六三頁）。只是他們之間的裂隙並沒有消除。不僅如此，沙汀與其他領導之間的關係也是如此。沙汀參與修改的話劇《四十年的願望》，雖然受到了文化部的重視，並且得到了洪深的指導，但是由於「基本沒有正面反映部隊對修築成渝鐵路的貢獻」（吳福輝：《沙汀傳》，第三六四頁），結果令賀龍強烈不滿，大發脾氣。在沙汀這裡，他已經努力按照當時的文藝主旋律去做，但是仍然不合高級官員的口味。如果說當年的沙汀雖然在軟禁和半禁錮之下進行寫作，其獨立和尊嚴還是存在的，他寫什麼，怎麼寫，沒有人干預，他也沒有因此而提心吊膽；如今不同了，他沒有過去的那種自由，只是他沒有意識到這一點，而是認為「現實鬥爭是偉大的，主要是作家的思想跟不上。」（吳福輝：《沙汀傳》，第三六四頁）為了跟上形勢，沙汀於一九五一年爭取到參加土改的機會，第二年又參加了另一期土改，希望搜集新的創作素材，準備寫一部反映土改運動的長篇小說，但是當他進入創作時，他陷入了鬱悶和痛苦之中。他「對寫新農民沒有把握」，「不能把農民寫得比工人完美，也不能『洩氣』，這太難了。他想起去年十月紀念魯迅誕生七十周年時寫過的文章，用檢討的姿態談過去的創作『暴露過多、光明太少』的毛病。可面對剛剛『解放』的農民，發現自己的思想調整遠沒有完成。他不知道光明的顏料應如何調製，如何塗抹。他的筆提起來，卻在一個絕好的題目面前凝住了。」（吳福輝：《沙汀傳》，第三七〇頁）當然，這不是沙汀個人遇到的問題，而是許多來自國統區的作家面臨的共同困境，而這個困境看似文藝創作中的歌頌光明與暴露黑暗的問題，實質上是創作自由喪失的問題，他們在創作之前就得按照別人的思想觀念構思，而不是根據現實生活去思考，這樣的狀況怎麼不陷入尷尬呢？沙汀此時「最深的痛苦是失去了『自己』的思想，不能寫『自由』最想寫的。」（吳福輝：《沙汀傳》，第三八二頁）作為一個作家，不能停止寫作，而沙汀偏偏是那種視創作如生命的人，與那些將寫作視為通向官位的跳板的人完全不同，然而沙汀的創作卻不符合極權體制下的文藝要求。問題是沙汀與當時許許多多作家一樣，沒有看到這樣的矛盾，為了爭得創作的權利，只能向體制靠近，努力按照極權政治的要求去看待問題。大躍進當中，沙汀在雙龍、尊勝看到了無休止地土改、並社、夜戰帶來的弊病，看到大躍進中農村工作中的盲目蠻幹，不講科學性，「但是經過『反右』，只要有一絲的懷疑從腦際掠過，他也會用學來的『主流』論、『本質』論，一一加以澄清。群眾積極性挫傷產生的不滿，用『階級鬥爭』學說一套，也便釋然。」（吳福輝：《沙汀傳》，第三九五頁）他在故鄉看到最真實的現實，然而經過「思想」的過濾，結果因「不夠『典型』」而被全部篩掉了。於是，他「先驗地在尋找與『政策』對應的例證。他沒想到『先進』的試點是按照特殊的條件形成的，可能是最真實的虛假。他遠遠看不到『全部』。『生命力的奔馳』駛入錯誤的航道，釀成的是悲劇。」（吳福輝：《沙汀傳》，第三九五頁）他的朋友艾蕪也是如此。艾蕪到北京十三陵水庫去，寫了幾十萬字的半成品長篇小說，造成的不只是精力的浪費，而是他後來的創作「擱淺了」（吳福輝：《沙汀傳》，第三九六頁）。此後，沙汀聊可欣慰的參加了對長篇小說《紅岩》的修改，小說在全國產生了很大的影響，可惜的是「沒有幾個人知道他為此付出的心血」（吳福輝：《沙汀傳》，第三九九頁）。在隨即到來的一九六二年，沙汀竟然「沒有寫成任何一篇新作品。他交了白卷。」（吳福輝：《沙汀傳》，第四〇七頁）一個作家整整一年都寫不出東西，這是多麼羞愧和尷尬的事！雖然還有其他作家也可能「交了白卷」，但是對於一個視創作為生命的人那是多麼痛苦啊！如果深入探討沙汀的寫作中斷的原因，恐怕還源於一波又一波的文藝大批判，一部又一部作品被貼上「封、資、修」的標籤而被打入冷宮或者受到批判，沙汀雖然沒有受到批判，但是他的內心也一定噤若寒蟬。當「接連傳來的什麼什麼是修正主義作品，三〇年代文藝要重新估價，五、六十個作家要受到批判等消息」傳來時，沙汀「變得不知所措」，「他終於什麼也寫不出來。」（吳福輝：《沙汀傳》，第四二二頁）這意味著沙汀的文學生命進入了休克狀態。到了「文革」前夕，沙汀發現「過去肯定的、讚揚的、採取的，今天卻要否定、批判、放棄。」（吳福輝：《沙汀傳》，第四二五頁）身處這樣惡劣的政治環境，沙汀「除了強迫性的自我反省，檢查自己身上的『資產階級文藝思想』、『文藝黑線流毒』，還能做什麼？」（吳福輝：《沙汀傳》，第四二五至四二六頁）他沒有發現，他此時所處的現實已經背叛了他當初參加革命的理想，背叛了他為之奮鬥的事業。而這是絕大部分革命者所忽視的，因而他們只能困惑、迷惘和壓抑，只能扭曲自己去適應這背叛了歷史的現實，並且承認自己有「罪」。而現實的嚴酷對他們的扭曲適應並不滿意，還要對他們發動更凌厲的攻勢。隨後到來的「文化大革命」，既革了文化的命，也革了他們這些投入到革命中來的人的命，將他們拉上批鬥大會，對他們進行肆意的侮辱和痛打，甚至將他們投進了監獄。一九六八年，沙汀以「三〇年代的黑幹將，全省文藝黑線的大頭目，『三家村』成員」等罪名被關進臨時監獄昭覺寺。一九四〇年代，沙汀在國統區雖到處避難，居無定所，大多處於半幽禁狀態，但是他畢竟沒有被投入監獄；而今他被抄了家，被囚禁，沒有人給他提供庇護。時光流轉，世事變遷，真是不可思議！歷史竟是這樣的不可理喻。

「文革」的災難摧殘著人，但也促成人的思考。走出監獄的沙汀面對著嚴酷的現實，開動了腦筋，「他想不通『整』周恩來的人為什麼會受到毛澤東的信賴？而任何疑慮落到毛澤東的身上便無形消解了。這個崇高的精神支柱如果不復存在，那麼中國一代的共產黨人是無法想像該怎樣思考、怎樣行動的。」（吳福輝：《沙汀傳》，第四四〇頁）儘管沙汀「想不通」，但是他畢竟思考了，巴金當年也是同樣的「想不通」，但是一旦遇到成熟的條件，他就會將這些「想不通」的問題搞清楚了，他的散文〈思路〉真實地記錄了他思考清楚的問題。至於沙汀後來是否想通了這些問題，吳福輝在《沙汀傳》中沒有交代，但是據我猜測，如果他讀到他的好友巴金的《思路》，也一定會拍手贊成，他也可能由此而弄清楚他人生尷尬的根本原因。

11 走向祭壇的王實味

對於王實味的研究，人們關注得比較多的是六十多年前的王實味是怎樣被處死的，又是誰下達處決命令的。這些問題不能說不重要，但是更值得探討的問題應該是，王實味是如何一步步走向祭壇的？像他這樣對黨忠心耿耿的人怎麼會淪為階下囚並被處死的？縱觀中國這幾十年的歷史，王實味之死絕非個別現象，比較具有普遍性。

黃昌勇的《王實味傳》（河南人民出版社二〇〇〇年五月版）通過對王實味人生道路的描述給出了一些很有價值的答案：王實味的「火暴脾氣」與「性格中的孤僻、過度的自尊乃至多疑等」「負面因素」（第十五頁）；王實味與托派分子王凡西、陳清晨的個人交往使他被認定為托派分子；他的〈野百合花〉和〈政治家，藝術家〉等文章被判定為「反黨行為」以及一九四六至一九四七年的戰爭環境；等等。從這些給出的答案來看，王實味的悲劇的釀成似乎主要在他個人的責任，還有他所處的社會環境。

王實味的個性

將王實味的性格描述為「火爆」、「孤僻、過度的自尊乃至多疑等」「負面因素」顯然是對王實味的某種否定；因為，從另一個角度看，王實味的這些性格因素無疑是十分可貴的，他的「火爆」脾氣可以被認為是疾惡如仇、剛正不阿或者是血氣方剛；他的「孤僻」可以被看作是「眾人皆醉，唯我獨醒；舉世皆濁，唯我獨清」的秉性，是決不與××同流合汙的表現；他的「過度自尊」如果拿去前面的「過度」二字，恰恰是非常積極的評價；他的「多疑」乃警惕性高或者批判精神之體現。其實，之所以有這樣的差別，全在於我們評價的具體的人或者具體的語境，而不是性格本身。王實味的「火爆」脾氣最突出的一次是他在段純代表組織粗暴干涉他個人戀愛的私事之時爆發的，另一次則是在延安他被冤枉為托派分子之時爆發的，他提出了「退黨」要求。我們可以批評王實味不夠冷靜，不能克制。然而，我們必須看到矛盾的根源都不在王實味一方，而在於代表組織的段純和康生等人。無論是段純，還是康生等人在對待王實味時從來就沒有冷靜和克制過，而是有意無意地刺激王實味。再看王實味的「孤僻」，既有很少有人理解和體諒他的因素，又是有關領導者和組織部門出於打擊王實味的目的而孤立他的結果。當然，這並不是說王實味的這些性格因素都是優點，而是說王實味的性格從很大程度上講是環境給他的壓迫和威逼所致。

王實味的委屈

從根本來說，王實味確實是死在自己人之手的，而且還不是一些人所說的誤傷誤殺，而是他所追求的政治需要他作這樣的祭品。黃昌勇的《王實味傳》對王實味的人生敘述表明：王實味對於革命始終忠心耿耿，心無二意，他對革命的極大的熱情是毋庸置疑的。問題是革命是有組織的，是由具體的政黨來領導的，這就意味著革命不僅需要滿腔的熱情，更需要服從命令聽指揮，需要聽從上級的指示和組織的安排，換句話說，革命需要每個人成為其機器上的螺絲釘而不是別的什麼。所以，中國的革命組織從其誕生之時起就一直強調服從組織和紀律。所有個人的東西在組織面前都不值什麼。可是，王實味在參加黨組織之後不久就與組織發生衝突。起因是支部書記段純代表組織干預他的戀愛。本來，男女之間的愛情只是私事，只要不影響組織生活和聲譽，不給組織造成損失就不應該受到干預。然而，在革命的組織裡，當時正流行著這樣一種錯誤的思想觀念，以為青年男女一旦戀愛就會削弱革命鬥志，更有甚者以為戀愛是小資產階級的表現。這些在巴金等人當時的「革命+戀愛」的小說中都有明顯地表現。正是在這樣思想觀念的影響下，段純粗暴地處理王實味向李芬求愛的問題，一開始就大聲訓斥王實味，把王實味追求李芬的正當行為痛斥為「幹些無恥的勾當」。這當然讓王實味不能接受，引起了王實味激烈的據理力爭。王實味認為：戀愛是個人的基本權利，他人無權干涉。王實味的申辯是對的，所體現的正是五四時代精神。這樣，王實味與代表組織的段純之間就不可避免地發生了衝突。問題是作為組織代表的段純雖然生活在曾經是五四文化中心的北大，卻早已將五四文化精神忘卻，沒有尊重王實味的個人權利，而是表現出家長制作風，濫用組織權力，要給王實味以紀律處分。更為遺憾的是，在黨組織會議上，許多黨員雖然沒有完全同意段純對王實味的嚴厲指責，卻也沒有尊重和維護王實味的個人權利，甚至有人批評王實味的行為是「為戀愛胡鬧」。這無疑極大地傷害了王實味。這樣的衝突由於表現為組織與個人的形式，很容易讓後來的人們產生一種錯覺，以為這是王實味與黨組織產生了矛盾，因而簡單地批評王實味脾氣不好，容易激動，甚至批評王實味組織觀念不強，就是沒有反思段純與許多黨員對王實味感情的傷害，沒有看到王實味戀愛的權利遭到了無理的否定，這無疑都是站在組織立場上看待問題的，其中的偏差是顯而易見的。

更為嚴重的是段純在那樣的政治氛圍中根本不可能反思自己的工作失誤和作風粗暴，反而因眾人基本認同他的意見而確信自己是正確的，這就為他的工作繼續粗暴下去推波助瀾，進而將王實味與他個人的衝突看作是「目無組織目無紀律」，威脅要將王實味開除出黨。這裡且不說開除黨籍對王實味感情的嚴重傷害，就這件事而言，至少說明三個問題：一是個人的權利在組織內部得不到應有的尊重，五四時代的民主精神日漸消失；二是與此相聯繫的是黨內的領導人的權力得不到應有的制約而形成專斷的作風；三是在這樣的政治氛圍中極易形成下級對上級的唯唯諾諾，輕易放棄自己的主見而盲目地順從領導。從這裡我們還應當看到，基層組織存在的問題實際上也不同程度地反映了整個組織都存在著這樣的問題，後來的歷史基本上證實了這一點。

儘管王實味受到了嚴重的傷害，但是他絕對沒有背叛組織，出賣同志，就是在白色恐怖的二〇年代後期，他在與黨組織失去聯繫的情況下，王實味不僅沒有做出任何對黨組織不利的事情，而且還在努力尋找組織，設法恢復自己的組織生活。就是在與朋友孟昭瓚等人的交談辯論中他仍然堅定革命信仰，對共產黨充滿著信任，為共產黨辯護。一九三七年，王實味在開封女中教學期間，共產黨員閻有訓被捕，王實味不顧個人安危，在課堂上譴責和痛罵國民黨，表現出極大的義憤。由此可見，他的情感和思想還是與中共聯繫在一起。也就在這一年，王實味經過組織的考驗，終於回到了黨內。

王實味是一名共產黨員，同時他又是一名知識分子。知識分子與一般人的區別就在於具有自己的思想與獨立的人格；而黨員則是組織中的一員，必須一切聽從組織，服從組織，特別是在思想上更要與組織上保持一致。這兩者的矛盾是顯而易見的。問題是如何克服這樣的矛盾？三四十年代乃至後來的許多作家、藝術家、教育工作者、新聞工作者也都遇到了這樣的問題，各人都在性格的控制下作出自己的選擇。許多人拋棄了知識分子的秉性而投入到政治的懷抱，以求保全自己或者升遷乃至撈取許多好處，但是也有一些人生性倔強，頑強地堅持自己的思想認識，在任何情況下都保持知識分子的本色。王實味就是後面這一類的人。他根據自己對於社會現實和革命的理解，根據自己對環境的認識去行事。這樣，王實味必然會惹來災禍。

王實味的批評

黃昌勇的《王實味傳》這樣敘述了王實味來到延安一段時間後的感覺：「王實味帶著理想來到革命根據地，隨著時間的推移，現實中的一些不合理的因素漸漸在他的面前凸現。對自己看不慣的人和事，就毫不留情地攻擊。他越來越與現實產生距離，初到延安時的心境在慢慢改變，憂慮似乎又回到他的心中，表現在他的臉上。」（黃昌勇《王實味傳》第一〇〇頁）從王實味這方面看，他對待現實的態度有點理想主義色彩，他總是根據應該有的樣子來看待現實，要求現實，因而，現實中必然有許多令人不那麼滿意的地方，這確實是一個致命的弱點。但是，在一個現代的民主文明的社會裡，王實味的這個弱點是可以包容的。問題是他的這種性格，他的這種理想主義的態度是在民主集中制的組織裡，是在戰爭時期的延安，是不能容忍的，因為他的這些方面在領導人那裡可能就意味著麻煩。

可惜的是王實味當局者迷，看不出這一點。他憑著自己的一腔熱情，根據自己的觀察、思考和認識撰寫文章，先後分別發表了〈文藝民族形式問題上的舊錯誤與新偏向〉、〈野百合花〉以及〈政治家，藝術家〉等等。實事求是講，王實味發表這些文章沒有什麼過錯，因為他在文章中既沒有反對革命，也沒有攻擊共產黨以及延安的政治制度，他只是根據自己的認識和理解寫文章，表達自己的對於現實的真實感受和意見，正如巴金在新時期所提倡的那樣：他一直在「講真話」或者說他是憑著良心和熱情說話。然而，他的這些話與延安的主流的聲音卻顯得不那麼協調，不那麼一致，在領導人看來也就不那麼入耳，不那麼中聽，進而引起了最高領導人的震怒：「這是王實味掛帥，還是馬克思掛帥？」。（黃昌勇：《王實味傳》，第一八一頁）與此同時，還有丁玲、艾青、蕭軍、羅烽等人也都在民主意識和文化啟蒙意識的作用下和王實味一樣，不同程度地表達自己的意見，對現實中的陰暗面和不良傾向提出了批評。這種狀況在領導人看來可能是一種警示：任其發展下去，就會影響到自己的威信和權力的鞏固。至於是否說的是真話，是否是事實，就不那麼重要了。這就有必要通過整風來解決這個問題。

王實味的犧牲

在這場整風中，丁玲、艾青、蕭軍、羅烽等人先後不同程度地轉向了，開始反省自己的「錯誤」，積極配合官方的工作，按照最高領導人的要求去做，因而，按照官方的說法，他們走出了小資產階級的狹隘的天地，在思想感情上開始走向工農，親近工農。與他們形成鮮明對比的是，惟有王實味實在是太頑固了，他竟然沒有絲毫認識到自己的「錯誤」，絲毫沒有改正「錯誤」的意思。特別是組織上派了許多人對他展開批評、教育，「幫助」他改正「錯誤」，但是他就是不改。在王實味這方面，所有的批評、教育和「幫助」都缺乏說服力，沒有從道理上說服他。作為一個知識分子，往往認定的是強有力的道理，而不是強權。可是，現實恰恰相反，陳伯達、周揚等人在對王實味的爭論、批評和教育過程中，不是憑藉事實說話，以道理說服對方，而是動輒斷章取義，牽強附會，上綱上線，居高臨下，頤指氣使地對王實味大加撻伐，甚至侮辱王實味的人格，刺激起王實味的倔脾氣。這就將王實味與組織的矛盾推向了不可調和的地步。

既然王實味頑固地堅持自己的「錯誤」，那麼就必須拿他做靶子，給他以沉重的打擊，惟其如此，才能震懾住其他知識分子，同時讓那些剛剛轉向的丁玲等人引以為戒，進一步吸取教訓，就必須將王實味送上祭壇。如何才能在精神上置王實味於死地呢？當局在批評、教育和「幫助」失效之後，將王實味抓了起來，並且給他羅織了

「托派分子」的罪名，進一步指控他與潘芳、宗錚、成全、王里四人組成「五人反黨集團」，是暗藏的反革命分子。嚴格說來，退一萬步講，即使王實味是個「托派分子」，也不能逮捕他。所謂「托派」，只是在思想上對托洛茨基的認同，其本質仍然是探索革命的道路，追求共產主義理想，只不過與史達林式所想像的革命道路不同而已，但是，史達林不能容忍不同意見的存在，無情地迫害托洛茨基等人，將其視為不共戴天的敵人。這本來是蘇共內部的矛盾鬥爭，卻被延安的領導人繼承了過來，於是「托派」在中國也就成了「反革命」，在革命的陣營中遭到無情的迫害和殘酷的打擊。至於「托派」的思想及其行為是否完全正確，是否完全是真理，不必在這裡討論。即使他們的思想理論存在著這樣那樣的問題，但是決不能說他們就是「反革命」或者「反動派」，真正具有民主意識和寬大胸懷的就應該允許別人以不同的方式探討革命問題，探索革命道路，因為從本質上講他們都是「革命同志」。再說王實味是「五人反黨集團」頭目，是暗藏的反革命分子，更是無稽之談，實在是莫須有的罪名。就事實來看，王實味與潘芳、宗錚、成全、王里等人關係並不密切，也就談不上合謀去幹什麼勾當，或者密切配合去搞地下活動。至於暗藏的反革命分子，更是自相矛盾，既然是「暗藏的」，不到緊要關頭就不會暴露身份，平日裡也就不可能發表與環境不協調的言論。從實際情況看，指控王實味是暗藏的反革命分子真是哄小孩的。然而，這竟然出現在官方的文件中，並以此給王實味定性。其實，王實味的問題就因為批評延安的不合理現象和陰暗現象，因為發表一些不同於領導人的意見，因為堅持己見而被捕入獄。

> 入獄以後，王實味又被莫須有地指控為「反革命托派奸細分子」。（黃昌勇：《王實味傳》，第二三九頁）

這個罪名真有點不倫不類，簡直是蘿蔔菜瓜一鍋煮，所有髒水都往王實味身上潑，意在把王實味搞倒搞臭，至於邏輯通不通，道理上是否成立，有無事實依據，一概不管。這充分反映了定案人的蠻橫與霸道，表現的是權力對真理的藐視和壓迫。

王實味終究被送上了祭壇，血灑荒野。有人說這是自己人的誤傷。其實，從王實味被推上祭壇的過程來看，這根本就不是什麼誤傷。真正的誤傷一是由於誤會和誤解，一是由於某些客觀原因而張冠李戴。然而，王實味的觀點一直是明確的，不存在誤解和誤會的問題，他的歷史也很清楚，他既然能夠重新入黨，想來不僅是經受了嚴峻的考驗，而且有關組織也一定會搞清楚他脫黨期間的情況。在當時的歷史條件下，發展黨員都是非常慎重的，決不會草率行事。從王實味的性格來看，他這個人是藏不住事的，因而從某種意義上說，他的思想和行為都是十分透明的。因而，對於他的處理也一定是有關方面經過謀慮的，換句話說，既然王實味不肯低頭認「錯」，就是要把他整垮整倒，既然他的思想性格那麼堅硬，那就先讓他的肉體倒下，這樣，處決王實味也就成了順理成章的了。

王實味上了祭壇，但是歷史並沒有就此結束，繼他之後，政治的祭壇上又走來了胡風、田漢等人，不同程度地重演著王實味的悲劇，只是到底有多少人真正看清這一幕幕悲劇背後的東西！

12 農民作家趙樹理

許多文學史著作都把臧克家稱為「農民詩人」，理由是他在上個世紀三〇年代創作的〈老馬〉等詩作反映了當時中國農民的生存困境和精神狀態，表達了他對苦難農民的深切同情。不過，如果拿他與趙樹理相比，臧克家大概算不上純粹的「農民作家」，而真正的「農民作家」當非趙樹理莫屬。具體說來，臧克家並不是出身於貧苦的農民家庭，他所做的不過是在三〇年代寫幾首農民詩而已，到了新中國成立以後，他基本上就不瞭解農民了，他在湖北咸寧向陽湖所寫的那些詩雖然反映的是農業生產勞動，但是並沒有反映七〇年代農民真實的生活狀態，也沒有表現他們的疾苦，更沒有表達他們的心聲。而趙樹理就不同了，他的確像他的家鄉所盛產的山藥蛋一樣非常質樸、自然，無論是他的每一行文字，還是他身上的每一個細胞都無不散發出濃濃的鄉土氣息。大概就是這個原因，他被人們視為「山藥蛋派」的領銜作家。

農民的本色

見過趙樹理的人幾乎都覺得他一點兒都不像一個作家，更不用說像什麼大作家。在人們心目中，大作家，應該算是知識分子，而知識分子則應該是比較文弱，皮膚白晰，鼻樑上架一副近視眼鏡，如果在一九三〇到一九四〇年代，大多穿著一件長衫，戴一頂禮帽，手裡可能還提著一根文明棍，有的嘴裡叼著大煙斗；如果在一九五〇到一九七〇年代，大多穿著中山裝，近視眼鏡還是少不了的，更突出的是左胸前的衣袋裡一定別著兩支自來水鋼筆，嘴裡銜的可能不再是煙斗，而是價格比較低廉的香煙。可是，趙樹理卻不是這副模樣。一九四〇年春天，著名報告文學作家華山在華北新華日報館第一次見到趙樹理時，趙樹理留給他的印象是這樣的：「過路打扮的瘦高個兒，且喘著氣，披著件罩住小背包的舊棉大衣。」「三十多歲，滿臉皺紋。」「牙齒黑黃，面有菜色。」「他放下大衣，卸下背包，卻蹲在炕腳地上，背靠炕沿，掏出三寸長一支小旱煙袋。」（戴光中：《趙樹理傳》，北京十月文藝出版社一九九三年七月版，第一二七至一二九頁）進入北京城以後，趙樹理擔任了許多重要職務，而且成為著名作家，可是他還是這副模樣：「他五十上下，瘦高個子，黑紅長臉，高削鼻子，大嘴圓下巴，穿一件舊袍子，戴一頂黑氊帽，挾著一個抗戰時期用過的黃布包包，口袋裡插著一根旱煙袋。」（戴光中：《趙樹理傳》，第二八一頁）他給人的感覺就是個地地道道的農民。

當然，個人形象僅僅是外表的，不能說明什麼問題，重要的是，趙樹理和農民的那種親和感是許多作家不曾具備的，且不說他常常生活在農村，可以幹各種農活，就是在新中國成立以後進了北京城，他依然保持著鄉下人本色，與農民非常談得來。有一次，趙樹理所在的機關裡來了位到這裡來看望兒子的鄉下老漢，在會客室，趙樹理見到了這位老漢，立即遞過自己的小煙袋，不到幾分鐘就和人家談得十分投機，讓老漢感覺像是遇到了知音。後來等到兒子來時，這位老漢竟然給兒子介紹說：「看，你這位大叔，也是咱鄉下人！」共同的語言將趙樹理與老漢緊緊地聯繫在一起。

農民的立場

就趙樹理本人來說，他從來就沒有把自己當作人們心目中的作家，按照他自己的說法，他與其他作家不同，他不想登上文壇，只想做一個「地攤文學家」，無論什麼時候他都將自己視為一個泥腿子，是農民中的一個極普通的分子。因而，不少他的研究者都稱他為中國農民的代言人。他的那些小說不僅真實地反映農村的生活和農民的精神風貌，而且他的絕大多數作品都是寫給農民閱讀和觀看的，他不是站在知識分子立場上對農民進行現代思想文化啟蒙，更不是代表當局向農民宣傳路線、方針、政策，或者做農民的思想政治工作。這就決定著他在創作中以農民的眼睛觀察周圍的世界，以農民的頭腦看待事物，思考農村和農業問題，以農民的語言講述農民自己的故事。他的小說《小二黑結婚》、《三里灣》、《鍛煉鍛煉》、《李有才板話》、《李家莊的變遷》、《地板》、上黨梆子戲《萬象樓》等等都深受農民歡迎。於是，農民也就不把他當外人，一直看做自己人，不論是在他成名之前還是成名之後，無論是他當了官還是遭受迫害，農民們都稱他為「老趙」，如果心裡有什麼苦楚就向他傾訴。一九六〇年大饑荒的時候，農民的日子過得非常艱難，於是紛紛向他訴苦：「農村變成了勞改隊，日子越過越困難。……」（戴光中：《趙樹理傳》，第三六七頁）「文革」時期，趙樹理由於反對當時普遍流行的形式主義，並且對「文革」持懷疑態度而遭到殘酷迫害，但是在他的家鄉沁水和他工作過的地方，當地的農民依然把他當做自己人，不僅使那些迫害狂們不能搜集到他們滿意的材料，還多次偷偷地派人去看望他，給他以安慰和支持。

一九四二年，毛澤東發表〈在延安文藝座談會上的講話〉（以下統稱為〈講話〉），號召作家們深入到工農兵中去，描寫工農兵生活，塑造工農兵形象，以工農兵所喜聞樂見的藝術形式創作出為工農兵所喜愛的作品。趙樹理學習了毛澤東的講話非常興奮和激動，竟然能夠「一字不拉地背下這篇二萬字的著作。」（戴光中：《趙樹理傳》，第一七五頁）由於趙樹理的寫作基本上取材於解放區農村生活，而且刻畫了許多農民形象，因而很快被認為是成功實踐毛澤東這個〈講話〉精神的典範。如果不加深入細緻地考察，人們很容易認同這個結論，事實上，這個判斷不過是一個歷史的誤會。說到實踐，按照馬克思主義哲學來說，它是在一定理論指導下的實踐，那麼，在實踐之前就應該有一個學習和掌握理論的過程，就應該有個思想改造，端正態度和站穩立場的過程。然而，實際情況並不是在毛澤東的這個〈講話〉發表之後，趙樹理通過學習提高了認識，改變了思想觀念，然後再響應領袖的號召去實踐。而是在毛澤東的這個〈講話〉發表之前，趙樹理就已經按照自己對於文學的理解以及對自己特長的清醒認識來為自己的創作定位。早在三〇年代，趙樹理在華北新華日報工作期間就已經將自己的創作之根紮在了他出生和成長的山西農村。大概在一九三四年，他就明確表示：「不想做文壇文學家」，「只想上『文攤』，寫些小本子夾在賣小唱本的攤子裡去趕廟會，三兩個銅板可以買一本，這樣一步一步地去奪取那些封建小唱本的陣地，做這樣一個文攤文學家，就是我的志願。」（戴光中：《趙樹理傳》，第九六頁）由此可見，毛澤東的〈講話〉基本精神，特別是為工農兵服務的要求正合趙樹理的創作理念，所以，他對毛澤東的〈講話〉產生了強烈的共鳴，當然，他可能出於對領袖的絕對信賴，沒有進行深入的思考，也就沒有意識到毛澤東的〈講話〉是在代表政治和權力對文學提出的要求，沒有意識到政治和權力要求文學正面歌頌工農兵以發揮宣傳教育作用，他只是憑著自己的長期生活在農村，生活在農民中間所形成的一種直覺，根據農民的口味和興趣，根據自己對農村的觀察和思考進行創作，因而，他不可能意識到這兩者之間的偏差。而這種偏差決定了他後來失寵乃至遭到迫害的命運。他在新中國成立之後創作的那些「問題小說」，沒有按照最高領袖的要求用階級鬥爭的理論來套現實生活，也沒有跟在別人後邊去塑造朱老忠、梁生寶之類的具有典型意義的先進人物，而是根據自己的觀察專寫農村存在的各種問題，刻畫了不少中間人物形象，雖然還是為廣大農民所喜歡，但是越來越不符合當權者的口味，越來越不能讓當權者感到滿意。因而，在當權者的眼裡，他越行越遠，而且他的言論也越來越出格，進而不知不覺地超越出當權者政治的藩籬。最終，他被揪了出來，遭到了越來越猛烈的批鬥，從精神和肉體上受到了嚴重摧殘，最終被殘酷地迫害致死。

農民的個性

趙樹理由一九四〇年代被確定為實踐毛澤東〈講話〉的典範到「文革」期間被打成「黑幫頭目」，這種變化實在是天壤之別，這是幾乎所有人都不曾預料到的。實際上這其間還是存在著必然的歷史邏輯。這個邏輯就在於：趙樹理從根本上說是一個農民作家，他儘管是握筆桿子的文化人，但是他的骨子裡還是農民，他一直保持著中國農民的純樸和耿直。他像許許多多農民那樣非常講究實在。當政治貼近農民，改善農民的生存狀況、生活條件和社會地位時，他歡欣鼓舞，興高采烈；一旦政治偏離乃至剝奪農民利益，折騰農民，傷害農民，趙樹理就為農民的利益而憂慮，為農民的疾苦而呼喊，進而抵制這樣的政治。當然，由於當時的政治是以「左」的面目出現的，因而，趙樹理還不能對其本質作出準確的判斷，他的抵制也只是出於農民講究實在和維護自身利益的本能。趙樹理的抵制表現了農民的耿直和直率，從而將他與曾經給予他高度評價的郭沫若區別開來，他不像郭沫若那樣對政治非常敏感而且特別善於見風使舵，甘心做當局的御用文人和精神打手，而他只知道按良心辦事，心裡怎麼想，嘴裡就怎麼說，手就怎麼行動，他決不扭曲自己，說違心話，做違心事，哪怕遇到再大的官，頂著再大的壓力，他都保持著本色的自我。一九五六年，丁玲與陳企霞被打成了「反黨集團」，上級要求對丁玲進行批判。趙樹理本著農民的善良特性，沒有對曾經對自己極為不滿並頗有微詞的丁玲落井下石，嚴厲批判，而是在保持長時間沉默之後迫不得已才寫了一篇文章〈要挖掉可右之根〉交差。在這篇文章中，他只是表明一下自己反右的態度，並沒有批判和指責丁玲，根本沒有想到借機報復，公報私仇。一九五八年「大躍進」以後，趙樹理漸漸感覺到上面的政策越來越不對頭。這年冬天，趙樹理出國訪問歸來，回到了他的家鄉，發現眼前的現實與前一階段報刊上的宣傳相差太遠，也與他的想像有著天壤之別，他很快對當時遍佈全國大食堂和大鍋飯的優越性產生了懷疑。接著，他又看出了大煉鋼鐵的問題，痛心地指著一塊塊奇形怪狀的鐵疙瘩說：「煉這玩意幹甚呵！真是作孽！」（戴光中：《趙樹理傳》，第三三九頁）在縣委會上，趙樹理雖然沒有對人民公社制度提出質疑，但是極力反對當時盛行全國的浮誇風、共產風、高指標、高徵購和瞎指揮，盡最大努力維護農民的利益。他的這種實事求是的精神在縣委會上卻不被理解，惹得那些領導幹部非常惱火，只是礙於他是北京來的幹部，沒有處罰他，而是想盡辦法躲避他，背地裡罵他「神經病」！他的頭腦清醒和中肯的意見都被認為是「胡鬧」和「異端邪說」。此時的趙樹理一頭扎在農村，扎在農民之間，這使他對上面的政治風向一點都不敏感，他只是根據自己的感覺和認識行事。一些關心他的人擔心他吃虧，遭遇不幸，暗地裡勸他克制自己。但是，趙樹理沒有採納，他所關注的不是自己個人的得失，而是農民的利益，他不願獨善其身，袖手旁觀，很有幾分古人的俠義之氣，因而他顯得特別倔強，堅持自己的意見。同樣，在創作上面，他也堅持自己的創作理念，當別人批評他總是寫農村的落後現象時，他反問對方：「你長期生活在農村，見過『小腿疼』和『吃不飽』沒有？故事寫的事情，農村有過沒有過？」「既是普遍存在，為甚不能寫進作品？一個作家要作黨的耳目，人民的喉舌。廣大農村出現了這樣的傾向，應該提醒同志們注意，改進工作方法，如果知而不言，避而不寫，那就是對黨不忠，對人民不負責任！」趙樹理的這番辯駁雖然沒有上升到理論高度，但是由於他是從實際情況出發，有充分的事實依據，因而很有說服力。問題是那些大大小小的當權者由於自我利益的極度膨脹，早已背叛了被他們一直捧到同盟軍地位的農民，早已背離了他們一貫自我誇耀的「實事求是」的作風。這樣，作為農民作家的趙樹理也就被他們視為仇敵，終於不能為其容忍。他們於是向趙樹理揮舞起大棒，終究將其置於死地，在他被打斷肋骨之後，造反派們不僅殘酷地將他關押起來，甚至還剝奪了他最基本的權利——吃熱飯，並且隨時將他拉去批鬥。一九七〇年九月二十三日，趙樹理最終被迫害致死。

趙樹理既是農民，又是作家，這種雙重身份又使他與一般的農民有所區別，他的血管裡流淌著的是農民的血，同時他又在求學中接受到科學與民主精神，因而在他這個農民的腦袋裡多少裝載著某些現代思想意識。在中國傳統農民思想意識中，對於祖先的崇拜使人們常常匍匐於先輩的腳下。可是，趙樹理卻勇敢地衝破了祖先崇拜意識的迷瘴，對父親取審視的態度，以父親為原型塑造了「二諸葛」的形象，對父親迷信傳統的陰陽卦術進行了嘲諷和批評，體現了傳統農民少有的科學理性精神。與此同時，趙樹理甩掉了傳統農民身上的盲從和奴性，決不輕信官方的宣傳，決不媚上，不看上級臉色行事，哪怕就是得罪和冒犯領導，他也敢於表達自己的意見，就是那些當權者向他施加壓力，他也決不屈服，堅持真理。在一九五〇到一九七〇年代的中國，包括巴金等在內的許多作家都輕信官方宣傳，在強大的政治壓力面前顯得十分懦弱，與他們這些作家相比，趙樹理卻顯得頭腦比較清醒，而且具有某種獨立性，這是非常可貴的。正是由於趙樹理從實際出發，並且具有獨立思考的品格，他能夠在自己的作品中提出許多真知灼見。早在一九五〇年代，在小說《鍛煉鍛煉》中，他竟然非常富有預見性地大膽提出「選拔、積極使用青年幹部和搞好承包，落實生產責任制問題」。（戴光中：《趙樹理傳》，第三五一頁）他在一九五九年八月寫成的〈公社應該如何領導農業生產之我見〉一文，雖然沒有認識到當時政治經濟體制的弊端，但是文中所提出的基本觀點與彭德懷所提的意見不謀而合，在當時所能達到的歷史高度上指出了那個時代問題的本質。從這個意義上講，趙樹理不愧是農民思想家。

農民的局限

當然，趙樹理畢竟是那個時代的農民作家，同我們許多人一樣，在他的身上不可避免地存在著這樣那樣的局限。這首先表現在他的婚姻問題上。一九二二年一月，當時只有十六歲的趙樹理奉父母之命與一個名叫馬素英的素不相識的姑娘結婚。對於父母為他包辦的婚姻，已經多少受到五四新文化運動影響的趙樹理並沒有像魯迅、郭沫若、郁達夫等人那樣表示反抗，而是像木偶一樣聽任父母的擺佈，與人家成親。更為嚴重的是他在婚後還一度擺出大丈夫的架子，要人家順從自己以維護他的男權地位。但是不久，趙樹理就離開家到外地去求學與參加革命鬥爭去了，留在家裡的妻子或許是得不到應有的愛而孤獨寂寞以至抑鬱寡歡，竟在結婚六年後不幸去世。一九三一年底，趙樹理再次根據父親的意志和關連中結婚。對於這門婚事，趙樹理同樣沒有任何異議，竟然很痛快地應允了父親定下的親事。對於這種沒有愛情前提的結婚，趙樹理後來作了這樣的解釋：「我對於個人的生活已毫無興趣了，這樣也好，那樣也好，我都不在乎。可是家裡需要個幹家務活的。我自己並不操心這件事，就聽任父母張羅說親。這種態度大概是聽天由命吧！」（戴光中：《趙樹理傳》，第八三頁）他的這個解釋簡直與五四精神背道而馳，將愛人妻子竟然視為他的保姆，具有對女性歧視的意味。許多年後，趙樹理甚至根據自己的親身體驗提出了「先結婚，後戀愛」的荒唐說法，這與他這個現代作家的身份很不相符。此外，趙樹理對於農民的熱愛本無可厚非，但是他卻有時走向極端。一九五三年秋，有位作家抱怨下鄉一個多月由於陷入繁雜的事務而影響創作，趙樹理竟然說了這樣一通話：「你是說沒有寫創作？可是這個把月，你在農村做了多少具體的工作啊！寫一篇小說，還不一定受農民的歡迎，做一天農村的工作，就准有一天的效果，這不是更有意義麼！」（戴光中：《趙樹理傳》，第二八七頁）看來在趙樹理心目中，農民至上！在我們的社會裡，雖然是農民佔據大多數，但是社會結構中畢竟還有其他階層，作家的價值不在於幹多少農活，而是在於自己的創作，如果拿不出作品來，那麼這個人就不能算是作家。可是，身為作家的趙樹理卻讓親近農民的思想意識蒙住了眼睛，以至產生這樣的偏見。一九五〇年代，中國作協黨組書記邵荃麟希望將趙樹理由「土包子」改造為「洋包子」，於是給他開了些書目，要他讀一讀，但是他以他的一股「彆扭勁兒」予以抵制。當然，邵荃麟的改造具有濃厚的政治色彩和功利性，對趙樹理來說未必具有針對性，也未必見效，但是對於趙樹理提高文學修養，提升創作水準還是有所幫助的，可是非常遺憾的是趙樹理只認准民間文學一條道而對其他的道予以排斥，這就不能不說他的心胸真有點狹窄，不夠寬闊，農民的目光限制了他視野的拓展。而且，他的這種狹隘性又強化了他的偏執，在中共八大會議上，趙樹理發言為文盲辯護，表示自己堅守「下里巴人」而拒絕「陽春白雪」。其實，無論是「下里巴人」，還是「陽春白雪」都是必不可少的，兩者完全可以相互包容和吸納，而不是相互排斥和對立。他的偏執使他聽不進別人的批評意見。他的那股「彆扭勁兒」對他來說是一把雙刃劍，在推動他堅持真理的同時又使他固執地堅持己見，聽不進他人的意見。當別人批評他的小說《三里灣》存在著嚴重的結構缺陷時，趙樹理沒有接受這個批評，而是作了這樣的辯解：「因為我寫東西的時候，常常有個替讀者考慮的習慣，所以我常把篇幅壓縮到最少限度。現在看來，這個目的達到了。」（戴光中：《趙樹理傳》，第三〇〇頁）「替讀者考慮的習慣」是很好的，但是這並不意味著與藝術結構的完善相對立，並不意味著為了減輕讀者的經濟負擔而犧牲藝術的完美。在對待青年人熱心於文學創作的態度上，趙樹理同樣存在著偏狹心理。他雖然不像一些名人那樣高高在上，擺出一副架勢，但是他卻因為看到有幾個人沽名釣譽、投機取巧而反對所有文學青年把太多的精力投入到文學活動中來，他甚至錯誤地認為青年人的文學熱情會使他們沾上名利思想。且不說名利思想具有其一定的合理性——這是人的自我實現的需要，也是人應有的權益，只要不是違法和違背社會公德，就不能全盤否定，——一個人只有以極大的熱忱投身於某項事業，他才能將事業幹好，幹成功。趙樹理身上的這些農民的局限性對於他來說確實是一大缺憾，但是當這些缺陷與他那善良的品性和淳樸厚道相結合在一起時又多少顯得有些可愛。

農民的性格成就了趙樹理，同時也限制著趙樹理，這是多少讓人感到遺憾，然而這就是辯證法，誰又不是生活在這辯證法之中呢？

13 純粹文人邵洵美

大多數文人在讀書寫作的同時，眼睛瞄著官場、金錢和美女，而現代作家邵洵美可能是個例外。讀了他女兒為他所寫的傳記《我的爸爸邵洵美》（邵綃紅著，上海書店出版社二〇〇五年六月版，以下引文均出於該書，只注頁碼），我產生了這樣的認識：他的一生給人的感覺就是為讀書而生，為寫作而存在，讀書與寫作構成了他的生命主色。

出身豪門

一九八六年十月八日，秦瘦鷗在上海《文匯報》上發表一篇悼念邵洵美的文章，題目是〈從紈絝子弟到翻譯家〉。這篇文章的標題很容易讓人產生這樣的印象：邵洵美青少年時期就是一個紈絝子弟，後來改變了，成為翻譯家。從邵洵美的出身來看，他確實出身不凡，可以說是貴胄，但是他從來就不是那種只知過著花天酒地並且到處擺闊乃至尋花問柳與招惹是非的浪蕩子。據邵綃紅的這本傳記介紹，邵洵美的祖父邵友濂是清朝時的一品官員，供職於北京總理各國衙門，擔任過出使俄國大臣的頭等參贊等職。不僅如此，邵友濂還與清朝重臣李鴻章結成了兒女親家，而且邵洵美由祖父作主過繼過給其伯父邵頤。這樣，他便成了李鴻章的侄女李夫人的嗣子。而邵洵美親身母親則是清朝洋務運動中堅人物盛宣懷的女兒。這樣官官聯親，自然給邵洵美的出身塗抹上濃厚的富貴色彩。邵洵美雖然出身豪門，而且他的大家庭裡確實出了包括他父親在內的不少紈絝子弟、敗家子，但是他卻沒有被帶壞，他似乎天生就是「拿筆桿的命」（第九頁），最具人生象徵意義的是在抓周的時候，邵洵美「不抓擺在他跟前的紅帽子（那是象徵將來要當官的），也不抓閃閃發亮的金鐲子（那是象徵將來要發財的），更不要那系著彩穗的銅喇叭（那是象徵將來從藝的），而是硬要掙出奶奶的懷抱，俯下身子，小臂膀伸得遠遠的去抓角落裡一支禿了頭的狼毫筆。」（第一〇至一一頁）他從小表現不凡，五歲開始識字，六歲進私塾讀書，而且具有很強的領悟力。八歲那年，他到外祖父家作客，他對周圍其他什麼都不感興趣，而是徑直走進外祖父的書房，對外祖父的藏書興趣很濃。就在周圍的長輩沉溺於吃喝嫖賭之時，年幼的邵洵美雖然也受到寵慣，但是他沒有養成紈絝子弟的種種劣性。他把精力基本都用在讀書上，並且在十二歲時就已顯露出編報的興趣和才幹。後來，邵洵美的一生果然與筆和書本結下了不解之緣。後來他自己也有這樣的認同：「我知道我是一個天生喜歡文學的人，在任何環境下我總沒有把它冷淡過，一有機會，我就飛過去接近它。有人奇怪我為什麼一天到晚手裡帶本書，原來他們沒有知道我的苦心……」（第一一九頁）。

與許多作家一樣，從私塾到公立中學、大學乃至國外留學，邵洵美都是十分優秀的學生，特別值得注意的是，他在國外留學時並不對當時許多留學生及其父母所熱衷的經濟學感興趣，而是為古希臘女詩人莎芙（Sappho）所深深吸引。而莎芙在西方並不是一個走紅的詩人，長期被歷史冷落而且被邊緣化，她的「原詩因為埋在沙漠裡已有兩千多年，挖掘出來寫在草葉上的詩歌的都已殘缺不全了，只有兩首被旁人列舉的還算完整。」（第二六頁）而邵洵美卻癡情於她的詩，並且將她與中國的莫愁女視為自己「靈魂的愛人」（第六〇頁），然而這兩位古代女子都是為人們所歧視的「妓女」。以邵洵美的出身是應該遠離這些社會地位低下的女子的，但是他卻視她們為自己的精神戀愛的對象。這不僅需要巨大的勇氣，更體現出他將自己的精神追求放在人生的第一位，標誌著他超越物質進而走向精神的純粹性。

走出豪門

對於邵洵美來說，要走向純粹的文人，必須衝破紈絝子弟的魔咒。出身豪門，自幼享受著錦衣玉食，好不令人羨慕！但是正是生長在這樣的環境中，一個人往往易於滿足現實，不思進取，根本沒有危機感，而且時時受到吃喝嫖賭等各種誘惑而墮落，而且容易激發起強烈的優越感，進而目無一切，頤指氣使，君臨天下，不可一世，胡作非為。由於生活糜爛，腐化墮落，花天酒地，揮金如土，最終敗落，富家子弟都會遇到這樣的魔咒。邵洵美的身邊就有不少自甘墮落的長輩，發生過這樣那樣的悲劇。邵洵美儘管免不了受到了這樣那樣的耳濡目染，但是他並沒有隨波逐流，而是有所警覺，後來他還創作小說《貴族區》和《儒林新史》，希望以此警示富家子弟。我們無法知道他為什麼能夠認識到長輩中不少人的無恥和可笑，也沒有弄清楚他為什麼能夠在這樣充滿罪惡的大家庭裡能夠「出淤泥而不染」，或許這就是上天的安排吧！他在少年時就已「覺悟」到：「金錢是罪惡的淵藪」，並且樹立起自己的人生信念：「不愛金錢愛人格；不愛虛榮愛學問；不愛權利愛天真。」（第十九頁）他立志要做像祖父邵友濂與外祖父盛宣懷那樣的有才有識之士。既然立下了自己人生的目標，那麼邵洵美就不再懼怕艱苦，勇於接受生活的磨練。一九二五年，邵洵美到英國劍橋大學留學，經校長介紹他借宿在導師慕爾（Arthur Christopher Moule）先生家裡。慕爾先生博學多才，對學生誨人不倦，但是他的夫人卻比較吝嗇，生活十分簡樸，這令在國內生活優越的邵洵美一時難以適應。他雖然不時發些怨言，但是考慮到能夠從慕爾先生那裡學到許多東西，因而沒有聽從同學們提出的換地方借宿的建議。當然，這只是他人生中一個非常不起眼的小小插曲。但是，正是這些生活細節往往決定人的命運。這種儉樸的生活習性養成以後，邵洵美即便再有錢也不揮霍，但這不等於變成了守財奴，他很大方，朋友中如果誰手頭拮据，便慷慨相助，而且「從不想著要人還」。（第三八頁）

要做純粹的文人，就得擺脫功利的束縛，讓自己成為性情中人，根據情趣交接朋友，而不是按照利用與被利用的關係與人交往。在英國留學期間，他結識了徐志摩，並且引以為終生至朋。徐志摩與邵洵美一樣，也出身富貴之家，也都擺脫世俗功利的束縛，樂於追求浪漫，鍾情於詩。就邵洵美一生來說，各方面交往的人著實不少，但是真正談得上深交的不多，而且他無論與什麼人交往，基本上都是圍繞著他的文學事業展開的。本來，根據他的條件，他既可以結交官場大人物，也可以與大實業家、大銀行家交朋友，也可以擠入到社會名流的行列，但是他的非功利交際原則使他的朋友大多限於文學界、藝術界與出版界。在歐洲留學期間，邵洵美除了與徐志摩相識，又認識了徐悲鴻等人，並且由他們拉入了一個遊戲式小團體「天狗會」，與謝壽康、蔣碧薇、徐悲鴻、張道藩幾人義結金蘭。後來幾十年裡，他們幾人一直保持這種手足之情。一九五七年，邵洵美被以所謂的「外國特務」的名義被捕入獄。進了監獄，他覺得自己出獄非常渺茫，於是就跟與他同關在一起的賈植芳作了遺囑式的託付。他拜託賈植芳將來出獄，替他說兩句話：一是一九三三年在宋慶齡家叫席酒菜款待蕭伯納是他出的錢；二是魯迅指責他所發表的文章是雇槍手寫的，他要告訴世人那些文章都是自己寫的。從遺囑的角度來看，託付人的事往往是最重要的。這裡所說的第一件事並不表明他惦念著錢財，而是當年的許多文章提到蕭伯納訪華受到接待的事，就是沒有人提到邵洵美的忙碌和操持，而邵洵美覺得應該還歷史的真面目，讓後人瞭解到真實的歷史。而第二件事，邵洵美覺得魯迅冤枉了自己，自己必須向歷史作個交代，這樣自己才能安心地離開這個世界。不曾想，邵洵美過了不到四年終於出獄，當他出獄後回到家裡，看到家徒四壁。空無一物時，他首先想到的不是怎麼生活，也不是設法治病，而是非常豁達：錢財「都是身外之物，身外之物，沒有了，不足惜。」（第三一五頁）他的兒子為他保存了一百多本書，特別是見到Webster Dictionary還在，他就心滿意足，十分欣喜。

一個偶然的機會，邵洵美一不小心進入了官場。那是一九二七年春，南京成立特別市，新任市長劉紀文邀請邵洵美出任他的秘書。在中國這個官本位特別嚴重的國度，進了官場意味著可以得到許許多多現實的好處，所以許多人削尖腦袋往官場鑽，以弄得一官半職為榮耀。劉紀文是國民黨元老，曾經留學美國，長期追隨孫中山。他出任南京市長後需要得力的助手，於是看中既出身於官僚家庭，又到歐美留過學，而且為人正派的邵洵美。然而，邵洵美只幹了幾個月就撂下挑子不幹了，與劉紀文分道揚鑣，原因是劉紀文表裡不一。離開官場，對許多人來說，意味著自斷前途；但是對於邵洵美來說，則意味著不僅保持了自己的人格尊嚴，而且成全了他文人的純粹。後來他雖然少不了與官場上的某些人來往，但是他絕不是為了撈取蠅頭小利，而且從不卑躬屈膝。

躋身文壇

退出官場以後，邵洵美很快躋身於文學界，既搞創作，又編雜誌，還搞文學翻譯，甚至辦了書店，忙得不亦樂乎。他忙這些既不為名，也不為利，而是為了他心中的繆斯。他離開官場後隨即接手來辦《獅吼》雜誌，並且通過「獅吼」社認識了郁達夫等人。與此同時，他創作了〈妹妹〉、〈搬家〉和〈緣分〉等小說。他還把自己過去寫的一些詩作集為《天堂與五月》，打算出版，但是沒想到為出版這部詩集，他費了不少周折，念及將來出版作品的方便，於是他決定創辦自己的書店「金屋」。後來，他的「金屋」書店確實出了不少文學作品，包括滕固、陳白塵、黃中、章克標、張若谷、傅彥長、倪貽德、杜衡、朱維琪、徐培紅、沈端先（夏衍）等人的作品、文藝論著與譯作，大大推動了中國現代文學的繁榮。除了文學作品及論著譯著之外，邵洵美的「金屋」書店還出版了詩畫集，邀約了許多畫家為他改名的《金屋》月刊（原《獅吼復活號》）作畫。不僅如此，邵洵美利用他的「金屋」書店作為交際平臺廣泛結交朋友。在一九二〇至一九四〇年代，邵洵美所結交的朋友五花八門，既有像魯迅（不過後來魯迅痛罵了邵洵美）、夏衍、丁玲這樣的左翼文化人士，又有徐志摩、林語堂、梁實秋等自由主義知識分子，還有項美麗等西方作家，既有影藝界人士，又有宋慶齡等社會名流，還有政府官員張道藩等人，甚至還包括杜月笙這樣的黑道上的人物與特務頭子戴笠。在邵洵美這裡，社會交往沒有界限，但是他與這些朋友既不談政治，也不論錢財，既不談論家長里短，也不商討投機鑽營，所談的當然都是書生之事——文學、藝術和出版。

既然邵洵美的心思全用在書刊雜誌上，那麼他對其他事物則很少顧及。邵洵美在家是長房之子（因為他是伯父的嗣子），按照傳統的家產分配原則，他應該得到邵氏家產的一半，當然他也有義務和責任經營好邵氏家產。到了邵洵美執掌家產時，邵氏家族已經開始衰落，但是其家產仍然十分可觀：在老家余姚由邵氏義莊經營著上萬畝田地，鎮江的兩爿當鋪以及若干房契和地契。然而，對於這些龐大的家產，邵洵美並不感興趣，在他看來：「不論是小錢大錢，若非是你自己賺來的，你絕不能據為己有。」（第六九頁）所以，他不怎麼過問和打理這些家產，而他那個敗家的生父卻利用兒子疏於過問和管理，將帳本緊緊地攥在自己手裡，悄悄地變賣家產，去還他的賭債，去抽大煙。父親由最初的隱瞞家產，到後來變賣家產，不可避免地導致邵氏銀樓出事，做父親到了這個時候不僅沒有設法應付危機，反而極不負責地外逃避風，將爛攤子留給邵洵美來收拾。父親的舉動令邵洵美感到心寒，更令他痛心的是帶頭去銀樓擠兌的不是別人，恰恰是他的姊姊邵畹香。當然這不能怪姊姊，由於父親的隱瞞，她根本不知道那銀樓竟是自家邵氏的。銀樓終究倒閉了，而邵洵美的父親居然厚顏無恥地回來「笑嘻嘻地拿走」（第七二頁）解散銀樓最後所剩的一半大洋。父親的這種行為到了邵洵美這裡並沒有受到應有的約束，從而滋長了父親的揮霍。而這個父親「仗著『萬貫家產』有他一半，恣意揮霍。他沉溺於賭，反正賭一百，自己只輸五十；贏了一百，全數歸他。」（第七二頁）他竟然還得意洋洋地在兒子面前誇耀和吹噓，自己在豪賭中輸了大筆錢財是如何「眼都不眨」（第七二頁）。對於父親的豪賭揮霍，邵洵美的大弟夫婦擔心邵氏家產會被敗光，於是建議限制父親用錢。但是，邵洵美沒有採納，他雖然心裡對父親也深感不快，但是覺得那畢竟是父親，他甚至認為：「父親在世一日，家產應當屬他所有。」（第七二頁）所以，他常常要替父親償還那些大大小小的債務，雖說有時感到有些窩囊，感到煩躁，但並沒有一直放在心上。因為他更關注的是文學。

如果說在二〇年代，邵洵美辦刊物還比較紅火，那麼到了三〇年代初，他的刊物和出版都陷入了困境。一方面，徐志摩的不幸遇難，對邵洵美來說無疑是重大損失，令他十分悲痛，一度中斷了詩歌寫作；另一方面，日本侵略者將戰火燒到了上海，戰火中的人們成為驚弓之鳥，最關心的是生存和安全，誰還有心情關注文化文學，誰還能靜下心來讀書呢？期刊發行和圖書出版自然是困難重重，特別是經濟上陷入了窘境，日漸入不敷出。儘管如此，邵洵美也沒有將圖書刊物的出版發行忍痛割愛，而是苦苦地撐持下去。「為了出版他的雜誌，他傾注了幾乎全部精力和全部家產。他搞寫作出版原不是為了從中漁利，反倒是做著賠本生意。他做生意像做詩，目的在抒情，不在乎為此家產流失。」（第一〇五頁）像他這樣拿出個人家產貼補期刊出版雖然不能說絕無僅有，但也是不多見的，而他由此而進入了一種境界：超越了物質而走向精神上的自我實現。

作為詩人，邵洵美談論最多的恐怕要算詩了；作為一介文人，藏書和讀書當然成為他常見的話題。真正的文人不會像郭沫若那樣總是將文學往非文學的方向拉，而是義無反顧地追求文學的真諦，討論讀書的方式和所得和文章寫作的得失，最知道什麼樣的人才算是純粹的文人。邵洵美寫過一篇題為〈我的書齋生活〉的文章。在這篇文章中，他描述了自己的藏書與讀書的情景。特別有趣的是，他在書堆中找材料，就像「偵探去捉罪犯一樣，查問、推敲、猜測和追求；有時又會當面錯過，於是我的文章只能改換一個題目了。」（第一一〇頁）他還談到自己喜歡用毛筆而不喜歡用鋼筆寫文章，談到了書齋裡掛著凌叔華給他畫的水仙花。文章的字裡行間所顯示的文人的習性和雅趣。他在《時代講話》中發表的〈曬書的感想〉所談的依然是人與書的問題。他在文章中依據這一關係將人分為這樣幾種：「（一）不看書的人；（二）不看書而想做書的人；（三）看書而不想做書的人；（四）看書而想做書的人；（五）做書而不看書的人；（六）看書而做書的人。」（第一一一頁）姑且不說邵洵美這裡的分類是否科學，但是我相信，沒有讀書做書的切身體驗是不可能進行這樣分類的，而且他的這一分類還是從讀書人做書人視角出發的，也就是說他是以讀書人做書人的思維方式思考問題的。

書生意氣

抗戰期間，邵洵美身居淪陷的上海，立足於孤島租界，面對著「國破山河在」的現實，作為文人的他雖然沒有投筆從戎，奔赴抗日戰場，但是他也沒有「躲進小樓成一統」，而是在承繼傳統文人精神，以自己的筆進行抗日。「國家興亡，匹夫有責。」「位卑未敢忘憂國。」這是中國知識分子的精神傳統。如果說過去邵洵美一直專注於他的繆斯之夢，癡情於文學，不問政治，那麼此時他不能不關注嚴峻的現實了。特別令他感到蒙羞和憤怒的是，他的五弟竟然投靠日本人做了漢奸（後來接受新四軍的策反，棄暗投明）。同時令他略感欣慰的是，三弟參加了游擊隊。在孤島期間，邵洵美寫了許多抗日文章，但是影響最大的則是他將毛澤東的《論持久戰》翻譯成英文先是在他與項美麗主辦的《直言評論》（Candid Comment）上發表，然後出版單行本。毛澤東對於這篇文章翻譯成英文發表十分重視，特地托人轉來了他為這篇文章在延安發行單行本寫的序。但是，這並不表明邵洵美轉向政治，更不能說明他的思想開始左轉。他只是根據抗日的需要寫作、翻譯和發表文章，他所站的立場既不是國民黨這邊，也不是共產黨那邊，而是民族立場，為了中華民族的自由、獨立與解放而工作，其本質仍然是文人的，而不是政客的。所以，一旦遇到適當的比較緩和的政治氣候，邵洵美就回到他的文學事業上來，根本不去過問黨派政治。

晚年淒涼

既然不過問黨派政治，那麼對於政治反應就很遲鈍，不會主動地去關注政治，瞭解政治，更不會去預測政治的發展趨向，只是根據文人的感覺和思維方式行事。抗戰勝利以後，正當躊躇滿志的邵洵美準備再次將他的寫作、翻譯與出版事業推向輝煌，但是，他根本沒有注意到政治正向他悄悄地逼來，而他渾然不覺。隨著國共內戰形勢的發展，國民黨很快潰敗，共產黨取得全國勝利的趨勢越來越明顯。包括胡適、梁實秋等人在內的許多知識分子意識到形勢的險峻，紛紛離開大陸。而邵洵美則很猶豫。他雖然翻譯過毛澤東的《論持久戰》發表並且出版發行，但是他也隱約感覺的自己的出身可能成問題，而且胡適還給他訂了兩張機票，邀請他們夫婦一道赴台。但是，邵洵美覺得不能丟下兒女不問。況且還有老朋友羅隆基與他見面細談，做他的思想工作，希望他留下來，打消了他的狐疑與顧慮。羅隆基自以為是中共友黨民主同盟的成員，非常瞭解共產黨的政策，根本沒有想到過了不到十年他就被打成「右派」而受到政治迫害，當然也不會想到他勸老朋友留下來竟然給老朋友帶來的同樣是人生災難。出於對老朋友的信任，同時也出於對兒女的責任，邵洵美終於留了下來，他抱著一個天真的想法：「解放之後，在共產黨的領導下，他，邵洵美，還是可以有出路的，可以對人民有貢獻的。一動不如一靜，他決定不走，等待上海解放。」（第二六四頁）他的這種想法在當時知識分子中頗具代表性，滿以為自己沒有反對過共產黨，以後更不會反對共產黨，況且自己對革命多少還有那麼點貢獻，而且還有一些朋友就是共產黨人，自己不過是憑著寫文章搞翻譯出版吃飯，總不會有什麼問題，他就是沒有意識到自己的意識形態、人生信仰與文學觀念與即將到來的「新社會」格格不入，以致發生衝突，當然也就不會預料到自己的命運從此發生了重大轉折——日漸步向人間地獄。

剛剛進入「新社會」，邵洵美的感覺不錯，覺得共產黨待自己不薄。首先，他儘管出身豪門，邵氏家產龐大，但是他沒有被劃分為地主成分，而是被定為「工商業主」，就連他女兒都覺得「共產黨是實事求是的」。（第二七〇頁）後來作為中共文化領導幹部的周揚對他也表示關心，就他將來的工作徵求他的意見。他天真地想像：「寫作、出版更自由，更能發揮自己的所長。」（第二七一頁）很快他的這種想像開始化著泡影。先是老朋友夏衍來訪。但是，老朋友既不是來敘舊的，也不是來探討文學的，而是代表人民政府來跟他談收購他那印刷機的事。邵洵美擁有的那台影寫版印刷機印製畫報效果特別好，現在人民政府要收購，給的錢雖然不少，但是邵洵美還是覺得心痛。因為印刷機器是出版的最基本設備，沒了印刷機固然可以找人印刷，可是根本沒有自己擁有那麼方便。接著，官方又要求書店合資經營。當時，邵洵美與人合股經營時代書店，而且根據當時的意識形態出版了蘇聯文學作品和馬列主義著作。但是，由於邵洵美缺乏靈敏的政治嗅覺，一不小心出版了費爾・哈定的著作。邵洵美以為這本書是「共產主義經濟的經典著作」，出版這本著作是在為社會主義意識形態添磚加瓦，但是他萬萬沒想到，這個費爾・哈定竟然是個「托派分子」。同時，他由於不懂俄文，時代書店出版的蘇聯文學作品出了不少錯誤，因而受到了《人民日報》的嚴厲批評。接下來，官方的一招，就是以新華書店壟斷全國的發行市場，從而令時代出版的大批貨物遭遇退貨，將其逼入困境。最後拿出了致命的一招：公私合營，實際上就是巧妙的收購，經過所謂的「合營」，邵洵美被削去了絕大部分權力，書店的重大決策都由黨委所派的社長定奪。儘管邵洵美對此持保留意見，但是他已無能為力，最終他「一生執著經營的出版事業至此劃了句號。」（第二七七頁）此後，邵洵美將精力主要花在集郵和篆刻研究上，對於寫作有些心灰意冷了。不過，到了一九五七年，《詩刊》出版，似乎給了邵洵美一針興奮劑，他非常激動，因為二十多年前，徐志摩辦過《詩刊》，然而，此《詩刊》而非彼《詩刊》，他以為又可以搞他的文學了。激動之中，他爽快地答應了臧克家向他的約稿。臧克家代表《詩刊》請他寫一篇讚揚毛澤東詩詞的文章。邵洵美「好高興」，並說：「這是人們對我在詩方面的成績的肯定。毛澤東的詩詞寫得好，氣魄宏偉。」（第三〇六頁）他的這篇文章〈讀毛主席關於詩的一封信〉後來以原名發表。邵洵美即使寫了這篇文章，但是他也沒有順著這根杆子往上爬，他所激動的是《詩刊》讓他產生了一種懷舊式的親切感，並由此可能想像著文藝春天的到來，自己可以在文學上大顯身手了，對於這種「雙百」方針提出後的某種程度的政治寬鬆誤判，遮住了透視事物背後真實的目光。結果，他在一夜之間由夢幻跌入了地獄。當年秋，邵洵美突然被逮捕入獄，他不是右派，因為他在「鳴放」期間沒有發表過反黨言論，他因被懷疑為特務而被抓。邵洵美被捕，並沒有證據，只是因為他曾經與戴笠、杜月笙、陳果夫、陳立夫、張道藩等人有過交往，但是他沒有加入過任何特務組織，更沒有給特務機關搜集、傳遞過情報。就因為他給曾經幫助過中國人民抗日的項美麗寫了一封信而被抓。事實上，他所寫的信既沒有洩露國家機密，也沒有涉及政治是非，完全是私事——因為弟弟生病治療需要錢，邵洵美請求項美麗還給他曾經借過的一千美金。過了幾年，邵洵美雖然被無罪釋放，但是他的身體完全垮了——「痼疾纏身，整日氣喘吁吁」。（第三二二頁）

出獄之後的邵洵美貧病交加：一方面，他的身體由於監獄的折磨既患有「肺原性心臟病」，又由於長期極度的營養不良，導致「口唇和臉膛紫得發黑」，「坐也坐不動」，「剪得短短的頭髮全枯了，牙齒也掉了幾顆」（第三一六頁），根本沒有當年的風采。即使身患疾病，但是邵洵美還得搞翻譯工作，而且他此時搞翻譯，不再單單是愛好，而是在很大程度上「著書皆為稻粱謀」（第三二二頁）。自從印刷機被賣，時代書店被「合營」，邵洵美基本處於半失業狀態，而他卻有個大家庭（兒子大學畢業沒有謀到合適的工作，女兒長期患病），「開支很大，每月有出無進，賣廠所得的款子眼看一天天減少。」（第二八四頁）為了維持生計，邵洵美只好靠譯書。然而他是一個十分認真的人，翻譯作品字斟句酌，精雕細琢，因而進度很慢，他自己倒自樂其中，可是譯書所得則難免微薄。後來，邵洵美的子女有的出去工作，有的出嫁，而玉姊則因病去世，大家庭大大地瘦身，但是他的經濟狀況並沒有好轉，就連在香港的弟弟生了病，他要給予幫助都沒錢，只好寫信給項美麗索要十多年前借的一千美金。隨著手頭日益拮据，邵洵美不得不變賣家裡的收藏。邵友濂留下的日記、李鴻章、曾紀澤、盛宣懷等人寄給邵友濂的手書，還有包括著名作家簽名書在內的不少珍愛的藏書。一個讀書人，一個純粹的文人窮困到賣收藏賣書的地步，他內心的極大痛苦可想而知，這不是物質上的問題，而是痛徹心扉的割愛。一九二〇至一九四〇年代的邵洵美就是撇開他那龐大的家產，單靠他的寫作與辦刊，生活一定不會成問題，而今他卻落到了如此窮困的地步，令人不能不感慨萬千。更加雪上加霜的是，「文革」爆發，出於恐懼，邵洵美收藏的具有重大歷史價值的《邵友濂日記》被女兒付之一炬，美國攝影師拍的立體照片被剪碎了，扔進了垃圾筒。即使如此，他的家裡還是遭到了洪水般的紅衛兵的洗劫。不僅如此，造反派還降低邵洵美的工資，令他的收入大大減少，就連治病買藥的錢都沒有。一九六八年五月，貧病交加的邵洵美終於與世長辭。一代英才，一個純粹的文人，誰能想到最後的人生竟是如此的灰暗而淒涼呢！誰會想到他為中國的現代文學與翻譯作出了巨大貢獻到後來竟然在如此荒涼中離開這個冰冷的世界！

14 為了自由而流浪的徐訏

筆者曾經就香港作家寒山碧的創作寫過一篇文章，題目是〈為了自由而流浪——寒山碧創作論〉（《前哨》二〇〇〇年第十期）。其實，不只是寒山碧的人生與創作可以概括為「為了自由而流浪」，對於二十世紀下半葉絕大多數香港南來作家來說，作這樣的概括，應該都可以。作為南來作家的徐訏當然也不例外。吳義勤、王素霞的《我心彷徨——徐訏傳》（上海三聯書店二〇〇八年十一月版）所敘述的徐訏的幾十年人生經歷確實驗證了這個說法。

馬克思的信徒

徐訏一九〇八年十一月生於浙江慈溪，一九二一年，十三歲的徐訏就離開了家鄉，開始了他數十年的漂泊流浪的人生，最後客死於遙遠的香港。早年的徐訏外出求學，奔波在北京與上海等地，後來他遠赴巴黎，到法國留學。中國現代知識分子絕大多數都有著這樣類似的人生經歷。只有早年走出家門，到外求學，後來才可能有所成就。這幾乎是每個現代知識分子人生成長的必然定律。只不過，各人所到的地方，所學到的東西不同而已。徐訏的外出求學經歷了一番波折，最終成為現代中國的自由主義知識分子，或者說他早年的外出求學，培植了他強烈的自由觀念和思想意識。當然，徐訏並不是一開始就走上自由主義道路的，他最初所追求的是馬克思主義。

徐訏後來回顧自己當時入迷於馬克思主義的原因和情形時說：「不用說，那時候不相信這一套理論當然被認為是落伍的。我們還時時以自己是知識分子為可恥；恨不得自己父母是無產階級。當時凡是在別種體系學說中得來的思想，與馬克思主義的思想有出入而懷疑之時，馬上警惕到這又是自己知識分子小資產階級意識作祟。覺得以克服這種小資產階級意識而堅信馬克思主義的思想才算進步。這使我有一個時期幾乎不敢亦不願讀別種思想的書，覺得想瞭解各種學說與思想也就是知識分子的劣根性。這種處處提防自己的小資產階級的意識實在使我的心理永遠有些可怕的綜錯。」（吳義勤、王素霞：《我心彷徨——徐訏傳》，第四一頁）一九二七年，徐訏來到北京大學讀書，他所讀的是哲學。當時的北京經過五四新文化運動，各種西方文化思潮都出現在這裡，特別激進的馬克思主義在積貧積弱而且面臨嚴重民族危機的中國更是被奉為圭臬，得到了廣泛的傳播，無論是知識分子，還是青年學生都希望從馬克思主義這裡找到救世良方，來解決中國面臨的各種複雜的社會問題。與此同時，中國共產黨領導的全國工農運動風起雲湧，她所推動的無產階級革命理論同樣風靡全國。這樣，青年學生一方面出於血氣方剛的激進要求尋找到馬克思主義，另一方面出於趕時髦而走向馬克思主義。從徐訏當年的情形看，信奉馬克思主義還具有濃厚的宗教色彩，這就是強烈的排他性，將馬克思主義以外的一切東西都推到錯誤和反動的一邊而加以排斥，動輒給非馬克思主義的思想理論簡單地貼上「小資產階級」的標籤，將不合馬克思主義思想的行為指責為「小資產階級劣根性」加以否定。徐訏信奉馬克思主義一度使他思想陷入迷誤，產生偏見。當年，史達林與希特勒媾和，簽訂了蘇德互不侵犯條約，他儘管並不理解，但是還是在意識形態的作用下「用『無產階級祖國』的利益種種為蘇聯辯護。」（吳義勤、王素霞：《我心彷徨——徐訏傳》，第四三頁）不過，徐訏當時僅僅在思想意識上接受了馬克思主義，他沒有像當時的許多知識分子那樣投入到共產黨的懷抱，從事革命工作，也沒有像許多作家那樣加入左聯組織，從事革命宣傳。因而，他沒有被捲入政治漩渦，參加到政治鬥爭中來。

告別馬克思

經歷了大約十年的馬克思主義信仰，徐訏最終放棄了馬克思主義，走上了自由主義道路，實現了「由一個狂熱的激進的馬克思主義者，到一個馬克思主義的懷疑論和否定論者的思想轉變」（吳義勤、王素霞：《我心彷徨——徐訏傳》，第四五頁）。對於徐訏的這種轉變，有人認為是「物極必反，狂熱過後，有時便導致懷疑。」（吳義勤、王素霞：《我心彷徨——徐訏傳》，第四五頁）這種說法表面上看很有道理，而且還可以舉出林昭等由左轉變為右的類似例子，但是，徐訏的轉變首先在於他是一個比較純粹的知識分子，無論他怎麼狂熱，其實他的意識深處懷有一定的理性，這使他與其他的狂熱者不同，隨著知識的積累而不斷增長，他終將從狂熱中冷靜下來而回歸理性，這是他實現轉變的最根本的內因。從外因來看，最根本的問題就是共產主義運動內部出了問題。首先是史達林對托洛茨基、布哈林和拉狄克等人的殘酷整肅和清洗，引起了徐訏對共產主義運動的深刻懷疑，就像後來的林昭讀到赫魯雪夫在蘇共二十二大上發表反對史達林個人崇拜的秘密報告一樣。稍後，徐訏讀到了紀德的《從蘇聯歸來》等書，進一步瞭解到真實的蘇聯，進而認識到蘇聯的獨裁專制的本質。徐訏雖然對受到整肅和迫害的托洛茨基等人表示同情，但是他並不認同他們的思想和主張，因為「如果倒過來，托洛茨基當權，對史達林派也一定會採取同樣殘酷的手段的。」（吳義勤、王素霞：《我心彷徨——徐訏傳》，第四六頁）這是由其獨裁專制的本質所決定的。從這裡開始，徐訏與馬克思主義分道揚鑣，否定馬克思主義，否定共產主義，並且揚棄了馬克思主義的唯物論和唯物史觀。徐訏的外出求學，從北京、上海到法國巴黎，思想經歷的巨大的轉變，最終由知識理性推動他邁上了自由主義道路，讓他成為自由主義知識分子。

走向自由主義

一九三八年初，徐訏從巴黎回國。此時，日本全面發動侵華戰爭。當他踏上祖國土地的時候，上海已經淪陷，徐訏只好棲身租界，從事他的文學創作和編輯。他的創作與當時一般的「孤島」文學不同，如果說於伶等人的寫作以以古諷今的手法表達抗日的思想，如果說陳汝惠等人的寫作通過寫實反映淪陷區與「孤島」青年的迷惘與投身抗日的壯舉，那麼徐訏的寫作則通過對異域生活與他族人物的描寫和敘述表達對自由的追求。他的《吉布賽的誘惑》所表達的實際上就是「自由的誘惑，追求自由是作品的靈魂」。（吳義勤、王素霞：《我心彷徨——徐訏傳》，第一四一頁）就他的為人來說，他「生性坦率，耿直，『似乎是一個落落寡合，孤高自處的人，一貫我行我素，獨來獨往，』他是一個『非組織的人』，一生未加入任何黨派」。（吳義勤、王素霞：《我心彷徨——徐訏傳》，第一四六頁）如果是在和平時代，沒有加入某個黨派，尚且可以，然而在戰亂時代，就需要特別堅強的意志。因為在戰亂歲月裡，個人總是特別脆弱的，加入某個黨派，可以得到黨內同志的支持和幫助，精神上有個依靠。然而，徐訏寧可忍受孤獨，也沒有加入某個黨派，即使是與他同在上海「孤島」的那些《魯迅風》的老鄉們先後加入了某個組織，他也沒有；即使是他與這些老鄉們發生了筆墨之爭，他也沒有想到通過加入某個組織以得到支持，哪怕是孤軍奮戰，他都堅持他的自由主義秉性。他的浙江同鄉巴人（王任叔）寫文章，給他扣上一頂又一頂帽子，「罵辭頗多」，而且「出口傷人」，他都沒有以牙還牙，「保持風度，不與之抗衡」（吳義勤、王素霞：《我心彷徨——徐訏傳》，第一五〇頁），顯示出個人主義與自由主義者的深厚涵養。

一九四一年底，太平洋戰爭爆發，不久，日本侵略者侵佔上海租界，徐訏賴以棲身之地沒有了，為了不至於淪落為日本侵略者的御用文人，保持一個中國知識分子的尊嚴，徐訏被迫離開上海，輾轉於大後方。他衝破重重阻攔和封鎖，歷經艱辛，先逃難到浙江金華，但是不久日本侵略者的鐵蹄又逼近金華，於是他又不得不逃難到湖南，再由湖南奔波到廣西，隨後輾轉來到了戰時陪都重慶，在這裡他才稍許安定下來。在重慶，徐訏僅僅生活了短短兩年。然而，就在這兩年時間裡，他的創作取得了輝煌成就。他的長篇小說《風蕭蕭》一經出版，立即洛陽紙貴，列為一九四三年「全國暢銷書之首」，因而這一年被人稱為「徐訏年」（吳義勤、王素霞：《我心彷徨——徐訏傳》，第一八〇頁）。與那些通俗文學作家不一樣，徐訏作品的暢銷，不是以媚俗賺取讀者廉價的追捧，不是以色情和低級趣味以迎合某些讀者的口味，他以深厚的哲學底蘊與深刻的心理分析從而創作出那個時代的「經典」。（吳義勤、王素霞：《我心彷徨——徐訏傳》，第一八〇頁）

一九四四年秋，徐訏跨越浩瀚的太平洋來到了美國。然而，當他踏上美國國土的時候，他最深刻的感受卻是強烈的思鄉，進而令他嚴重失眠。幫他克服漂泊他鄉思念故土的是他在美國遇到了北京大學的同學與來自國內的著名作家。胡適、汪敬熙、林語堂、老舍等人與他頻繁來往令他在異國他鄉有了些許的精神撫慰。在美國的思鄉失眠是很痛苦的，但是也給他帶來了詩的靈感。孤獨和寂寞是難以忍受的，但是給他可以帶來某種意想不到的自由，他至少不必為國內的黨派政治鬥爭所困擾，可以自由地抒寫自己的情懷。因而，他在美國寫到那些詩作沒有染上政治的色彩，專致地表達他心底的聲音。在美國待了兩年，徐訏回國了。

流浪海外

徐訏從美國回到上海，過了一段相對平靜的生活，但是這個平靜很快被國共內戰打破了。隨著國民黨的頹勢日益顯現，中共在內戰中節節勝利，徐訏越來越感覺到屬於他的時代即將過去，當上海被「解放」的時候，徐訏不像許多作家感到歡欣鼓舞，興高采烈，而是「蝸居在上海的家裡陷入了痛苦的思索與冥想之中。」（吳義勤、王素霞：《我心彷徨——徐訏傳》，第二一四頁）在國民黨的統治下，雖然存在著「文化圍剿」和嚴重的腐敗現象，但是作為自由主義知識分子的徐訏畢竟可以發表和出版自己的作品，發表自己的意見，然而在即將建立的新社會裡，像他這樣脫離了成為新政權指導思想的馬克思主義，並且反對馬克思主義的人能夠繼續發表自己的作品嗎？此時的徐訏怎麼能不與沈從文等人一樣感到焦慮、迷惘和困惑呢？國民黨在離開大陸前曾經制定了拯救知識分子的計畫，將一批願意跟著到臺灣的著名學者教授用飛機接到了臺灣，但是這名單裡沒有身在上海的徐訏。因而他只好待在了上海的住所裡。當時的徐訏常常晚上「一人獨自坐在書房裡，點著煙，思索著社會的變遷和命運的無常。我所信仰的個人主義與自由主義此時在新中國的陽光普照下，顯得那樣渺小，那樣微不足道；而自己在文學上所取得的成就又被棄之一邊，沒有人理解，也無人惠顧。」（吳義勤、王素霞：《我心彷徨——徐訏傳》，第二一五頁）更令他感到提心吊膽的是，他覺得有一天他可能受到審判和政治迫害，未來的前途實在難以預料。他這個被左翼文人斥為「黃色作家」與「逆流」作家的人到了新社會還會有什麼光明的前途呢？沈從文就因為這種嚴重的焦慮和對未來的絕望而自殺（未遂），徐訏此時怎麼能不感到懼怕和擔憂呢！

讓徐訏等人深感僥倖的是，上海剛剛獲得「解放」之時，有關當局正忙於解決戰爭的後遺症和國計民生的許多大事，無暇顧及徐訏他們這些自由主義知識分子的問題，這就給了他們一定的空隙，於是他和張愛玲等人正是利用這個空隙離開了大陸，來到了香港。

離開大陸到香港，對於徐訏來說是十分痛苦而又無可奈何的選擇。一方面，這些年來他將家安在上海，他有妻子葛福燦和出生才三個月的女兒，本來可以甜甜美美地生活在一塊，但是他現在必須離開上海流亡海外，而且不能帶著愛妻和愛女一道出走。而他要去的香港此時還是在英國人的統治之下，來到香港後究竟如何生活，未來的前途怎樣，都還難以預測。更重要的是，他這一離去，由於大陸與香港社會制度的不同，相互之間很難來往，因而他更不知道何時才能回到上海去看望他的妻女，何時才能與他們團聚，何時才能夠回到他的家鄉浙江慈溪去看一看。但是，他為了自由必須出走，試想當徐訏從深圳跨過邊界來到香港之際，他的內心是慶幸、激動和興奮，還是痛苦、憂愁和悲哀，心頭的滋味一定十分複雜，難以言說。後來，葛福燦雖然到香港來探望徐訏，並在港逗留了數月，但是回到上海之後，她還是與徐訏辦理了離婚手續。徐訏的這次離婚並不是他與葛福燦之間出現感情危機，而是大陸越來越嚴酷的政治形勢迫使他們夫妻分離。徐訏當時之所以主動提出離婚，是因為一方面葛福燦到香港來越來越困難，另一方面則是他的自由主義知識分子的身份可能給葛福燦帶來很大的麻煩，讓她受到政治牽累。對於徐訏的良苦用心，葛福燦還是理解的，同時她也考慮到漂泊在海外的徐訏孤身一人，生活很不容易，因而希望他能夠有人相陪相伴，照料他的生活，於是同意與徐訏離婚。儘管如此，到了瘋狂的「文革」時期，葛福燦還是為她與徐訏的夫妻關係而受苦受罪，她還是被認為是「反革命家屬」，是「黃色作家太太」，不僅遭到了抄家，而且還「經常挨批鬥」，吃了不少「皮肉之苦」。（吳義勤、王素霞：《我心彷徨——徐訏傳》，第二一四頁）就在葛福燦為他所牽連而受苦受累之際，徐訏當然也在牽掛著她們母女。這就是他為自由主義知識分子的身份所付出的沉重代價。

迷惘中孤獨

從大陸來到香港，對於徐訏來說，確實得到了自由，免卻了受到政治迫害的苦難，但是香港並不是天堂。且不說他剛來香港時內心深處的迷惘，也不說他首先必須面對的生存問題，他對香港社會的適應問題，更重要的是，他在商業化和政治化雙重壓迫下如何保持自由主義知識分子的本色的問題。五〇年代的香港，一方面嚴重的商業化給比較純粹的知識分子留下的空間十分有限，當徐訏和朋友創辦刊物時就面臨著保持刊物的純正的文學性還是走向世俗的問題，而且在香港這個高度商業化社會裡，人情世薄，人際關係比較冷漠。當年在上海，徐訏以自己的創作贏得了社會的尊重和榮耀，而今來到香港卻頗受冷落，因而失落感油然而生；另一方面香港的政治化雖然不像內地那樣極左而瘋狂，卻也有被政治所利用的陷阱。就連聲名顯赫的張愛玲來到了香港，為了生存不也為金錢所誘惑可悲地寫作反共的「綠背文學」嗎！在這樣的環境中，徐訏感到的是社會的冷漠，所以常常自嘲自己是「難民」。（吳義勤、王素霞：《我心彷徨——徐訏傳》，第二二六頁）直到來港二十年他才將「難民」的帽子脫掉。所以他在來港後的小說創作中情不自禁地流露出強烈的「流放感」。（吳義勤、王素霞的《我心彷徨——徐訏傳》，第二二八頁）徐訏來到香港後，不僅要抵制這種金錢的誘惑，而且還面臨著某些政治勢力的攻擊和「圍剿」。由於他的創作「與當時香港、臺灣文化界文學界濃烈而狂熱的『反共』氣氛格格不入」，他在香港最初「不受歡迎」。（吳義勤、王素霞：《我心彷徨——徐訏傳》，第二三三頁）特別是他的《馬倫克夫太太》出版後被人批為「沒有『反共意識』、『缺乏時代意義』」，甚至還有人將他貶為「黃色作家」。（吳義勤、王素霞：《我心彷徨——徐訏傳》，第二三四頁）這次「圍剿」讓徐訏的心頭始終籠罩著一層揮之不去的陰影，直接影響到他對香港和臺灣的文化認同，他內心深處壓抑感之沉重可想而知。如果說五〇年代對徐訏的「圍剿」主要來自政治的壓迫，那麼七〇年代徐訏再次遭到「圍剿」則主要來自錯綜複雜的人際關係。當時，徐訏因寫了悼念曹聚仁、吉錚與唐君毅等人的文章而不慎得罪了某些人。徐訏的得罪人主要在於他「敢說敢當、不為賢者諱的性格」。（吳義勤、王素霞：《我心彷徨——徐訏傳》，第二三七頁）他根據自己的真實感受與認識，寫出自己心中真實的看法，這是一個自由主義者理性的表現，也是自由主義者人格尊嚴的具體體現。在自由主義知識分子這裡，一方面堅持理性，追求真理；另一方面以其獨立思考和自由精神立足於世，決不屈服於人，也不受利益誘惑而取媚於人，敢於講真話，表現出凜然正氣。徐訏曾經就他為人處事談了他的原則：「我是一個憨直的人，說的都是我自己的真感實覺，如果我的真感實覺是錯的，有人指正我，我是會感激的。我是看不起昧著良心，口是心非，人云亦云，討好於世俗而說假話的人。」「我並不強人相同，我也不喜歡有人強我相同。但有一點，我可以向老友說，我是民主主義者，在思想上主張百家爭鳴，那種要把某種學派定於一尊的主張者，我覺得其本質上往往是褊狹專橫與獨裁的，而最後總是不允許別種思想發展的。」（吳義勤、王素霞：《我心彷徨——徐訏傳》，第二三七頁）正因為如此，他長期受到排擠，無論是在香港還是在臺灣，都不為主流文壇所承認和接納。徐訏的這種狀況正如寒山碧先生所撰寫的輓聯中所說：「左不逢源，右不討好，文章數十卷，當代竟無人評說！春葬落花，秋葬枯葉，筆耕卅餘年，後世自必有公論。」（寒山碧：《〈鬼戀〉——一個迷途者的悲歌》，寒山碧編著：《徐訏作品評論集》，香港文學研究出版社，香港文學評論出版社二〇〇九年版，第一一〇頁）儘管香港的人文環境如此惡劣，但是徐訏還是以其堅強的毅力和巨大的勇氣在香港站穩了腳跟，這不是由於他的妥協讓步，而是他的自由主義立場和獨立自尊的為人終於贏得了人們的敬佩和景仰。

離開大陸的徐訏由於得到了香港的自由的庇護，他可以回過頭來客觀冷靜地返觀內地，對內地的文藝及其政策進行了深入的思考。五〇年代的香港和臺灣都曾彌漫著濃郁的反共政治氣氛。在這當中許多人都是出於對中共的仇恨而將中共簡單地妖魔化，在反共的方式上也大多流於說教和口號式的謾罵。對此，徐訏表示反對，他以自己深厚的理論學養，特別是對馬克思主義思想理論的深刻理解和把握來觀照內地的社會制度和現實狀況，對內地的文藝現狀和文藝政策進行深入的研究，從而揭開了極左政治面紗背後內地文藝及政策的真實面目。他的《十八年來之大陸文壇》以科學與理性精神充分分析了大陸文藝及其政策存在的種種問題，具有深刻的思想意義和很高的學術價值。與此同時，他創作出反映大陸社會現實的小說《小人物的上進》（短篇小說集）、《康悌同志的婚姻》與《悲慘的世紀》等作品。就在內地作家們在專制政治的高壓下被迫按照階級鬥爭觀念寫作，紛紛粉飾太平之時，徐訏的這些作品則能夠讓讀者看到當時中國大陸真實的社會現實，看到人性的異化，更看到「文革」給中華民族帶來的深重災難。徐訏在香港的惡劣的人文環境中仍然異常艱難地堅持自由主義立場，深刻挖掘人性中的醜陋，在表現可怕的人性的異化的同時也表現人性中的愛與美好。相比之下，當時的香港文學在嚴重的商業化社會裡已經「像是賣淫的妓女，打扮得越來越俗氣，粉越搽越厚，但越顯得可憐憔悴與空虛。」（徐訏：《門邊文學》，香港南天書業公司一九七一年版，第二六四頁）在這樣的文學語境中，徐訏的創作更是難能可貴，他的作品在當時不僅具有當代中國史的價值，而且以其獨立的姿態顯示出文學的尊嚴和力量。特別是長篇小說《江湖行》出版後震動文壇，受到了司馬長風、趙聰、陳紀瀅和蕭輝楷等人的高度評價，從而確立了他在香港文學史上極其重要的地位。

漂泊在海外的人，儘管在事業上取得一定的成功，但是身心總是免不了疲憊的。徐訏孤身一人來到香港，在一個陌生的世界裡打拼，同周圍的冷漠與「圍剿」作戰，多麼需要精神的依靠和靈魂的依託。一九五四年，徐訏與張選倩結婚，這使他在長期的漂泊中終於有了精神棲息的場所。妻子的體貼照顧，給了他無限的溫暖和撫慰。「人們從那時徐訏的臉上看不到昔日憂鬱與落寞的神情」。（吳義勤、王素霞：《我心彷徨——徐訏傳》，第二五六頁）更可喜的是女兒伊白漸漸長大，與他關係相當融洽，父女「二人宛若兄妹」。（吳義勤、王素霞：《我心彷徨——徐訏傳》，第二六二頁）這很容易讓人想到汪曾祺與兒子的關係，他們是多年父子成兄弟。這樣融洽的父女關係當然給晚年的徐訏以極大的撫慰和幸福。然而女兒後來離開了香港到美國發展事業並安了家，這多少讓徐訏有些失落。幸而結識了臺灣著名女作家三毛，進而結成了乾父女關係，從三毛那裡找到了又一份女兒的愛。僅僅有這些愛是不夠的，徐訏還需要精神的寄託，到了晚年，他專心思考人生的境界，探討存在的本質與人生的意義，追尋超越此岸奔向彼岸的途徑，最終他在天主教這裡尋找到了精神的歸宿，終於讓這個漂泊數十年的靈魂得到了安妥。更令他感到欣慰的是就在他病危之際，長相最與他相似的身在大陸的女兒葛原來到香港，來到了他的病榻前陪伴他度過人生最後的一程。

徐訏人生幾十年在外漂泊流浪。自從一九二一年他十三歲外出求學時他就遠離家鄉，成為一名遊子，此後的幾十年裡他很少回到他的家鄉。如果說他早年的在外遊歷培植了他的自由之魂，那麼後來的三十餘年他則為保持自己的自由而付出的沉重代價。如果說他的前半生是主動走出故土，那麼他後半生的出走則實在是無可奈何。這可以說是二十世紀許多中國知識分子的一種宿命。

15 消失了的民間

對於中國知識分子來說，一九四九年最大的變化就是民間的逐漸消失：一九四九年以前，許多知識分子是以民間的姿態出現的，他們以自己的生活經驗進行思考，站在民間的立場上發表意見和主張，因而具有很強的獨立性；可是到了一九四九年以後，他們所賴以存在的民間日漸消失了，他們被一步步納入到體制內，開始充當別人的工具。在這一點上，柯靈的人生充分詮繹了這種變化。

接觸革命

柯靈，原名高隆任，號繼舒，浙江紹興人。他是靠個人奮鬥與朋友相助成功地亮相於上海。人們最初認識他的是他的那支筆桿子。因為他不僅才華橫溢，而且他的作品洋溢著浩然正氣，敢於說真話，敢於表達自己的意見和主張。進入三〇年代，上海可以說是左翼文化的大本營，柯靈雖然多多少少受其影響，但是他畢竟沒有人云亦云，沒有按照左翼政治的指揮棒跳舞。當時，在左翼政治的影響下，許多人的文章「調子越來越高昂，口徑越來越統一，內容清一色都是反帝反封建」（姚芳藻：《柯靈傳》，上海教育出版社二〇〇一年十一月版，第七四頁），然而，柯靈當時引以為自豪的《龍山雜記》則不同，該算是「風花雪月、身邊瑣事」一類的文章。柯靈的意義當然不在於他在多大程度上受左翼政治的影響，而在於他所寫的是獨特感受和獨立思考，從而使他的寫作具有民間的意義，也就是站在民間立場上的寫作。

對於柯靈這樣來自社會底層的作家，左翼人士早就予以注意，並且將觸角向他伸去。當他在電影公司擔任宣傳員的時候，中共電影小組就已經在他身邊成立。許多左翼文化人成了柯靈的朋友。後來，柯靈轉向影評寫作時，他所在的宣傳科在共產黨的組織下創辦了《明星月報》，以左翼思想理論指導辦刊。柯靈參加了影評小組，接受中共領導。後來有一件事令柯靈很不愉快。國民黨拍了一部電影《心腹之患》，內容是剿共的。《申報》接到上面的命令，要求該報的增刊《電影專刊》寫一篇吹捧文章。當時負責這個刊物的石凌鶴是中共黨員，他不好寫，就把這任務交給年輕的柯靈來完成。問題不在於這事讓柯靈很為難，因為他對國民黨沒有好感，怎麼能寫那種為國民黨的電影捧場的文章呢？問題在於事後讓柯靈背上了黑鍋，特別是「文革」中這事成為紅衛兵揪鬥柯靈的一根辮子。因而，柯靈沒有與左翼人士保持如膠似漆的關係，而是與他們若即若離。在思想上他雖然免不了受左翼文化的影響，但是他也沒有全盤接受，保持一定的獨立性和民間色彩。柯靈與左翼人士的這種關係，使他既在政治鬥爭中獲得了一定的支持和幫助，同時又不受政治組織的紀律的約束而擁有一定的自由。

立足民間

柯靈的政治鬥爭主要是與日本侵略者和國民黨的鬥爭。一九三一年冬，剛到上海不久，柯靈就遇到了日本侵略者的野蠻轟炸。後來，日本人通過上海當局強行禁映中國民族電影，並且肆無忌憚地拍攝反華影片，更是激起了他的憤怒。同時，對於國民黨當局壓制抗日表示不滿。柯靈運用手中的筆巧妙地表達自己的意見。有一次，兩位著名影星合拍遊戲照，其中一個拿著槍對準另一個嘴；另一張則是兩人拿槍指著同一方向。柯靈見了照片，靈機一動，借「照」發揮，在刊登這兩張照片的同時，配上「何必槍口對內」和「還是一致對外」的文字，要求停止內戰，團結抗日。「盧溝橋事變」以後，日本侵略者把戰火燒到了上海，許多人紛紛逃離上海，但是柯靈沒有走，而是留了下來。他留在被日本侵略者炮火蹂躪的上海，當然不是當順民，而是堅持鬥爭。作為文化人的柯靈以筆為武器，同侵略者進行勇敢的戰鬥。柯靈與魯迅等人一樣利用租界這個特殊的地方，編輯出版抗戰刊物，揭露侵略者的謊言和罪行，號召人們投入到抗戰中去，給抗日軍民鼓舞士氣。當上海淪陷，租界淪為孤島的時候，柯靈的處境日漸艱難。汪偽當局通過在公共租界設立的新聞審查機構加強對新聞報刊的審查，柯靈則利用租界的西方人作掩護，繼續堅持抗日宣傳。對於柯靈及其同仁的抗日宣傳，日本侵略者惱羞成怒，使出流氓手段，以扔炸彈來恐嚇。使用流氓手段恰恰表明日本侵略者與汪偽當局的無計可施。公共租界雖然烙有西方列強侵略中國的印記，但是其新聞和言論自由的理念恰恰給柯靈等人提供了言論空間。由於日本最初還沒有與西方列強開戰，因而對於租界裡的抗日宣傳雖然感到十分頭疼，但是頗感無奈。敵人的恐嚇沒有嚇倒柯靈，他英勇而頑強堅持寫作，一篇又一篇地發表雜文，向敵人發起猛烈攻擊，抨擊敵人的恐怖政策。而且，更為可貴的是，此時的柯靈不是單槍匹馬地同侵略者進行鬥爭，他利用手中的《世紀風》等刊物結成團隊，形成巨大的力量。據《柯靈傳》的作者姚芳藻所作的概括，柯靈主持《世紀風》具有三大法寶：一是「誠懇待人，把投稿者看作是支持者」；二是「從來稿中發掘一批青年作者」；三是「思想活躍，金點子多」。（姚芳藻：《柯靈傳》，第一一九至一二一頁）這些「法寶」在任何時期辦刊物都是通用的。其實，柯靈當時能夠堅持戰鬥，還有非常重要的一點，那就是在那個時代那個環境中，私人辦刊具有很大的靈活性。只要給老闆帶來一定的經濟利益，刊物內容即使有些出格也會繼續辦下去。因而，就在淪陷的上海「孤島」，柯靈所主持的《世紀風》、《文匯報》和《萬象》可以辦得風風火火。這一方面得益於柯靈的勇敢和堅強，另一方面則有廣大同胞的大力支持。柯靈主持的刊物當時主要在淪陷區發行，要讓刊物辦下去，必須有人願意購買閱讀。柯靈的文章和刊物得到了同胞們的共鳴和呼應。換句話說，柯靈的文章道出了同胞們的心聲，或者說同胞們踴躍閱讀柯靈的文章令他在對敵鬥爭中有了足夠的底氣。後來，柯靈被日本侵略者抓起來，經受了酷刑的考驗，他也能夠堅持下來，挺了過去，就在於他有著堅強的精神支撐。

抗戰勝利以後，柯靈同樣喊出了全國同胞的心聲：反對內戰，呼喚和平；反對一黨專政的獨裁專制，要求民主自由。一九四五年底。柯靈雖然參加創辦了民主促進會，但是他的民間色彩沒有退化。民主促進會，顧名思義，以促進民主為己任，成立之初，既不站在執政的國民黨一邊，也不與最大的反對黨共產黨結盟，而是具有獨立性，按照創建人之一鄭振鐸的話說：「民主告成，組織解散」。（姚芳藻：《柯靈傳》，第二五七頁）不過，由於當時的國民黨為了維護其一黨專政的獨裁專制統治竟然使出流氓暴力手段，而共產黨則主張建立民主自由的聯合政府，柯靈所在的民主促進會在國共的矛盾衝突中基本上反對國民黨的政策和行為，偏向於同情與支持共產黨，但就其理念來看，柯靈所持的還是民主與自由。民主促進會成立時，柯靈主持的《週報》就發表了該組織的〈對於時局的宣言〉與〈對政協的建議書〉，「大聲疾呼國民黨應即無條件還政於民，無條件停止內戰，改革政權，實現民主。」（姚芳藻：《柯靈傳》，第二五八頁）由此可見，柯靈當時既要求國民黨順應歷史潮流，實行民主，又沒有鼓吹通過暴力手段推翻現政權，而是希望通過「改革」來實現。在向國民黨要求民主的同時，柯靈在編輯報刊時同樣表現出民主的理念。他於一九四六年創辦了一個刊物，叫《讀者的話》，內設「街頭人語」、「意見箱」、「社會服務」、「讀者顧問」等小欄目。柯靈在該刊的發刊詞中明確表示：「有話大家說，有事大家商量，不論男女老少，人人可以投稿。」（姚芳藻：《柯靈傳》，第二七一頁）顯然這是以表達民間的聲音為己任。一九四六年五月，國民黨上海當局決定自次月起實行警管區制，其實質就是「明目張膽地侵犯人權」，於是遭到了柯靈的痛斥。他在「街頭人語」中發表〈暴風雨前奏〉，表示決不能「保持可怕的沉默」，一定要發出民間的聲音。（姚芳藻：《柯靈傳》，第二七六頁）對於柯靈來自民間的聲音，國民黨當局聽到了肯定很不舒服，必欲除之而後快，但是除了利用權力審查和勒令停刊，別無他法。但是，柯靈可以採取游擊戰戰術，你可以封掉刊物，我可以另行創辦，而且還有一項保護性措施，那就是無論在什麼情況下，報刊社都可以「不會把原稿交出去」，從而保護了投稿人的隱私和身份，最有意思的是這不僅是報刊社的措施，而且得到了整個社會的公認，就連行政當局也被迫遵守這項規則。因而，在民國時期，柯靈的言論自由是與存在著一定的民間空間密切相連的。

失去民間

就在柯靈與國民黨當局周旋之際，共產黨再度將觸角向他伸來，而且這次可以說是與他零距離接觸。令他沒有想到的是，他的戀愛對象陳國容原來是中共地下黨員。一九四八年五月，國民黨在內戰中由進攻轉向防守，面臨著潰敗。估計到國民黨政權可能狗急跳牆，瘋狂鎮壓民主人士，柯靈在黃佐臨的幫助下逃離上海，漂泊到香港。到了暑假期間，柯靈的戀人陳國容也來到了香港與他會合。不久，陳國容向柯靈提出加入共產黨的要求。作為民主促進會會員的柯靈感到有些意外，他覺得自己不宜加入中共，理由是共產黨即將成為執政黨，此時加入就是「投機」，就是「採摘勝利果實」。經過一番動員工作，柯靈同意加入中共，當然那是一九四九年九月他來到北平參加新的全國政協會議期間。隨著他加入了執政黨，那麼柯靈的民間身份也就自行消失了，他不再是一名民間文化人，而是中共的文化戰士。從民間文化人到中共文化戰士柯靈的戀人陳國容與朋友馮乃超、夏衍等人起著一定的引導作用。當柯靈還待在香港的時候，他創作的電影劇本《春城花落》還得到好評。但是當他根據石華父的舞臺劇《海葬》改編同名電影劇本的時候，他要按照「時代精神」，將作品改編成「被壓迫的漁民翻身作主，向漁霸討還血債，以階級鬥爭為主題」（姚芳藻：《柯靈傳》，第三〇一頁）之作。為此他幾乎另起爐灶，並且到實地採訪調查，搜集素材，但是結果仍然失敗，「他很想採用原著中的一些情節，可是融合不到自己的創作之中，使兩者統一起來。」（姚芳藻：《柯靈傳》，第三〇一頁）這一次在左傾思想觀念扭曲下的寫作既給他帶來巨大的矛盾和痛苦，又令他擱筆了幾個月，寫不出任何東西。對於這種創作問題，柯靈深感痛苦，但是似乎沒有意識到問題的癥結之所在，沒有意識到他可貴的民間性正在逐漸消失。不過，柯靈的這種痛苦只是暫時的，而且與國民黨政權在大陸的潰敗與中共新政權的建立相比，更顯得微不足道。隨著他來到北平，柯靈與當時眾多的知識分子一樣越來越激動和興奮。而激動與興奮往往容易忽視正在失去的東西，往往對眼前的現實產生某些錯覺，也容易悄悄地改變過去的自己以適應新的時代和社會現實。柯靈加入共產黨，意味著新的政治生命的開始，意味著對組織的忠誠和順從。由於他是民主促進會的創始人，社會影響巨大，共產黨覺得他還可以在該會繼續發揮作用，於是決定要他保守秘密黨員的身份。按照常理來說，執政黨的黨員除非是搞情報工作的，其身份不用保密，但是在中國特色之中，執政黨居然存在著一批秘密黨員。而這些秘密黨員基本上都在與其肝膽相照的民主黨派擔任重要職務的領導人。對於這樣的安排，柯靈最初「頗感意外」，但是經過協商後，「他還是服從了黨的安排，高高興興地」（姚芳藻：《柯靈傳》，第三〇四頁）出席有關會議。與此同時，他產生了與當時巴金等人同樣的感覺：「熱血沸騰，充滿了對未來的希望」，「對毛主席的話堅信不疑，為自己全力爭取民主自由的理想得以在祖國大地實現而感到無比幸福。」（姚芳藻：《柯靈傳》，第三〇四頁）一九四九年以前，許多知識分子奮力追求民主與自由，現在因為加入了執政黨，並且參加了由執政黨主持的政協會議，擔任了一定的領導職務，於是便以為實現了自己多年追求的政治理想，如果這不是錯覺，那就是其政治理想不僅幼稚而且對於民主自由的理解和認識也一定出現了偏頗。

就在柯靈以為自己的民主自由的理想已經實現之際，柯靈與他的老搭檔徐鑄成卻遇到了新的問題。他們倆可是具有極其豐富的辦報經驗，曾經將《文匯報》辦得生龍活虎，非常受到讀者的歡迎。現在，新中國成立了，而且有了黨的領導，可以在「新社會」裡大顯身手。但是他們沒有想到，「在自己追求的理想的新社會裡，辦報卻是如此棘手，新聞轉軌真是難於上青天。他們對自己的本行變得一籌莫展了。」（姚芳藻：《柯靈傳》，第三〇八頁）為什麼呢？原來他們遇到了社會發生了根本性的變化，他們必須符合新社會的要求。過去，他們根據自己的思考、理解和認識來面對社會，現在他們得按照「新社會」的要求來辦報。接下來，他們又遇到了新的問題。在「舊社會」裡，柯靈他們都是個人辦報，面向的是廣大讀者，只要說出讀者想說的話，就會受到讀者的歡迎，報刊的發行量可觀，那麼報刊事業就會興旺發達，因而報刊的根底就在民間。沒有民間就沒有柯靈的報業生命。現在到了「新社會」，個人辦報的私有性質與「新社會」的公有制發生了矛盾。對於這個矛盾，官方的解決辦法就是變私營為公營。這一改變令其民間性質變換為官方喉舌。當年，《文匯報》在民主自由的旗幟下擁有「民間報」的桂冠，而今改變了其民間的性質，顯然是抽掉其精神支撐。對此，柯靈與徐鑄成不是沒有意識到問題的嚴重，不是沒有疑慮，他們「心裡當然不是滋味」（姚芳藻：《柯靈傳》，第三〇八頁），但是他們這種憂慮很快被當時的政治氣氛給沖散，他們「以為自己本來就是追隨黨的腳步走過來的，一切問題都是可以解決的。」（姚芳藻：《柯靈傳》，第三〇九頁）接著，他們就像受煮的青蛙終於感到了水溫漸漸提高，以至發燙，於是除了苦悶之外已經束手無策了，前面的道路越走越窄了。不久，他們的報紙受到了批評。接受批評本來與報刊批評社會一樣，這是與報刊的權利對等的義務。但問題是此時的批評不是平等的對話，而是政治行使著話語霸權對報刊言論自由的警告。與此同時，官方對於整個新聞界提出了具體要求：「不刊載社會新聞」；「不發表抒發個人感情及黃色迷信的報導和作品」；「報紙宣傳要為黨的當前政策服務」；「新聞寧可慢些，但要真實」等等。（姚芳藻：《柯靈傳》，第三〇九頁）這個要求對於《文匯報》來說意味著改弦更張，對於柯靈來說也是如此。在這種情況下，徐鑄成由於對官方的政策不能理解，面對著稿紙只能發呆，不知如何下筆，倍感「萬般無奈，態度十分消極」（姚芳藻：《柯靈傳》，第三〇九頁）《文匯報》，總編輯蔓立齋則頗有個性，不久便憤然離去。而身為中共黨員的柯靈當然不能效仿，只得身兼副總主筆和總編輯。此時的柯靈非常忙碌倒不用說，最令他擔憂的是報紙出政治性錯誤。儘管他格外細心和認真，但是報紙還是出了「問題」。有一次，副總編輯郭某編好了稿子就去睡覺，不料就在即將付印的時候，傳來了上面的指示，其中的某稿不得刊用，結果鬧出了「開天窗」。在「舊社會」，報刊「開天窗」是用來對付反動的新聞檢查制度，而今是「新社會」，怎麼能出現這樣的「問題」？此時的柯靈所考慮的不是上面指示的是否正確，不是報刊使用稿件的權利是否受到粗暴的侵犯，「新社會」的報刊審查是否合理合法等問題，而是如何避免出現「政治性錯誤」的問題。民間性的消失直接令他的思想意識發生了根本性的改變，而這種變化造成了他民主自由精神的嚴重流失。由於民主自由精神的嚴重流失，柯靈不僅在辦報問題上力不從心，當年頗受讀者歡迎的「街頭人語」和「街頭閒話」欄目在「無產階級辦報思想」的指導下無疾而終，代之以「上海新語」和「文娛雜談」，由於思想受到了限制，這些新設的欄目自然「有氣無力」（姚芳藻：

《柯靈傳》，第三一〇頁），不能引起讀者的興趣。與此同時，報紙副刊連載的師陀小說《歷史無情》不知得罪了何方神聖，竟然被「腰斬」（姚芳藻：《柯靈傳》，第三一〇頁）了。他利用自己的情面向郭沫若約來《抗戰回憶錄》給報紙連載，竟然也遭到了與《歷史無情》同樣的厄運，害得他不得不通過郭沫若的夫人向對方賠禮道歉。過去，國民黨審查之下也發生過這樣的事情，但是柯靈總是非常富有智慧，巧於應對。而如今他已經是執政黨的一員了，對於報紙的艱難處境只能束手無策，聽天由命，無可奈何。

痛苦轉變

柯靈由民間人士轉向體制人士是一個痛苦而矛盾的過程。當他走完這一過程之時，痛苦與矛盾便慢慢地淡化了，隨之而來的是心情有所好轉，接著便代表體制或者為體制講話了，於是他開始根據「宣傳部布置的配合當前政治形勢」（姚芳藻：《柯靈傳》，第三一五頁）寫作，充當別人的喉舌和傳聲筒，從而失去自己的靈魂。他或許沒有意識到自己陷入了悲哀。他的寫作似乎江郎才盡，「他絞盡腦汁編了一些故事，卻因缺乏藝術力量，不得不一一加以推翻。……過去，寫一部電影劇本只需二、三個月的時間，而現在，三個月過去了，還沒有進入情節構思。」（姚芳藻：《柯靈傳》，第三三〇頁）問題還不僅僅如此，而在於他雖然努力按照上級的意思來寫，但是往往分寸實難把握，稍出差池，就可能犯錯誤。「新社會」的文化專制越來越收緊他寫作的空間，令他難以適從。他在征得茅盾同意後將茅盾的小說《腐蝕》改編成電影，但是在對待女主人公趙惠明的態度上很難把握，「只要逾越一步，就是立場錯誤。」（姚芳藻：《柯靈傳》，第三二一頁）儘管他在處理這個問題時，格外小心翼翼，謹慎了再謹慎，但是電影在放映之後沒幾天就傳來「停映」的命令。而且，為什麼停映，有關領導並沒有給一個明確的理由。由此看來，柯靈雖然將自己視為組織上的人，可是人家沒有這麼看，根本就沒有將他放在眼裡。當然，這不只是他個人問題，還包括他與朋友們多年來苦心經營的《文匯報》，也成為某些人必欲剷除的對象。一九五三年，《文匯報》經過公私合營被改變為教育專業性報紙，並且將社址由上海遷到北京，不久便悄悄消亡。而《文匯報》的消亡本來就是統治者有計劃地採取各種步驟的結果。有位被派到《文匯報》來的領導幹部就公開揚言：「我進《文匯報》就是為了消滅《文匯報》。」（姚芳藻：《柯靈傳》，第三二四頁）一九三八年誕生於上海孤島的《文匯報》歷經十多年的風風雨雨而不倒，而今卻被「消滅」了。一九四九年以前如果遇到汪偽當局或者國民黨政權如此蠻橫和刁難，柯靈首先的反應可能是反抗，哪怕是坐牢上老虎凳，他也不曾屈服；而今他根本想不到抗爭；即使想到抗爭，他也無力抗爭，作為體制中的人，與領導的抗爭就不是對某個具體領導的態度問題，而是與體制的矛盾，這在當時的知識分子來說是不可想像的。即使在頭腦中出現這一閃念，也會很快以「反動」的罪名而趕緊遏制住，不能絲毫流露出來。對於體制中人而言，如果與體制抗爭，不用說其結果必然是粉身碎骨，就其性質來說無疑是拔著自己的頭髮離開地球。因而，柯靈不得不在新的痛苦中經受煎熬。

一九五六年春天，中國的政治氣候顯得有些寬鬆，文化專制略有收斂，知識分子們以為春天真的來了。柯靈與絕大多數知識分子一樣精神振奮，在領導的安排下開始了新的創作。這一次他接受的是李維漢通過夏衍交待的任務——寫一部反映和平改造資本主義工商業的電影劇本。這一次，柯靈剛剛帶著在最高層舉行的宴會上見到領袖的激動和興奮，投入創作。但是當他瞭解到某些情況後很快產生了疑問：「這些私營業主，前兩天送上要求公私合營的申請書，如今他們激動地接過大紅喜報，顫巍巍地貼在自己工廠的大門上。一張薄薄的紅紙，一下子就把他們的財產吞噬了，這對他們是生死悠關的大事，他們真是這麼堅決擁護嗎？」（姚芳藻：《柯靈傳》，第三三四頁）前不久，在三反五反運動中這些資本家還被批為「五毒俱全」，怎麼一轉眼就搖身一變為「愛國的，有社會主義理想的先進人物」？（姚芳藻：《柯靈傳》，第三三四頁）他「什麼素材也抓不到，是真是假難以捉摸。」（姚芳藻：《柯靈傳》，第三三四頁）這些疑問令柯靈感到十分迷茫。好在此時政治氣候比較寬鬆，所以他還能進行一定的思考，進而根據自己的有限理解，成功創作了《不夜城》。但是他不幸誤闖禁區，結果挨整。

對於《文匯報》被消滅，高層似乎覺得不妥，有損於自己的形象，於是決定在一九五六年國慶日復刊，不久還傳來領袖愛看《文匯報》的消息，更是給了編輯記者們注射了興奮劑，大家受寵若驚。同時受到當時寬鬆政治氣候的影響，對現實生活中的一些問題提出了批評意見，進而捅了馬蜂窩，於是在接下來的反右鬥爭中首當其衝被最高領導層定性為資產階級辦報方向，受到嚴厲指責。作為《文匯報》副總編輯與中共黨員的柯靈自然只有等著挨整挨批，別無良策。如果單單自己挨批也就算了，更要命的是，他還被要求寫文章批判他的十幾年朋友石揮。柯靈雖然不是那種靠整人批人起家或者順著桿子往上爬的人，但是要他與朋友劃清界線，對朋友上綱上線，他實在是痛苦。既然現在思想中的鈣質已經隨著民間的消失而流失，柯靈即使再痛苦也得完成領導交給他的任務。「新社會」裡的柯靈實在可憐，但是，他還是沒有被放過，到了十年「文革」中遭到了更嚴重的災難。他不僅遭到了紅衛兵的猛烈批鬥，而且還被抄家，乃至被關押起來，再次遭遇牢獄之災。他怎麼也沒有想到自己熱愛並為之奮鬥的國家政權竟然專了他的政。當然，受難的還不是他一個人，包括他的許多朋友和愛戴的人，他所尊敬並且曾經引導他的夏衍也被投進了監獄，他的朋友傅雷不堪忍受侮辱而含冤自殺身亡。

反思歷史

「鐵窗風味迫使柯靈不得不進行痛苦的反思，追索造成這場大悲劇（指『文革』）的來蹤去跡。」「他必須找回自我，必須獨立思考。」（姚芳藻：《柯靈傳》，第三九一頁）這是非常可貴的，而且通過思考他提出了某些真知灼見。他認為：「民主究竟是爭取來的，還是恩賜的？自下而上的，還是自上而下的？歷史告訴我們，民主從來是爭取來的，而不是恩賜的。……如果民主是恩賜的，那叫什麼民主，顛倒一下，叫『主民』還差不多。」（姚芳藻：《柯靈傳》，第三九四頁）但是，無庸諱言，由於仍然待在體制之內，沒有回到民間，他的思考難免不受到某些條條框框的束縛，要真正認識到他這幾十年來的人生遭際，認識到他的輝煌與黯淡，就必須回到民間。唯有走出體制，回到民間，進行獨立的思考。唯有獨立的思考，才能擺脫條條框框的限制，實現精神的解放，走向思想的自由。

16 「超現實主義」的艾青

「超現實主義」秉性

一九二四年十一月，法國藝術家安德列・布勒東在他的《超現實主義宣言》中為「超現實主義」下了這樣的定義：「超現實主義，陽性名詞。純粹的精神自動性。人們打算通過它，以口頭、書面或任何其他的形式表達思想的真正活動。它是思想的照實記錄，沒有絲毫理智的控制，擺脫了任何美學或倫理的成見。」五年過後，超現實主義的勢頭仍然強勁，來自中國的艾青一來到巴黎就為這個現代主義思潮所深深吸引。他與超現實主義結緣並沒有使他後來創作出什麼超現實主義詩歌或者繪畫作品，他也沒有成為中國超現實主義的代表詩人或者超現實主義理論的代言人，倒是他的行為和處世方式讓人覺得他彷彿並非生活在中國這個人情世故特別濃重的國度，他那詩人的氣質和作派更像是一個生活中的「超現實主義」者。

艾青似乎天生就具有「超現實主義」秉性，他因為父母迷信從小就被寄養在保姆大堰河的家裡，當他被接回到父母的家裡時，他並沒有因為父母家經濟條件比大堰河的家優越萬倍而興奮、激動與欣喜，反而顯得扭扭捏捏，很不自在，根本不像一些早熟的孩子為了享受優裕的生活而百般作態以討父母的喜歡。雖然他可以在父母面前表現乖一點，而且這樣做誰也不會說什麼，說不定還會受到誇獎和稱讚，但是他壓根就沒想到要討好父母。不僅如此，他還因為沒有像妹妹那樣喝母親的奶長大而始終對父母耿耿於懷，終身不忘。就是到了晚年，就因為親侄寫文章替祖父說了幾句辯護的話，他竟然與親侄翻臉，拒絕親侄登門。這樣的過度反應根本不顧別人的感受，實在不合世俗人情，但這就是艾青。遺憾的是，父母對於艾青的秉性並不知曉，一直希望艾青學習非常實用的經濟或者法律，將來至少可以守住家業，還有可能賺大錢以光宗耀祖。一九二四年夏，艾青中考失敗，回到家裡，不料父親竟然要艾青協助收租、過稱、完糧，去與各種各樣的客戶打交道。艾青不僅對這些煩瑣的事務提不起興趣，而且時常因為不諳世事而被人愚弄。可見，艾青身在現實之中，而心卻飛越現實之外，成為一個超現實的人。

「超現實主義」作風

既然超越於現實，那麼行為舉止在一般的人眼裡就顯得非常怪異，難以理解，甚至不能接受。一九三九年冬的一個凌晨，天才麻麻亮，艾青的好朋友陽太陽與許多人一樣正沉酣於甜美的睡夢之中，忽然聽到一陣急促的敲門聲，起身開門，原來是艾青拿著他剛剛寫就的一首詩十分興奮地進屋來，還沒等陽太陽穿好衣服，他就迫不及待地高聲念起了他這首新作，並且像一個剛剛做好作業的小學生等著老師的意見一樣期待地看著陽太陽臉上表情的變化。然而，此時正值嚴冬，即使在南方桂林，天氣仍然寒冷，每個人都很想在被窩裡多待一會兒，陽太陽也不例外，可是他卻被艾青叫了起床，穿著單薄的衣服，去聽艾青的詩歌朗誦，心裡自然是暗暗叫苦，可是他知道此時的艾青心裡非常孤獨，急於向人傾訴，為了不掃艾青的興致，他只好納住性子去欣賞艾青手舞足蹈的朗誦。可是艾青卻始終沒有注意到陽太陽的勉強。在桂林生活的那段時間裡，艾青隔三岔五地一早來到陽太陽家，給對方朗誦新作，有時凌晨三點鐘還沒到，可是他從未想到自己已經打擾了朋友的生活。在桂林工作時，艾青還有一個習慣，非常喜歡議論女人，一旦見到一個身材嬌好，胸部豐滿的女性從面前經過，他就悄聲對大家說：「瞧，高奇峰又來了。」接下來還要對這女人的體態、氣質、造型等等來一番品頭論足。他的好朋友陽太陽說他除了畫畫，最愛談的就是女人。不知情的人瞭解到艾青的這些行狀，很有可能認為他好色。如果到了正人君子的筆下，艾青凝視女人的神態與談論女人的情形就可能用「色迷迷」之類的詞語來形容。事實上，艾青純粹是以審美的眼光來觀察和談論女人的，他所表現的只是作為男人應有的本性，只不過在中國的文化語境中絕大多數人都將自己對於美麗女人的喜歡和傾慕深深地埋在心底，而他艾青卻毫無顧忌地在眾人面前表現出來。艾青的這些名人逸事可以算是中國現代文壇的一段段佳話，他的人生趣味也在這裡得到了淋漓盡致地表現。

艾青的冬晨給友人讀詩與公開場合議論女人，畢竟發生在朋友之間，即使陽太陽當時有幾分勉強，但是對於朋友的這種激動與興奮還是可以理解，並且予以支持。艾青的這種舉動如果超出了朋友的範圍，就可能招致麻煩，置自己於尷尬的境地，尤其是他的「超現實主義」的言行很容易無意中冒犯人、得罪人而惹禍上身。但是，他的那種詩人氣質往往令他顧不得別人的反應而依然我行我素，無論什麼事在心裡存不住，總是一吐為快。這就賦予了他一種浪漫的情懷。一九三九年夏，夫人張竹如帶著女兒七月回金華去了，孤獨中的艾青不禁愛上了一個比他小好幾歲的年輕記者高瀨，於是他不顧自己已是有婦之夫的身份、名人的聲譽和形象狂熱地追求，結果不僅招來了許多閒言碎語，而且也遭到了對方的婉拒。幸運的是就在此刻，他以前的學生韋熒來到了他的身邊，於是他在失落中很快得到了新的羅曼蒂克，將中國傳統的婚姻形式棄之一旁，果斷地與韋熒同居生活，至於別人的議論他才不管呢。他的這種性情就是到了應該是成熟的中年——四十歲——也沒有改變。一九五〇年，年已四十的艾青，在出國訪問中遇到了以前另一個女學生陳琳，他更是不顧彼此之間的年齡差距，與其演繹出一段新的情緣，從而導致他與韋熒婚姻的破裂。幸虧高瑛給了他及時雨般的愛情，這才滋潤了艾青的後半輩子人生，但就這已經招來滿城風雨，其尷尬情形可想而知。在那個個人生活也必須社會化的歲月裡，艾青不僅因此而像一頭怪獸——沒人敢接近他，而且還有不少人極力主張開除他的黨籍，試圖從政治上孤立他。

由於「超現實主義」的人生態度，艾青的接人待物從不講究策略，往往是直截了當，毫不遮掩自己的真情實感，自然少不了得罪許多人，常常輕則惹人不高興，給自己製造麻煩，重則惹禍上身，給自己帶來悲劇性的命運。一九三七年，何其芳的散文集《畫夢錄》獲得了《大公報》授予的「文藝獎」，左翼人士沒有發表批評意見予以褒貶，就連喜歡抨擊左翼作家的某些名人也沒有發表評論，可是艾青儘管與何其芳素不相識，他卻動手寫了文章，對何其芳的這本散文集給予嚴厲的批評，甚至還夾帶著幾分譏笑和嘲諷，進而得罪了何其芳，於是兩人從此撕破了臉皮，就是後來艾青也到了延安，他們兩人同在根據地都彼此保持著「距離」。一九三八年初，艾青發表文章〈略論中國的木刻〉，同樣毫不忌諱地批評當時木刻創作的種種缺陷。本來這是一篇應約的捧場文章，意在為「抗敵木刻畫展覽」造造聲勢，他卻非常認真，搞得展覽方很不高興。又有一次，朋友孟超拿著一個文學青年的詩稿來請他指點指點，他連一句肯定和鼓勵的話都沒有，沒翻上幾頁就扔在一邊，非常刻薄地說：「這些詩給我擦屁股，我都嫌臭！」這讓孟超感到十分難堪，氣得當即拂袖而去，後來好長時間都不與他照面，而他也決沒有道歉的意思，根本不把這當回事，似乎就沒發生過這事。還有一次，有人來向他約稿，他竟然指著地上的廢紙簍說，稿子沒有，廢紙倒有一些。這讓人很沒面子，幾乎下不了臺，這樣往往給人造成一種恃才傲物的錯覺。

在中國社會裡，人際關係非常複雜，為人處事是人生中必修的一課，可是艾青卻對此竟不介意，而且對那種戴著人格面具生活和交際，那些虛偽的親熱十分反感，感到非常沉悶和窒息。從人格理想來看，這是無懈可擊的，但是這在現實生活中卻往往是行不通的。中國的傳統文化非常強調接人待物一團和氣，為人謙遜，有時為了不得罪人而犧牲某些原則，遇事強調一個「忍」字，而艾青的冒犯常常是非原則性，很多時候根本沒有必要搞得別人不高興，他的這種「超現實主義」的態度只有極少數朋友還能理解，但在大多數人面前自然不受歡迎。

政治幻覺與災難

如果說艾青的這種「超現實主義」僅僅在文人之間也不會有大不了的事，至多不過少幾個人來往而已，可是一旦與錯綜複雜的政治碰面，不僅顯得非常幼稚、單純，甚至無知，而且他本人不可避免地要為之付出慘痛的代價。同當時的許多年輕人一樣，年近三十的艾青不乏政治熱情，心中也時常湧起政治衝動，但是他對政治認識還是僅僅停留在各種宣傳上，並沒有深刻而透徹的理解，對於政治運作的方式與政治的厲害他更是一無所知。所以，在他的人生中，他常常在不知不覺間介入到政治的漩渦之中，輕則少不了嗆了幾口水，重的則是他給淹個半死。一九三七年底，雖在戰亂中漂泊的艾青坐在漸漸遠離戰區的火車上，心情卻漸次好轉，於是在後來追記的文章〈西行〉中敘述了當時的這種情緒。而這種情緒恰恰表明艾青的胸腔中湧動起愛國獻身的熱血，雖說艾青並不是完全為熱情所左右的人，在轟轟烈烈的政治面前不能說不夠冷靜，但是他的對於中國歷史與現實的深刻的洞察力的缺乏是顯而易見的，把抗日救亡的艱難事業看得那麼天真。因而在這逃難的列車上，艾青才有那種悠然的神態。這樣單純的性格決定著他總是以詩人式的浪漫毫不設防地介入到政治的旋流中去，他在其中不得不嚐到現實社會的酸甜苦辣。一九三八年春，「文協」成立以後，在郭沫若等人的號召和政治形勢的鼓動下，許多作家表現得相當浮躁，急功近利地直接要求文藝與政治服務，極力利用文藝傳達政治的聲音，演繹有關抗日的各項方針政策，並且對於那些與當時形勢貼得不那麼緊，現實政治的聲音不那麼突出的作家作品展開圍攻。而艾青卻缺乏對政治的敏感，依著他梗直的脾氣和崇尚自由與藝術的稟性，與那些圍攻的人唱起了反調，表達他對言論「專制」的反感。稍後，他對呂熒批評他的長詩〈他死在第二次〉提出了反批評，根本沒有注意到他的詩學觀念在他所處的氛圍中顯得那樣不合時宜，儘管幾十年後的歷史證明他是對的，但是在當時他卻非常孤立。

一九四一年，艾青在重慶見到了周恩來等中共人士。周恩來等人的介紹摻入了他理想的色彩激發了他對延安的豐富想像，對於延安能夠帶給他的創作自由，他深信不疑，於是他放棄了去香港的念頭，決定投奔延安。經過一番周折，艾青終於來到了延安，由於吃穿住行的後顧之憂得到了解決，而且不再遭受顛沛流浪之苦，艾青最初顯得比較興奮，根本沒有意識到他的超現實主義的人生態度後來在這裡行不通。按理來說，詩人和作家應該對社會和世人有著深刻的認識和透徹的洞察，但是，艾青與絕大多數作家一樣，在作品中可能有洞察秋毫的敏銳的目光，一旦回到現實當中就可能為許多社會生活的表像所迷惑。說到底他來延安之前對延安並沒有充分的認識和瞭解，他不知道這裡所需要的不是個性突出、崇尚自由，而是積極主動地配合、服從和支持，是嚴格的組織紀律性。時間一長，他漸漸感覺到現實與他獨特的個性發生衝突，時常給他帶來不愉快，有時甚至將他置於政治的對立面。在延安的藍家坪，艾青與劉白羽和蕭軍相鄰而居。俗話說：「遠親不如近鄰。」艾青理應與兩位鄰居友好相處，但是依據艾青的脾氣，他最初一度對待他們親疏有別，當然他的這種態度不能說沒有道理，原因在於蕭軍為人豪爽，性格與他比較接近，因而與蕭軍相處比較融洽，來往頻繁，只是後來因蕭軍鼓動韋熒跳舞而惹惱了艾青，後來兩人關係變得冷淡，基本不再來往。而劉白羽在艾青看來，總是擺出居高臨下的架勢，艾青很不喜歡。偏偏負責黨建工作的李維漢讓劉白羽去找艾青談話做艾青的工作，而劉白羽卻擺出幫助進步的架勢，因而令艾青感到討厭，不由發起火來，引起了兩人的爭吵。從艾青的本意來看，他並不是故意與黨組織過不去，他實在看不慣劉白羽的官架子，頤指氣使的作派，這才高聲說道：「你也不是土皇帝，有什麼了不起的！少拿上面壓人！」然而在那個領導可以等同於組織的年代，艾青不買劉白羽的帳很容易被視為是對黨組織的惡劣態度。還好，這事一時沒有對艾青的生活產生太大的影響，但是他後來的人生厄運很難說與這件事就沒有一點關係。但是經過了這件事，「艾青發現，在重慶耳聞的『延安城』事實上是不存在的。」（程光煒《艾青傳》，北京十月文藝出版社，一九九九年一月版，第三三九頁）後來，周揚發表文章以領導的身份對作家們訓話，又一次激怒了艾青等一批「不懂政治」的作家，於是，艾青立即表示寫文章反擊，並且說起就幹，寫好以後立即給與他有著一樣感受的作家都來簽名。說實話，艾青與周揚過去並無多少恩怨，就是對他的那種盛氣凌人的口氣十分厭惡。由此引發了延安文藝界的一場不大不小的風波，並且引起了最高領導層的注意。毛澤東親自寫信給蕭軍對他提出了嚴重的警告，艾青自然也有敲山震虎之感，心裡在一段時間內一直忐忑不安。過了一段時間的冷卻，毛澤東抓住恰當的時機登門造訪蕭軍，艾青得知消息很快趕了過來，於是他與毛澤東有了第一次見面。由於毛澤東所處的最高地位，意識深處潛藏著的傳統文化中的君臣禮教很快在艾青的心裡蔓延開來，令他倍感受寵若驚，進而產生了一種莫名的信賴感，以致沒有覺察到毛澤東傾聽他們的牢騷與意見時臉色的變化。更重要的是，艾青自此心情格外晴朗，彷彿已經成為一名受到君主青睞的寵臣，政治熱情格外高漲。於是他滿懷激情，努力按照當時的政治要求創作了《雪裡鑽》等作品。他興沖沖寫就的這首長詩並未獲得成功，經過反省他認識到原因在於「遵命寫作」，缺乏應有的想像。儘管如此，艾青仍然沉溺於與毛澤東見面的幸福之中，對於政治氣候的變化也遠遠不如丁玲那麼敏感，滿以為一切都已過去。殊不知一九四二年的春天，一場包括文藝界在內的大規模的整風運動正在醞釀之中，可是艾青卻一點點都沒有覺察，不由自主地加入到反對意見的行列中來，撰寫文章要求「政治家」們「瞭解作家，尊重作家」。毛澤東得知了情況後不動聲色，先是寫信給艾青，要求代他「收集反面的意見」。政治嗅覺一點都不敏感的艾青沒有領會毛澤東的真實意圖，沒有意識到下面畫著圈的「反面的」深長意味，而是憑著他那傳統士大夫式的想像將毛澤東的要求誤讀為領袖的虛懷若谷和禮賢下士，這就決定著他不可能完成毛澤東交給他的「光榮」的政治任務，也沒有在毛澤東對他的考驗中給出令對方滿意的答案，從而沒有被納入到毛澤東的自己人的範圍。而對於中國謀略文化把握非常透徹的毛澤東深知將文章做得充分的必要性，進一步約艾青見面交談，並讓警衛員牽著馬來接艾青，這令艾青大有受到三顧茅廬禮遇的感覺，於是中國傳統知識分子的那種脆弱便流露出來：一旦得到君主的垂青，立即感激涕零，長期以來胸中鬱結著的種種委屈和不滿很快就煙消雲散。心中留下的都是這次見面的幸福而甜美的永遠值得回憶的種種細節。就這樣，劉白羽、周揚等人沒有做通的思想工作，一下子就被毛澤東輕而易舉地做通了；劉白羽、周揚等人激進的工作方式與艾青等人的孤傲性格之間的矛盾很快就被毛澤東輕輕鬆鬆地化解了。受到毛澤東接見的感動，促使艾青再次理順了與現實環境的關係，於是在〈黎明的通知〉等詩作中露出了令官方滿意的「亮色」。他的文章〈坪上散步〉與一個多月前的〈瞭解作家，尊重作家〉相比也發生了十分微妙的變化。在延安文藝座談會上，對於蕭軍的桀驁不馴的講話，艾青沒有像以往那樣予以聲援，而是採取旁觀的態度，但這不等於他已拋棄了他的「超現實主義」，只是他的思想意識明顯地按照官方的要求悄悄地發生轉變。於是他把自己的創作轉向了對工農兵的歌頌，根據現實中的人物事蹟創作了敘事長詩〈吳滿有〉，該詩發表以後立即得到高度評價，而且一些「領導同志」也非常欣賞。但是歷史卻與艾青開了個很大的玩笑，他所歌頌的這個典型人物竟然被國民黨抓去後叛變了。但是這並沒有影響到艾青的政治熱情。在稍後的整風運動中，他在千人大會上作長篇發言批判王實味：「王實味的文章充滿著陰森氣，當我讀它的時候，就像是走進城隍廟一樣，文章的風格是卑下的。這樣的『人』實在夠不上『人』的稱號，更不應該稱他為同志」，（黃昌勇：〈楚漢狂人王實味〉，《作家文摘》一九九六年十一月十五日）進而指責王實味是「思想上的敵人」和「政治上的敵人」，不知不覺成為打擊別人的一根文化棍子和精神打手。先前的艾青對街頭詩不以為然，有時還要諷刺幾句，此時態度卻轉變了一百八十度，大力提倡街頭詩並且極力挖苦「那些紳士們，教授們，詩人們」，因為他們「都以為文學是貴族們的東西」。（艾青：〈開展街頭詩運動〉，一九四二年九月二十七日《解放日報》）艾青的這種轉變到底是喜劇還是悲劇，看來歷史老人心裡還是非常清楚的。就在艾青自我感覺已經融入到延安的政治環境中來的時候，突然有一天，黨支部書記找他談話，非常嚴肅地要求他交代數年前從蘇州反省院保釋出來的經過，這使他一下子從自己人變成了非常可疑的不受信任的人。當他被告知在這場政治審查運動中「人人都要過關」時，他的心情想來與屈原遭流放時的情形差不多。好在時間不長，由於周恩來的干預，延安的「搶救運動」才告一段落。為了穩定人心，毛澤東向「被搞錯的同志」行禮致歉，那些被整的人就像被打的孩子一旦給揉了屁股馬上感動得熱淚盈眶，立馬忘卻了心頭的創傷，懷著知遇的心理積極表現自己。於是，艾青卸下了「搶救運動」的思想包袱，立即投入到熱火朝天的扭秧歌的運動中來。殊不知，「躲過了初一，躲不過十五」。經過幾次表彰的艾青滿以為不幸早已隨著歷史化為煙雲，他怎麼也想不到時隔十幾年，在一場急風暴雨式的反右運動中，他被毫不客氣地揪了出來。揪他的不是別人，正是當年接見過他，給他寫過信，並且給包括他在內的那些「被搞錯的同志」行過禮致過歉的毛澤東。這一次，毛澤東以他的千鈞之筆為《文藝報》題寫了「再批判」三個大字。於是，與丁玲、蕭軍等人一樣，艾青一下子從天堂跌進了地獄，不知他此時腦海裡是否浮現過延安時期毛澤東的「虛懷若谷和禮賢下士」的種種情景，如果回憶起當年的這些幸福又不知他該作何感想。當然，人們可以認為艾青此時的被難出於以下的原因：一、他同周揚的侄子周立波的衝突；二、他對周揚、夏衍、林默涵、何其芳、劉白羽等人的飛揚跋扈的不滿；三、他多次對人說過一些不該說的話和不合時宜的話，比如「目前某些人寫不出作品，就弄理論，理論弄不成，就搞行政。結果是行政管理論，理論管創作，一個婆婆壓一個媳婦，創作還有什麼希望。」（程光煒《艾青傳》，北京十月文藝出版社，一九九九年一月版，第四五一頁）他的「超現實主義」的本性還沒有被徹底根除或改變。然而，真正受到批判的原因其實「再批判」三字已經說得很清楚：延安時的老帳還沒完。後來到了「文革」，艾青儘管已經遠離京城，但是仍然未能逃脫天羅地網式的侮辱和迫害。時過多年，艾青唱著「歸來的歌」，重返文壇，其實「老冉冉其將至矣」，對於歷史也作了一定的反思，只是他是否意識到自己後半輩人生苦難的根源還不得而知。

事實上，艾青的一生從來就沒有成為現行政治的反對派，也從來沒有想到要與強大的權力過不去。他純粹按照他的「超現實主義」的態度生活處事，不想竟遭到種種人生巨大的磨難和挫折。然而，為什麼這種只是有點任性而決不傷害他人的「超現實主義」人生態度在中國的土地上得到如此境遇呢？這是很值得我們深思的。

17

超越意識形態的愛國者

一九三五年深秋的一天，有一位來自中國的中年婦女帶著女兒來到了正在莫斯科主編《救國時報》的胡秋原的辦公處拜訪他。胡秋原先是感到驚詫，後來瞭解到來向他深表謝意的這位婦女原來是瞿秋白的夫人楊之華。原來，數年前胡秋原在上海工作的時候，共產黨人馮雪峰來訪，請胡秋原幫忙給「左聯」的一位「病了」的朋友作擔保。胡秋原雖然並不知道需要擔保的人的真實身份，但是他覺得這個被保的人不是一般的「病人」，應該是共產黨方面的要人，然而他沒有猶豫，非常爽快地答應了，並且將其一家安置在不為國民黨當局所注意的神州國光社。如果胡秋原是左翼人士或者共產黨員，他出面為共產黨要人擔保，那就是他的責任和義務。不過，真正的左翼人士或者共產黨人不會在國民黨統治區為自己人擔保，因為那樣肯定不安全。當時作為無黨無派人士的胡秋原能夠出面擔保也是要冒一定風險的，但是他還是出面了。而且，如果我們瞭解到不久之前魯迅、茅盾、馮雪峰、瞿秋白等人還與胡秋原之間發生過一場激烈的論戰，就會覺得胡秋原現在的擔保更加可貴。一九三一年，胡秋原在他主編的《文化評論》的發刊詞中自稱是「自由人」，聲明自己「沒有黨見」，「站在客觀的立場，說明一切批評一切。」（劉炎生：《中國現代文學論爭史》，廣東人民出版社一九九九年十二月版，第三〇五頁）隨即，胡秋原遭到了譚四海、瞿秋白、馮雪峰（洛揚）等人的圍攻式的批評，當然胡秋原也予以反駁。（參見劉炎生：《中國現代文學論爭史》，第三〇五至三一六頁）然而，論爭的硝煙還沒有完全散去，馮雪峰就來找胡秋原幫忙，而胡秋原則一口應承下來。顯然，無論是馮雪峰還是胡秋原，爭論歸爭論，友誼歸友誼，激烈的爭論並不影響他們之間的友誼。更顯得難得的是，胡秋原不計前嫌，不分黨派，幫助和搭救共產黨人，這不僅顯示了他寬闊的胸懷，而且表明他超越了黨派意識形態的鴻溝。不僅如此，綜觀他的一生，我們可以作出這樣的判斷，胡秋原就是一個超越意識形態的偉大的愛國者。

偏向左翼

胡秋原並不是天生的意識形態超越者，其實他在年輕的時候思想比較激進，十分熱衷於政治。早在一九二四年，年僅十四歲的胡秋原隨父親胡康民由黃陂的鄉下來到了漢口。他在住處附近的一家書店裡驚喜地發現了《新青年》列寧逝世周年與十月革命專號，並且為其中的三個口號——「我們的旗幟——列寧！／我們的武器——列寧主義！／我們的任務——世界革命！」（張漱菡：《胡秋原傳》，湖北長江出版集團湖北人民出版社二〇〇七年一月版，第二五頁）所深深吸引。稍後他又買了考茨基的《資本論解說》，對於左傾政治表現出濃厚的興趣。正當他思想向著左傾邁進的時候，胡秋原買到了《朱執信全集》，而朱老先生的兩句話對他產生了深刻的影響，將他從奔向馬克思主義的途中拉向尼采這一邊來。在朱老先生看來：「作人為學自待，應學尼采的超人哲學！／對社會應用馬克思唯物史觀！」（張漱菡：《胡秋原傳》，第二六頁）正是朱老先生的這句話讓胡秋原大有醍醐灌頂之感，胡秋原於是轉到了尼采研究方面來，很快就成了尼采迷，並且獲得了「小超人」的雅號。當然，年輕的胡秋原思想並不十分穩定，有時還處於搖擺當中，一旦遇到朋友與同學的影響，他的思想就有了一定的波動。進入武漢大學讀書以後，胡秋原遇到了一個名叫嚴達洙的同學，他對胡秋原進行革命思想啟蒙，既向胡秋原推薦漆樹芬的《帝國主義侵略下的中國》等革命書籍，又向他講解「打倒」「帝國主義」和「資本主義」，「建設社會主義」（張漱菡：《胡秋原傳》，第三二頁）的道理，並且動員胡秋原加入「中學」（指共青團組織）。經過一段時間的學習和嚴達洙的啟蒙教育，胡秋原的「腦海中孕育起這樣的思想，他對共產主義和世界革命的憧憬，也就漸趨認真，所以，當嚴達洙第二次勸他加入『中學』（CY）時，他便答應了。」（張漱菡：《胡秋原傳》，第三三頁）此時，我們雖然不能說胡秋原的思想完全被革命的意識形態所控制，但是他的頭腦中已經在一定程度上意識形態化是毫無疑問的。不久，胡秋原居然根據自己所學到的革命理論，撰寫了一篇談論俄國革命和中國革命的文章，並且在一家《紀念十月革命專號》上發表。接著，《武漢評論》邀請他參加該刊的編輯工作。而《武漢評論》雖然是國民黨的機關報，但是基本上為國民黨的左派與共產黨人所控制。

就在胡秋原可能受控於革命意識形態之際，相繼發生的兩件事情改變了他思想演變的軌道。一九二六年夏，胡秋原的父親被人誣陷被捕，差點死於非命。雖然，父親入獄後四十多天被放了出來，但是這讓胡秋原感到了政治的險惡，從而厭惡政治。當他遇到董必武等人邀他到省黨部工作時，胡秋原沒有一口答應，倒是很想推辭，但是又怕傷了情面，因而只好表示要聽聽父親的意見。父親以自己豐富的人生經驗告誡他：「你不要去參加他們的工作，還是以求學為第一才對。」（張漱菡：《胡秋原傳》，第四三頁）胡秋原的父親曾經與國民黨有些淵源，而且國民黨對他還有救命之恩，但是在辛亥革命成功之後，國民政府既沒有「大赦天下」，又沒有「免徵田賦」，更沒有「徵求隱逸」，而是整天忙於開會，「鬧遊行。鼓勵工潮，自己擾亂社會秩序」（張漱菡：《胡秋原傳》，第四三頁），因而他感到非常失望。父親的話深深地烙在了胡秋原的心上，從而促使他開始疏遠黨派政治，試圖擺脫意識形態的控制。稍後，胡秋原在武大因反對強迫老教授參加遊行示威的事與當時擔任武大CP

（共產黨）書記的同學發生了激烈爭執，最後鬧翻了臉，胡秋原與曾經對他進行革命思想啟蒙的嚴達洙憤而退場。隨後胡秋原退出了CY和國民黨組織，從而成為無黨派人士。與此同時，胡秋原在他的僻靜的宿舍裡閱讀了《世說新語》以及老、莊、楚辭等古典文學作品，從而產生了避世的心理，試圖走進「象牙之塔」。

疏遠黨派

不過，現代中國給青年知識分子留下的精神空間非常有限，真正的桃花源世界是不存在的，即使有心逃避現實，但是完全超脫現實也是不太可能的。況且，胡秋原並不完全都是受道家文化的影響，在他的精神世界中顯然還有儒家文化的因子。更何況胡秋原僅僅只是個青年學生，他就是離開了學校，他還是要到社會上謀生，就不可避免地要與社會打交道，怎麼可能完全躲進象牙之塔呢？因而，胡秋原雖然對黨派政治不感興趣，但是對處身於其中的社會現實還是十分關心的，或許他父親遺傳給了他關注社會現實的精神。一九二八年初，胡秋原來到了上海。他本來是在武漢大學讀書的，但是由於他與好友嚴達洙曾經參加過共青團組織，並且參加《武漢評論》的編輯工作，因而遭到了國民黨當局的槍殺與緝捕，胡秋原為此逃到了上海。此時，上海的革命文學在太陽社人士的宣導下正搞得如火如荼，那些革命作家一知道胡秋原來到上海，就動員他加入到革命文學的洪流中來，但是胡秋原表現得比較冷淡。「他根本上就對革命文學不以為然，認為那不但在理論上站不住腳，如若成功，也只能形成另一個武漢時代的局面，甚至釀成更大的流血事件。」（張漱菡：《胡秋原傳》，第六五頁）擺脫了意識形態的控制胡秋原頭腦中增添了理性，他的眼睛也更加明亮，對於事物的判斷更加準確。當他讀到郭沫若、成仿吾和錢杏邨等人以意識形態作武器攻擊魯迅和茅盾等人的文章時，胡秋原雖然只是個十八歲的毛頭小夥子，但是挺身而出寫文章為魯迅和茅盾打抱不平，以他的思想理論反對革命文學的那些論調。他在〈論革命文學問題〉的文章中主張，「藝術並不全是宣傳，文藝不是階級武器……」（張漱菡：《胡秋原傳》，第六五頁）在這裡，胡秋原所反對的並不是革命文藝本身，而是意識形態對文藝的奴役，要求文學擺脫意識形態的糾纏而尊重其獨立性。

一九三〇年，胡秋原因留學費用問題回國，老朋友徐祥霖向他介紹了國內左右兩大陣營分別成立的「左聯」和掀起的「民族文藝運動」，但是胡秋原只是聽著，沒有發表意見，因為他此時「對政治不僅絕無興趣，甚至嫌惡」，他所關心的是「老百姓受苦受難」。（張漱菡：《胡秋原傳》，第九五頁）當他再回到日本時，他偶然結識了新朋友梅龔彬。梅龔彬非常熱衷於政治，就政治問題對胡秋原侃侃而談，胡秋原雖然聽得津津有味，但是他並不為其所動。後來又來了王禮錫，胡秋原介紹他們二人相識。而他們倆一個在政治上雄心勃勃，政治抱負不凡；另一個則有「政治癖」，然而胡秋原並不為他們所感染，他「因家庭的痛苦遭遇，對政治產生了一種排斥性的淡漠感。」（張漱菡：《胡秋原傳》，第一〇三頁）當許多青年知識分子在一九二〇至一九四〇年代出於各種目的趨之若鶩投向政治之際，像胡秋原這樣跳脫出黨派政治，不受意識形態控制實在罕見。既然疏遠了黨派政治，胡秋原於是將自己的人生定位於學者，他從文藝的起源、性質、發展以及與社會的關係等問題展開學術研究。儘管他研究這些問題所持的是唯物史觀，具有一定的意識形態色彩，但是他不是那種出於政治功利目的來闡釋這些問題，因而他的研究是為了探求真理，具有學術價值，因而沒有落入政治的陷阱。在探求真理的過程中，胡秋原比較多地閱讀並研究了左傾文藝理論，進而走進了日本人內山所開的書店，廣泛接觸日本的文藝理論，為了進一步求知，他又去了日本讀書。從表面上看，胡秋原在日本接觸的主要是具有革命意識形態色彩的左傾文藝理論，但是經過他的思考，他對文藝的理解已經超越了革命意識形態。一九三〇年，胡秋原寫成了七十萬字的文藝論著《唯物史觀藝術論》。單看標題，我們很可能將其判斷為革命意識形態下的寫作，但是在這部著作中胡秋原「不僅肯定了文藝自由，反對所謂『文藝政策』。同時在思想上也有了一個重心，那便是他所宣導的『自由主義的馬克思主義』，或『馬克思主義的自由主義』。」（張漱菡：《胡秋原傳》，第九一頁）然而，在許多人看來，馬克思主義與自由主義往往是對立的，但是胡秋原卻將其統一在一起，從而使他的馬克思主義與黨派下的馬克思主義有了明顯的區別。這就是說，胡秋原不是將馬克思主義當著意識形態看待，而是當著研究問題的方法和理論。因而，胡秋原所奉的馬克思主義不是政治意義上的，而是學術意義上的。出於宣傳抗戰的需要，胡秋原創辦了《文化評論》雜誌，他在發刊詞中明確表示站在「自由的知識階級」（張漱菡：《胡秋原傳》，第一二六頁）立場上寫作。雖然他說到了「知識階級」，但是這個所謂的「階級」與當時主流意識形態所定義的「階級」不是一回事，而當時的主流意識形態往往以地主資產階級和無產階級來劃分社會群體的。況且，胡秋原所說的「階級」並沒有相應的政黨組織，而且最重要的是他的「自由」。這個「自由」是非常可貴的，其意在於不受某個政黨和政治集團的控制，具有五四新文化運動中那種獨立於權力之外的意味。根據這樣的思想理念，胡秋原特別主張「文藝自由」，反對「將文藝墮落到一種政治的留聲機」，反對文藝家做政治集團的「叭兒狗」（張漱菡：《胡秋原傳》，第一二七頁），維護文藝和文藝家的尊嚴。一九三二年，文化界爆發了一場關於「文藝之階級性」的論戰，胡秋原當初由於沉浸在新婚的甜蜜和幸福之中而沒有注意這個問題，但是他由於在上海文化界已經是頗有影響的人物而被邀請加入到論戰中來。一九三〇年代的中國，雖然是在國民黨統治之下，但是主流意識形態還是左傾的，階級鬥爭理論非常盛行，文藝不僅被貼上政治的標籤，而且還被要求為階級鬥爭服務，淪為階級搏鬥的武器。其實質，當然是文藝的意識形態化。面對文藝的意識形態化的強大勢頭，胡秋原以深厚的理論功力參與爭論，他並不否定文藝具有一定的階級性，但是他認為文藝並不只具有階級性，更具有普遍性和人道性，從而將文藝從階級性的圈套中解脫出來。稍後，胡秋原又發表文章爭取言論自由，並且對左聯陳高鏞關於文化的定義進行了批評。胡秋原的觀點當然不能為左翼文人所容忍，於是遭到了瞿秋白、周起應（周揚）、舒月等人的圍攻。而胡秋原則以兩萬三千字的長文〈浪費的論爭〉予以回應。非常有意思的是，大家當時爭得面紅耳赤，言語中不乏激烈之詞，但是彼此之間沒有傷了和氣，仍然保持著朋友之情，表現出君子胸懷的坦蕩。

堅執愛國

胡秋原雖然對左右政治的意識形態不感興趣，但是他非常關心國家與民族的命運。自從進入中學和大學學習，胡秋原越來越感覺到國家的危機和民族的災難。一九二一年，年僅十一歲的胡秋原還在讀中學，當他瞭解到國家的危難與韓國亡國的悲慘情形後，他「對日本和韓國就有了深刻的印象；也由此而使他更加自勵自勉，努力用功，立志將來為國家而奉獻一己的心力，並且立志，不僅絕不做亡國奴，而且要盡力將日本打敗。」（張漱菡：《胡秋原傳》，第一九頁）一九二八年五月，日本侵略者在濟南製造流血事件，意在控制中國的青島與膠濟鐵路。這一事件激起了中國人的憤慨。有人找到胡秋原約他寫一本書揭露「日本侵華的史實和野心」，胡秋原毫不猶豫地應允，而且立即動筆，不到一個月就向約稿人交稿。約稿人接到了書稿還有些不放心，但是當他以挑剔的眼光審讀全稿後，不由得表示讚賞。後來上海的大東書局又約他寫書，於是他很快又向讀者捧出了《近世民族運動》與《帝國主義殖民政策》，貫穿他這些著作的思想就是反對帝國主義的侵略和對國家民族命運的深深的憂思。一九三一年，「九一八」事件爆發，日本侵佔中國東三省，中華民族面臨著嚴重的危機。身在日本的胡秋原得知這一消息，非常憤慨，他表示決不為了一份官費和文憑而忍氣吞聲，毅然決定放棄學業，立即回國投入抗戰。他深知自己手裡沒有槍炮，不會打仗，但是他有一支筆，他可以用自己手中的筆投入抗戰。為了以筆抗戰，一向厭惡政治的胡秋原不得不研究政治，然而他與那些政客們大不相同，他不是為了某個集團的政治利益而研究政治，他也不會為政治集團服務，當然不會為政治集團所控制和利用，他認準的是國家和民族的利益。因此，他在寫作中鼓動抗擊日本侵略者，反對不抵抗主義。一九三二年，日本佔領當局與蔣介石的國民政府簽訂了求和的「塘沽協定」。這一協定的簽署引起了國人的義憤，特別是曾經在上海有著英勇抗敵光榮歷史的十九路軍官兵的嚴重不滿。於是被調到福建剿共的十九路軍領導人通電全國要求抗戰。身在上海的胡秋原受此感召，在朋友的鼓動下，毅然刊發了陳真如反對「塘沽協定」的演講稿。這事讓胡秋原遇到了麻煩，他在上海安全已經成了問題。這就迫使他離開上海到了香港。不久，十九路軍受中共影響在福建成立「中華共和國」，脫離南京民國政府，胡秋原可能不瞭解內情，以為是為了抗日，於是參加了這場福建事變。事變之後，南京方面重新控制了福建，於是胡秋原被迫流亡。最初他在香港逗留，但是香港當局也沒有容他，限定他出境。陷於困境的胡秋原在朋友的幫助下流亡歐洲。這樣，胡秋原轟轟烈烈的政治參與告一段落。就他的這次政治參與，雖然背後有著黨派的身影，但是他的出發點並不是為某個黨派效勞，而是為了抗日。當時，作為某政治集團的觸鬚胡鄂公雖然以老鄉同宗的身份接近他，試圖將他拉進其黨派時，被胡秋原巧妙地「岔開了話題，也談些閒事」，很快「起身告辭」（張漱菡：《胡秋原傳》，第一五九頁）了。

謝絕入黨

胡秋原來到歐洲，除了遊覽歐洲的名勝古跡，參觀文化名人的舊居遺跡，博物館，就是耐心地在圖書館裡讀書。一九三四年，胡秋原得到一個機會到蘇聯旅遊。由於蘇聯所實行的是與包括英、法、中、日在內的世界上大多數國家不同的社會制度，因而在許多人看來非常神秘，是「『謎中之謎』的國家」（張漱菡：《胡秋原傳》，第二一二頁），就像當今的朝鮮。從一九二〇年代到一九五〇年代，確實有不少中國人特別是文化人到蘇聯去考察和學習，瞿秋白就曾經到蘇聯許多地方看了，回來後寫了著名的《餓鄉紀程》和《赤都心史》。但是非常遺憾的是，當時的絕大多數中國人到了蘇聯，都不可避免地戴上意識形態的眼鏡看待蘇聯的一切，因而他們得出的結論與實際情況產生嚴重的偏差。從蘇聯回來後，胡秋原被問到蘇聯的印象時說：「以我走馬觀花地觀察印象之下，印象最最深刻的，就是一個『大』字。」接著他又說：「那個國家實在太大了！那裡無涯無際的大森林，還有望不到頭的原野，實在大得驚人。我想如果他們真能夠努力建設，在學問上、在科技上、還有要在道德方面都能夠做得很好的話，以他們的文學成就來推論，其前途倒真是不可限量呢。」（張漱菡：《胡秋原傳》，第二一三頁）在這裡，胡秋原沒有受意識形態的影響而對蘇聯作廉價的恭維或淺薄的否定。他道出了自己的真實感受，同時也委婉地批評了蘇聯的現狀。而與他一道去了蘇聯的王禮錫對於蘇聯的看法則是直截了當：「這個國家實行共產主義要是成功的話，實在也是很可怕的喲。」（張漱菡：《胡秋原傳》，第二一三頁）一九三四年底，革命作家胡蘭畦瞭解到胡秋原等人的蘇聯之行，於是來信邀請胡秋原攜夫人再赴莫斯科與共產黨人一道辦刊。胡蘭畦雖然沒有明說，但是胡秋原已經有所警覺，他不拒與共產黨人的合作，但是他不想在合作中失去自己的自由和獨立。因而他在給胡蘭畦的回信中就已聲明：「你說令友有要事和我『討論』，如意見相同，我可以留下，但若意見相左，我即回來。總之，我要求的是來去自由。」（張漱菡：《胡秋原傳》，第二一八頁）到了莫斯科，胡秋原受到了王明、康生等人的禮遇，得到了他們的幫助。儘管如此，胡秋原在與王明的談話中還是明確表示他與共產黨人合作的基礎，那就是——「我只能在民族抗日的大原則下，寫我能寫、也願意寫的文章，在這範圍之外的，就不是我力所能及了。」（張漱菡：《胡秋原傳》，第二二五頁）由此可見，胡秋原與共產黨人的合作，既不是出於個人情誼，也不是出於共同的政治理念，而是在愛國主義的旗幟下的合作。這樣的合作顯然與黨派政治無關。雙方合作雖然有過某些不愉快，但是總體上還是順利的。到了一九三五年夏，王明等人大概覺得條件成熟了，於是提出要胡秋原加入中共的要求，胡秋原在這個問題上決不含糊，他明確告訴對方：「在我心裡，抗日就是一切，其他的事，我沒有興趣。我認為，中國最重要的，就是抗日，就是實行民族主義，任何黨都應該明白這一點。所以我無意參加任何黨派。」（張漱菡：《胡秋原傳》，第二三五頁）同時，胡秋原還說：「我一生愛好自由，不喜歡開會，更不願意受紀律的拘束。」（張漱菡：《胡秋原傳》，第二三五頁）雖然胡秋原予以堅決拒絕，但是王明等人仍然不願放棄，還是在做胡秋原的工作，但是胡秋原聲明自己是個自由主義者，自己的思想信念與共產黨不一致，並要求離開莫斯科。而王明與康生等人雖然在黨內鬥爭中非常殘酷，但是對於胡秋原要求離開，沒有為難，他們還分別給胡秋原和他的愛人送了非常珍貴的禮物，以表達他們彼此之間的友誼。

一九三九年四月，作為「重慶行營主任」的張群約胡秋原談話，要他加入國民黨，他同樣表示謝絕：「謝謝張先生看得起，不過，我只願意以國民一分子的身份報國，不願意加入任何黨。」他還說：「我這個人，最怕的就是拘束。」（張漱菡：《胡秋原傳》，第二八〇頁）隨後，國民黨元老、中央宣傳部長葉楚傖來找胡秋原邀請他入黨，胡秋原仍然沒有答應，但是葉楚傖以其真誠打動了胡秋原，同時給他填好了表格，只由他簽個字就可以了。而胡秋原在簽字之前再一次聲明：「我一向認為國家民族高於黨，在黨的利益和國家民族的利益有衝突的時候，我只承認國家民族而不管什麼黨了，甚至我只能依照我的良心做事，要是黨的決定和我的良心不合，我就照我的意思去做決定。」（張漱菡：《胡秋原傳》，第二八一頁）胡秋原的這番話決不是說說而已，他是非常認真的，而且落實在行動上。一九四二年，胡秋原創辦《民主政治》雜誌，但是他不是為國民黨的政治作宣傳，他對支持他辦刊的葉溯中闡明了自己的設想：「現在勝利在即望，最重要的是實行民主政治，和平統一，建設國家。」（張漱菡：《胡秋原傳》，第二九九頁）隨即他在《民主政治》的發刊詞中再次闡述自己的觀點和主張：「今後建設中國為一現代的工業國家。保障勝利和工業化的條件，就是鞏固統一，實行民主。無統一不能保障民主，無民主不能保持統一。」（張漱菡：《胡秋原傳》，第二九九頁）同時，他還強調：「中國之興衰，不是一黨一派的事，也不是各黨各派的事，而是全體國民之事。」（張漱菡：《胡秋原傳》，第三〇〇頁）因而，他要將《民主政治》辦成一份自由主義雜誌。我們知道，當時作為執政黨的國民黨正在為抗戰勝利後的一黨專政、實行獨裁專制製造輿論，大肆鼓吹「一個政黨，一個領袖」。而身為國民黨黨員的胡秋原居然可以不予理會，呼籲實現民主政治，這不僅表明超越黨派政治，不受黨派意識形態的約束，而且表現出過人的膽量和氣魄與寬廣的胸懷。在二十世紀的中國，像他這樣的知識分子能有幾人呢？

維護民族利益

中國雖然在世界範圍內反法西斯戰爭中為戰勝日德意軸心國作出了巨大貢獻，取得了抗日戰爭的偉大勝利，但是蘇聯卻在侵蝕中國的利益，慫恿和支持外蒙獨立，而美國等西方國家卻為了自身好處而暗地裡與蘇聯達成妥協，犧牲中國利益。面對這樣的現實，國內主要的政黨或者受意識形態影響，或者為了自身的利益，不顧國家和民族的利益，對於蘇美大國的私下裡骯髒交易聽之任之。在這時刻，胡秋原挺身而出，既揭穿蘇美的陰謀，又呼籲國民黨當局以國家利益為重，不要簽署以承認外蒙獨立為主要內容的中蘇友好合作條約。早在一九四三年，胡秋原就已預料到蘇聯將對中國有所圖謀，而且必然從外蒙著手。一九四五年春，胡秋原根據種種跡象判斷蘇聯首席代表在聯合國成立大會上與中國外交部長宋子文破例握手是「黃鼠狼向雞拜年，」蘇聯人「把中國當孩子」要，「這大熊必將不利於孺子。」（張漱菡：《胡秋原傳》，第三〇三頁）一九四五年夏，胡秋原接到蘇聯大使館的一封信，要求贈送全部的《祖國》雜誌合訂本，由此推斷蘇聯是在試探中國的民意，意在對中國有所圖謀。因為蘇聯大使館當時已經向中國所有的報刊社索要合訂本。胡秋原有了這種不祥的預感，因而向蘇聯方面提出警告：「尊重中國領土主權的完整，才是促進中蘇友好的大道。」（張漱菡：《胡秋原傳》，第三〇五頁）事實正是如此，略早些時候，蘇聯、美國和英國等國家簽訂了損害中國利益的秘密協定《蘇聯參加對日作戰協定》。這份秘密協定涉及到中國的外蒙、南滿和旅順等問題，當時只有極少數人知道。直到一年後美國總統羅斯福去世，繼任總統才把這份密件通知中國政府，而蔣介石的國民政府不僅沒有表現出應有的義憤，反而諱莫如深。然而就在一九四五年夏，國民政府派行政院長兼外交部長宋子文到莫斯科參加中蘇條約談判。胡秋原雖然並不知道大國所簽定的雅爾達會議秘密協定的事，但是根據當時的國際形勢與蘇聯大使館搜集中國報刊雜誌的舉動推測中國正成為大國爭奪利益的犧牲品，現在中蘇談判必然會令中國的利益受損。於是，胡秋原以「賣講」的形式對全國朝野提出警告，外蒙和南滿存在著嚴重的危機。接著他又通過接觸從蘇聯返回的中國外交人員瞭解到宋子文與蘇聯談判的內情，進而發現問題確實非常嚴重：蘇聯企圖割裂中國。危急之中，胡秋原向朝野推出了一份備忘錄，大聲疾呼：「外蒙斷不可失。」（張漱菡：《胡秋原傳》，第三〇七頁）胡秋原將備忘錄通過陳佈雷分別提交給蔣介石、宋子文和王世杰等核心人物，但是沒有收效，於是他又印發二百份《參政員胡秋原對中蘇談判之聲明》，呼籲朝野有識之士關注外蒙和南滿的嚴重危機。與此同時，胡秋原還寫信給美國駐華大使，嚴正指出美國犧牲中國利益也必將損害自己的利益——「將使美國子弟流更多之血，甚至第三次世界大戰亦不可避免。」（張漱菡：《胡秋原傳》，第三〇八頁）遺憾的是胡秋原為國家與民族的深深憂慮，並沒有讓朝野人士有所警醒，從而使他面臨著巨大的危險，但是他早已作了最壞的打算，為了國家和民族的利益，他哪怕坐牢也在所不惜。然而，令人非常憤慨的是國民政府沒有聽取胡秋原的意見，一意孤行，還是與蘇聯簽定了容許外蒙獨立的《中蘇友好同盟條約》。該條約簽訂後的第五天，陷於深深悲憤的胡秋原發表公開信，認為：「從前二十一條，引起全國的反對。如今中蘇條約，左右一起叫好，就表示現實主義業已淪浹骨髓了。」（張漱菡：《胡秋原傳》，第三一一頁）於是他要反對這種「現實主義」。經受這一次挫折，胡秋原一度產生了退出現實政治的念頭。但是他最終沒有迴避現實，在後來爆發的國共內戰中，他表達了反對內戰的呼聲。到了一九四九年，中共在內戰中勝出，胡秋原瞭解到自己的言行既為國民黨所厭煩，又不為共產黨所容忍。他這個超越意識形態的愛國者不知道在自己祖國的土地上究竟何處可以安身，困惑迷茫當中，胡秋原離開大陸經香港去了臺灣。到了臺灣，胡秋原主要從事文化思想研究，創辦《中華雜誌》，基本上疏遠現實政治。直到一九八八年九月，他以國民黨立法委員身份首訪大陸，然而他並沒有得到國民黨中央的授權，而是冒著被開除黨籍和判刑坐牢的危險。當然他的大陸之行並不只是個人的探親訪友，而是同大陸領導人會談，討論祖國統一問題。他在這次破冰之旅中多次強調：「最重要的是中國非團結、統一不可，事不宜遲。」「任何中國人都應該贊成統一。」（張漱菡：《胡秋原傳》，第三五七頁）胡秋原的呼聲在海峽兩岸激起了強烈的反響，他因此被譽為「兩岸破冰第一人」。（張漱菡：《胡秋原傳》，第三五七頁）此後的二十多年裡，兩岸關係確實有了很大的改善，但是在統一的道路上並沒有邁出關鍵性的一步，究其原因，竊以為，真正像胡秋原這樣超越意識形態的愛國者實在不多，某種意識形態仍然在或明或暗地阻礙著國家的統一。

18

被壓抑的歡呼

一九六〇年五月三日，對於世人來說是一個極其普通的日子，然而在杭州西湖附近的葛嶺山麓二十四號的客居者的心目中卻很不平常。這位客居者就是曾經在三〇、四〇年代非常走紅的作家無名氏，此時在幾乎完全不為人知的狀態下，為他十五年苦心經營的長篇巨著《無名書稿》的最後一部《創世紀大菩提》劃上了句號。完成這樣一部鴻篇巨著本來應該是非常激動人心的事，不僅是作家本人應該像經過十月懷胎和巨大的陣痛而生下健康壯實的嬰兒一樣興奮地歡呼，而且應該得到大批朋友和整個文壇的熱烈慶賀，然而現實中的無名氏卻只能獨自在這葛嶺山麓二十四號中暗暗消受。據瞭解，當時的他「把筆一摔，抑制不住地像頑童一樣蹦了三蹦，壓低了嗓門自我歡呼道：『我勝利了！我勝利了！我勝利了！』」（汪應果、趙江濱《無名氏傳奇》，上海文藝出版社一九九八年十月版，第一八七頁）然而，在當時的中國，就是一座橋樑通車，一座房屋建成，一個會議的召開，一條溝渠的挖成，甚至一條新的語錄的發表，人們都可能敲鑼打鼓送喜報，燃放鞭炮來慶賀。可是，創作成功後來被海內外譽為「長河型」的思想深邃、藝術創新的長篇小說的無名氏卻只能獨自一人「暗暗地消受」，為了不給自己帶來麻煩，此刻的他還得小心翼翼，不能驚動他人，儘管可以「像頑童一樣蹦了三蹦」，卻不得不「壓低了嗓門自我歡呼」。本來，按照人的天性，應該是盡情的狂歡，此時卻被深深地壓抑著。

疏離政治與政治糾纏

這是不是因為無名氏的這部書與當局的政治發生衝突而成為「反動」作品呢？從所有的情況看，答案都是否定的。從無名氏的人生歷程來看，他曾經還是一個信奉過左傾思想的熱血青年，早在上中學的時候，他和同學辦壁報，寫文章，就以歌頌農工、反抗現實為主題，甚至還寫過當時文壇上十分流行的「革命加戀愛」式的作品。他的反抗現實就是深受馬克思主義書籍的影響。只是他後來由於愛讀書的天性而廣泛接觸了各種思想，沒有像他的許多朋友那樣去延安或者加入中共週邊組織，而是在左右派之間取得平衡。後來的無名氏儘管同國民黨當局有了一些瓜葛，甚至在其圖書雜誌審查委員會擔任服務員和幹事，但是他並不是出於政治上的選擇，而是為生活所迫，而且在此工作期間不僅沒有做出什麼「反動」之事，反而為一些左翼圖書的出版發行開了方便之門。倒是他的愛讀書使他瞭解和認識到蘇共內部鬥爭之酷烈與在波蘭問題上的言而無信的卑劣，促使他的思想讓自由派占了上風，但這並不意味著他反對中共而投入到國民黨的懷抱，他依然在感情上「多少同情C.P」（無名氏寄給汪應果材料中的生平自述）。從政治方面來看，無名氏既不對共產黨的革命感興趣，也沒有投靠國民黨當局，而是游離於政黨政治之外，遠離政治風暴，對政治冷眼旁觀。這樣，他雖然是一個作家，但是並沒有像某些文藝理論所認為的那樣站在一定的階級立場上為某個階級與政黨說話和寫作，他是根據自己的志趣、對生活的理解以及讀者的興趣創作小說和散文，因而他的早期的《北極風情畫》和《塔裡的女人》在情愛天地裡淡化了政治，而為人所稱道的《無名書稿》更是在東西方文化中穿行，沒有對現行政治品頭論足，既不歌頌某個政權，也不抨擊某個政府。如果說他的寫作多少還帶點政治痕跡的話，那也是他的某些作品對抗日將士的景仰和肯定，反對日本侵略，從根本上說所表現的是愛國主義情緒，而這種政治是以民族自尊為基礎的，也是應該受到肯定的。況且在現代社會裡，每個人可以有權選擇自己的政治信仰，也有義務尊重他人的政治追求。無名氏作為一個人，他完全可以跳脫一切政治紛爭，按照自己對於世界理解的方式去生活，他如果積極投身於抗日民族解放戰爭，那當然更好，但是他置身於抗戰之外，沒有作不利於抗戰的賣國之事，也未免不可，他以寫作的方式為民族文化的興盛和發展作出自己的貢獻又有何不可！

一九四九年以後，無名氏由於身體狀況和崇尚自由的個性而自我邊緣化，過著「躲進小樓成一統，管他冬夏與春秋」的日子。新政權建立的最初幾年裡，蟄居杭州之一隅的無名氏也許早為人們忘卻，或許是外界的權力爭鬥和政治風雨還沒有掃到他這個被人遺忘的角落，從而使他獲得了一定的自由。他可以利用這小小的自由繼續創作《無名書稿》。而自由的獲得總是要付出一定代價的。此時的無名氏不僅要耐得住超常的寂寞，而且還要經受著貧困和病痛的折磨。進入新的社會，無名氏雖然曾經是著名作家，但是卻未能進入作家組織——文聯的作家協會，未能將自己融入到主流社會中來，如果試圖作這種努力，他就必須扭曲自己以適應那個時代的政治氣候，就必須放棄自己的做人原則與創作理念，甚至等於說槍斃一個獨立自尊的自己，或者說將自己改造成郭沫若那樣的「表現作家」、「表態作家」乃至文化殺手。無名氏畢竟是無名氏，他寧可像他的筆名那樣在不為人知的「無名」中存在，寧可忍受著被社會遺棄的痛苦，也決不委曲求全。

雖然無名氏試圖過著「躲進小樓成一統，管他冬夏與春秋」隱居生活，試圖遠避政治的騷擾，但是二十世紀的中國已經再也不是陶淵明那個時代了，偌大的國土已經沒有一塊知識分子的世外桃源了。就在無名氏埋頭養病、寫書之時，他早已被置於無形的監視之中，他的住所突然在一九五六年七月十五日深夜遭到莫名其妙的搜查，他本人也被莫名其妙地帶進派出所，送進所謂的「學習班」去洗腦。幸虧他歷史上沒有重大問題作為把柄被別人抓住，他才免過了滅頂之災，才得以被釋放回家，也才能夠繼續他的《無名書稿》的寫作。也許，他從這次事件中悟出點什麼，於是在了卻了《無名書稿》的宏大創作心願之後，他立即改變了自己的生活方式，從隱居的狀態中走出來，主動報名「下鄉支農」，在一家國營農場開荒、種山芋、植果樹、養牲畜，而且一度放棄創作去練書法，試圖以此緩和與政治的緊張關係。但是，他的政治麻煩還遠遠沒有結束，到了史無前例的「文化大革命」期間，無情的政治將他拋進了「水深火熱」之中，先是來了一幫紅衛兵抄了他的家，繼而妻子劉菁受到逼迫而與他離婚，後來因朋友方為良的牽連而被捕入獄。到了這時，政治風暴以其巨大的裹挾性橫掃社會的每一個角落，已經將人無情地拋到其政治漩渦之中，絲毫不留躲避的空間。而當每個社會成員被捲進政治風浪而使命運不可捉摸的時候，其實的政治一定出了問題。據我看來，最好的政治就是讓普通的社會成員感覺不到它的存在，在這種政治中，每個人可以按照自己的意願做自己的事，每個人所感受的生活應該是平靜與祥和。然而，在當時，不只是無名氏，整個中國大陸的數億人不得不在政治的裹挾中極其恐慌的掙扎著生存，無論其政治立場和信仰如何，都身不由己地被捲進殘酷的鬥爭中去。在這種情形下，要保持人的獨立與自尊的最起碼的人權也就變成了不可企及的一個夢幻。

為了自由而出走

非常值得慶幸的是，經歷過「文革」煉獄劫難，凝聚著他心血的《無名書稿》以及信件、照片等都得以原璧奉還。政治環境逐步恢復正常，人的各項基本權利也日益得到尊重，生活漸漸地恢復了正常和平靜。這種恢復究其本質而言，只不過是自己本來應有的東西又回到自己的手裡，而被剝奪和損毀的一段時間與生活則永遠不可複得，然而即便如此，當應有的東西重新回歸的時候，無名氏與許許多多中國人一樣，激動萬分，舉杯痛飲。儘管如此，他的作品在大陸一時還是不能得到認可，得不到發表的權利，就在「文革」結束的第四個年頭的一九八〇年，無名氏還是不得不將他的書稿寄往海外，到海峽對面的臺灣去發表。到後來頗具幽默意味的是無名氏的作品來了個出口轉內銷，當然這不同於商品，商品的出口轉內銷往往由於品質不過關由原先的出口而改為銷售給低賤的國人，無名氏的出口轉內銷則是先出口到海外成為一個「香餑餑」然後才回轉大陸為內地所承認。正因為《無名書稿》一九八〇年在臺灣一炮打響，贏得廣泛好評，得到相當高度的評價，這才引起大陸有關方面的注意和重視，於是在一九八一年才有出版社上門索稿，於是曾經長期「門前冷落車馬稀」的無名氏，此時可謂風光無限，熱鬧非凡。

經歷過人生大喜大悲的無名氏到底還是在晚年離開了大陸，先去香港，再到臺灣，在馬福美女士那裡尋到了晚年人生的歸宿。儘管他出生在南京，而且與古城揚州有著深厚的血脈聯繫，但是他還是將自己的精神家園建構在與大陸隔一海峽的臺灣島上。在這塊同樣是中國的土地上，無名氏擁有了自己的獨立和自尊，再也不會為政治所驅使或利用，更不會顧及到外在的反應而壓制心頭的喜怒哀樂，完全可以在某些時候「老夫聊發少年狂」，從而走向較為理想的人生境界。

19 一意孤行的張愛玲

現代中國作家中最富爭議的並不算多，而女作家張愛玲無疑是其中的一位。之所以如此，是因為人們對她的種種行狀很不理解，儘管她的作品迷倒了一代又一代的讀者。因而，在許多人心目中，張愛玲算得上是一位特別怪異的人，尤其是在中國這樣一個漠視個性而追求思想行為的一統化的文化環境裡。對於別人投給她驚異的目光，張愛玲不會不知道，作為觀察力非常深刻的作家，她必然敏銳地覺察到周圍人施加給她的無形的文化壓力，但是她還是一意孤行，我行我素，表現出少有的堅韌。

有爭議的愛戀

令人們感到最詫異而陌生的是，作為一個深受讀者喜愛的作家的張愛玲有多少人不去愛，偏偏愛上文化漢奸胡蘭成，不僅同他交往甚密，而且還不顧胡是已婚之人，與胡同居。在我們的文化中，出賣民族利益，投靠侵略者的人可以說是邪惡的代表，因其罪惡累累而令人痛恨和唾罵。一個年輕有為的作家與這樣人糾纏在一起，其道德品質就必然會受到懷疑；對於一個擁有妻室的男子再與別的女人相好、結婚，中國的傳統文化基本上是默認而很少予以譴責的，但是對於一個女人去勾結一個有婦之夫，卻很難容忍。然而，張愛玲全然不顧由此而帶來的誤解和責罵等反對態度，堅持與胡蘭成建立情愛關係，他們的愛戀雖然談不上轟轟烈烈，卻也十分熱烈，如火如茶。這裡我們無意去探討張愛玲愛上胡蘭成的種種具體的原因，但是我們看到的卻是張愛玲的愛情卻是如此的執著和堅定。

就張愛玲與胡蘭成愛情的實際情形而言，我們不得不承認，張愛玲的愛情是非常純粹的，不帶任何功利色彩，可以說與實用主義沒有關係。在張愛玲的眼裡，胡蘭成的社會政治身份已經淡化得無關緊要的地步了，那麼，真正來到她面前的就是一個為她所認可的男人，一個可以給她以愛情的溫暖的男人，一個具有男子魅力的胡蘭成。總之，她為胡蘭成的某種男性的氣質所深深吸引。而胡蘭成一旦撇開了可惡的社會政治身份，還是一個挺懂得戀愛，非常善於籠絡女性的人，或許還有一定的情趣和高雅的氣質。所以，當他站在她面前時，張愛玲首先感覺到他是一個有血有肉的男人而存在，而不是某個政治動物或者社會符號。這種進入了戀愛情境的張愛玲完全是以自己的身心投入其中，因而她的愛情可以說是超脫世俗走向純粹。而這對於許許多多世俗之人當然是很難理解的。

既然是純粹的戀愛，那就跟著情感和感覺走吧！至於別人怎麼說，何必管它呢！只要對得起自己的感情就行！張愛玲以自己的方式投入到戀愛中去。她不求二人結合的家庭婚姻形式，只求得胡蘭成那個可以給她以情感慰藉和精神安頓的胸懷與臂彎。值得我們注意的是在這愛情的港灣裡，張愛玲只享受著甜蜜的二人之間的綿綿私語和個人情感的交流，將社會與政治的風風雨雨排斥在港灣之外，就是胡蘭成此時也脫去了漢奸的身份而充當一個比較出色的情人的角色。像這樣進入二人世界之後就如同脫了衣服一樣將平日裡的政治身份和社會角色棄之一旁的，確實非常稀罕，所以也很難為世人所知曉。

按照常人的理解，張愛玲既然熱烈地愛上了胡蘭成，就應該與他成為「白頭偕老」的「眷屬」，就應該終身相伴。然而，張愛玲不僅沒有與胡蘭成舉行正式的婚禮，結為合法的夫妻，而且，過不了幾年竟然與胡蘭成分道揚鑣。而這種分手當然不是出於對胡蘭成的政治身份的厭惡，也不是對胡蘭成人格和道德品質的否定與唾棄，原因很簡單，就是因為「我已經不喜歡你了。你是早已不喜歡我的了。」分手固然少不了要經受痛苦的折磨，但是張愛玲卻顯得非常的冷靜，並不像許多分手的情侶那樣大鬧一場，或者大哭一通，也沒有自以為自己是女人而吃了虧就向對方索要錢財來彌補所謂的青春損失，恰恰相反，據瞭解，就在張愛玲寫了這封訣別信之時，她還給了胡蘭成三十萬元錢。

就張愛玲的這次愛情經過來說，一切跟著情感走，愛生則聚，情盡則散，沒有那種斬不斷，理還亂的糾纏不清的情感孽債，儘管得咀嚼訣別的苦痛，但是在突破一切羈絆之後，人們看到的當是張愛玲的瀟灑自如。張愛玲的這種愛情態度就與後來汪曾祺在《大淖記事》中所描寫的那麼相似，「這裡人家的婚嫁極少明媒正娶……媳婦多是跑來的；……她們在男女關係上是比較隨便的。……一個媳婦，在丈夫之外，再『靠』一個，不是稀奇事。這裡的女人和男人好，還是惱，只有一個標準：情願。有的姑娘、媳婦相好了一個男人，自然也跟他要錢買花戴，但是有的不但不要他們的錢，反而把錢給他花，叫做『倒貼』。」張愛玲雖然沒有婚外戀，但是她對胡蘭成的愛情與大淖人一樣特別瀟灑。而且，大淖人的瀟灑畢竟是汪曾祺浪漫的想像，而張愛玲則是提前了幾十年在生活中實踐。

鮮明獨特的個性

張愛玲不僅在愛情上顯示出她的獨特之處，就是在生活的其他方面，她也常常顯露出與眾不同的風采。就在她讀大一的時候，張愛玲寫了一篇應徵稿件——〈我的天才夢〉，大膽地表達了自己的「只是天才的乖僻缺點」，表現出十足的自信心和引以為自豪的過人的寫作天賦。在許多人看來，張愛玲的這個「天才夢」實在是太張狂了，與人們所普遍推崇的謙虛的美德截然相反，因而她也就成為一個「怪異」之人。如果以通常的做人的標準衡量張愛玲，她的種種行狀都顯得十分怪僻。四〇年代中葉，張愛玲發表了〈金鎖記〉、〈傾城之戀〉等一系列小說之後，出書的慾念十分強烈，而她的出書說白了就是為了出名。不過，俗語云：「人怕出名豬怕壯」。成語云：「木秀於林風必摧之」。對這些人們耳熟能詳的俗語、成語，張愛玲不會不知道，但是她偏偏不理會這些在我們民族文化中長期積累的人生經驗，依然堅持自己的做人的準則，努力顯示自己的才華，實現自己的人生價值，而這些所體現的恰恰是現代思想意識，也是五四時代文化的精髓。

張愛玲曾在小說《傳奇》的前言中說過：「書名叫『傳奇』，是為了在傳奇中尋找普通人，在普通人中尋找傳奇。」其實，她自己就是作為一個「普通」的生活中的人，不斷地創造著各種「傳奇」。除了作為職業的寫作之外，張愛玲最突出的愛好就是裝扮自己。有一次，她參加一個作家聚會，衣著十分古色古香，特別引人注目。就在平時，張愛玲也總是以各種奇裝炫耀於人。據說她曾經認為「自己是個很在乎自己的人，小處不自私，大處卻很自私。」（參見胡蘭成：《今生今世》）其實她的所謂「大處自私」，並不像人們通常所理解的損人利己，而是生活在自己的世界裡，在不妨礙不傷害他人的前提下的隨心所欲，做自己想做的事，不在乎外人的評價，不理會習俗的傳統。所以從某種意義上講，她的這些舉動就是在製造「傳奇」。而「傳奇」的目的則是通過引人注目而表現自己，說到底也是張揚個性。

五四新文化運動以來，多少年輕人都追求過個性解放，要實現自己的個人價值，要追求自己的浪漫愛情，自主戀愛結婚，但是不少人僅僅把這當著一種時髦的口號，僅憑一腔熱情痛快地呼喊一陣而已，有的也想付諸實踐，卻因現實的殘酷而不得不放棄，更有不少人為了這個理想而投入到政治懷抱中，到後來出乎意料的是，讓激進的政治將原先的追求驅趕到九霄雲外，進而扼殺他人身上的五四精神。只是張愛玲是個十分顯著的例外，她不打任何旗號，默默地以實際行動實踐著五四精神，而且始終與政治保持著距離，而此時的張愛玲同樣年輕，只有二十來歲的她並不像許多年輕人那樣血氣方剛，一句政治口號就可以鼓動起來，懷著滿腔熱血為其並不完全理解的政治衝鋒陷陣，而是出奇冷靜地面對社會上政治的風風雨雨，不能不讓人敬佩。也正因為如此，她才不會像郭沫若那樣讓政治的漩渦淹沒了自己而失去最起碼的人格尊嚴，也不會像胡風、丁玲、王實味等人那樣在政治的風暴中遭遇牢獄或滅頂之災。「不識廬山真面目，只緣身在此山中。」由於置身於政治風暴之外（在那民族危亡之際，張愛玲的這種淡然政治的態度對於抗戰雖說無益，但也無害，固然不值得大肆稱讚張揚，但也應該得到應有的尊重），張愛玲不僅避免了因政治鬥爭而耗費許多時間和精力，可以一門心思研究人性中的種種缺陷、弱點以及各種病變，而且可以對政治洞若觀火，非常明瞭，從而使她區別於許多政治盲人，進而避免淪為他人的附庸而保持自己的自尊和獨立。

問題是許多人對她的這種政治態度並不十分理解，總是以狐疑的目光盯著她，認為她沒有政治頭腦，批評她不該與胡蘭成這樣的人糾纏在一起，不該在日據期間在各種報刊上發表作品，甚至把她視為文化漢奸，對她取敵視的態度。然而，實事求是地講，無論是與胡蘭成的戀愛，還是在包括與汪偽有聯繫的刊物上發表文學作品，張愛玲可以說是問心無愧的。她的那些文字畢竟沒有損害民族利益，沒有向侵略者露出半點諂媚，沒有因出賣政治而拿別人的分文津貼，她只是在那樣惡劣的社會環境中賣文為生。我們如果一味地苛求這樣處境中這樣作為的張愛玲，恰恰顯露出的是我們在政治上的幼稚和無知。

對於外界的誤解，張愛玲沒有發表聲明為自我辯護，也許她意識到任何辯護都是無效的，甚至可能產生相反的效果。然而她內心的感受畢竟還是通過小說〈色・戒〉的創作流露了出來。正因為這部小說體現了她對愛情、社會、人生之間關係的認識和看法，自然同她本人一樣引起了極大的爭議。小說爭議的焦點就在於女主角王桂芝是否應該在最關鍵的時候，出於個人情感的衝動而向進入圈套的漢奸易先生作提醒，結果使一群愛國學生的除奸計劃落了空。顯然，這篇小說涉及到個人情感與民族情感的衝突，特別是除奸的失敗結局是每一個愛國情感和民族情緒強烈的人都不能接受，而女主角的因個人情感的臨陣突變同樣使那些愛國人士拒絕認同。其實，作為作家的張愛玲的本意並不在廉價地給幾個愛國志士唱唱讚歌，她是要在這政治事件的背景上突出女人天性和人性的弱點，同時還要向人們表明，即使是背著一個「漢奸」之類壞人身份的人，也決不一無是處，並不總是絕對的妖魔惡鬼，總有他作為人的一面的某些才幹與魅力。張愛玲這樣的創作實際上已經擺脫了一般意義上情感對作家的控制與遮蔽，此時的她就像一位醫生面對著手術臺上的病人，不再視其為自己的親友，而是將其視為一具病體，這樣才不至於因不忍心下刀而延誤了手術治療。為此她申言道：「寫反面人物的，是否不應當進入內心，只能站在外面罵，或加以醜化。」（張愛玲：《惘然記・序》）她的這番詰問無疑是對幾千年來我們民族傳統的審美文化心理的批判，顯示出她對文學藝術極其深刻而透徹的理解。這就是與眾不同的張愛玲，更是非常深刻的張愛玲。

敏感於政治而出走

其實，張愛玲對於政治還是十分敏感的。就是憑著她的這種敏感，她於一九五二年悄然出走大陸來到香港。創作《十八春》時內心的彆扭、官方對電影《武訓傳》的批判以及文代會上清一色的中山裝都令張愛玲感覺到適合於她的時代已經過去，她面臨著一個非常陌生而難以適應的時代，至於以後的命運更是不可預測，於是她不得已選擇了出走。後來大陸二十多年的政治發展確實驗證了她的某些預感。試想她如果沒有出走，她首先遇到的就是創作陷入嚴重的危機，她的創作思維方式根本就不能適應形勢去描寫和歌頌工農兵歌頌領袖，一定會陷入深深的苦惱之中；接著會因為苦惱的偶爾發洩以及旁觀政治的態度而被打成右派；到後來「文革」期間免不了因胡蘭成的牽連而被打成「墮落的文人」或者「漢奸婆子」以至被紅衛兵拉上街頭遊街批鬥，甚至斷送了性命都很有可能。正是有了這一出走，她避免了這些極可能遭致的種種厄運。更顯示出她在出走中聰明過人的是她毅然割斷了與仍然留在大陸的親友的一切聯繫，就連同胞弟弟和姑姑也得不到她的半點訊息，彷彿他們從來就沒有過她這樣的親人。這種割斷親友同胞聯繫的痛苦是可想而知的，但是它卻免除了給親友同胞可能造成的牽累和災難。

不過，張愛玲的出走實在是迫不得已之舉。如果她不對新政權抱有某種幻想，或許在四〇年代後期就離開上海去香港。她深知自己創作的根不在海外而在中國這塊文化土壤之上。可是政權的更迭與政治氣候的變化與她的人生理念、創作意向完全相左，令她難以立足，甚至無法生存，而海外也決不是理想的樂土，那裡的文化十分蕪雜，很難說得上是好的去處，但畢竟可以自由地生活，無可奈何之中，她選擇了出走。到了海外，張愛玲基本上過著漂泊的生活，香港、美國、臺灣……她到處遷移，試圖尋找到她夢中的精神家園，但是在她瘦弱的孤零零的身影裡，人們或許體味到她一意孤行的孤獨和寂寞以及人的旅途的悲涼，但更多地會領會到她的堅執和偉大。

20 走向理性的柏楊

「愛國病」

一九三六年十二月，西安事變爆發，張學良、楊虎城將軍將到西北監督東北軍剿滅紅軍的蔣介石扣押起來。消息迅速傳開。正在河南省立開封高級中學就讀的青年學生柏楊（郭立邦）聽到這一消息，先是根本不相信，認為這是「彌天大謊」，繼而「對這項巨變，感到心痛如絞。回家告訴父親的路上，一面走一面哭，覺得天地就要崩塌，中國就要亡了。」（柏楊口述、周碧瑟執筆：《柏楊回憶錄：看過地獄回來的人》，春風文藝出版社二〇〇二年版，第五九頁）當時的路上行人見到柏楊這種樣子都停下腳步，驚訝地看著他，甚至有人問他是不是病了。當時的柏楊確實「病」了，而且「病」得還不輕。不過，他患的並不是身體的病，而是思想上的病，按照他自己後來的說法，他患的是「愛國病」。柏楊的這種說法並不準確，「愛國」其實只是他的「病」源，而「病」症則是狂熱的個人迷信和領袖崇拜。因此，準確地說，當年的柏楊患了嚴重的「個人迷信和領袖崇拜病」。一九三六年的柏楊只有十六歲，還很年輕，只是一名高中學生，不僅知識有限，社會閱歷和人生經驗嚴重不足，而且十分幼稚，更嚴重的是國民政府通過暑期軍事訓練等措施向他們這些青少年進行「法西斯教育」，向他們灌輸「蔣中正是英明的領袖和民族的救星」（柏楊口述、周碧瑟執筆：《柏楊回憶錄：看過地獄回來的人》，第五八頁）等個人迷信和領袖崇拜思想意識。天真純樸的柏楊由於缺乏鑒別能力和思考能力，自然接受了官方的愚民教育，對蔣介石頂禮膜拜，因而非理性情緒化在他那裡占了上風。既然蔣介石在他年幼的頭腦中處於神聖的地位，那麼當蔣介石遇到了扣押，他的第一反應當然是天塌下來了。

「代父」陰影

柏楊乳名小獅兒，上學讀書時取名郭定生，由於他生母早已去世，繼母對他非常兇狠，動輒打他罵他，使他在幼小的時候缺少母愛，他的父親一方面怯於新任老婆的雌威，另一方面忙於工作謀生，對他很少照顧，很少過問他的生活，因而他得到的父愛也不多。更為惡劣的是，繼母生的孩子生活待遇比他好得多，他雖說有父親，也有繼母，但是更像是一個寄人籬下的孤兒。這給了幼小的柏楊很大的心靈傷害，促成了他倔強和叛逆反抗的性格。到了入小學的年齡，柏楊的那種叛逆和反抗的性格給了老師很不好的印象，因為他經常逃課、打架，不服老師的管教，不好好聽課，結果「功課不好」。遇到他這樣的學生，老師也很頭疼，於是經常體罰他，令他把小手伸出來打手板，這使他痛恨老師，特別是經常打他的算術老師，而他的算術也就越來越爛。除了算術以外，他由於學習方法不當，英語成績也很差。此外，學校裡的伙食按照貧富差別分成白菜團和蘿蔔團，柏楊由於父親的懦弱和繼母的兇狠，只能被編入貧困的蘿蔔團，這更加重了他的自卑心理。自卑加上倔強與叛逆反抗的性格，養成了柏楊暴力惡習：打架、罵粗話、跟老師對抗。結果他冒犯英語課老師梁錫山而被學校開除。這樣，柏楊要想報考高中就遇到了麻煩：一方面他的功課很差；另一方面像他這樣被開除的學生是不許報考的。但這沒有難倒他。功課差，他就在補習班惡補，竟然效果不錯，而且還學會了投機取巧的辦法，背了幾篇英語作文，考試的時候選比較接近的一篇，寫上考卷；既然有被開除的記錄，他就將「郭定生」改為「郭立邦」。這樣他居然考進了高中。進了高中，學校根據國民政府的要求搞軍事訓練，對青年學生進行個人迷信和領袖崇拜教育。對於柏楊來說，他本來就缺少父愛和母愛，儘管他頑劣，但是他的心理還是非常脆弱的，他的內心深處渴望得到別人的關愛和庇護。因而，國民政府所製造的蔣介石的領袖神話趁虛而入，替補了郭立邦缺少的父母之愛，從而給他支撐起精神的天空。於是，領袖蔣介石填補了年輕柏楊意識中欠缺的父親，成為他的「代父」。

在開封高級中學讀書時，柏楊還接觸到中共地下黨員，並且被動員去延安，因為延安被宣傳為「革命聖地」，在柏楊的心裡，延安的神聖幾乎就要取代對蔣介石的崇拜，他已經同意被派往延安，然而命運偏偏沒有讓他成行，結果他倒是落進了國民黨的懷抱，他和大多數同學一道被保送到設在武昌左營旗營房的軍事委員會戰時工作幹部訓練團接受軍事訓練。而且更令這些青年學生感動和興奮的是蔣介石不時到場訓話。平時，這些青年學生就被灌輸了「領袖的英明」思想，現在又能受到「領袖」的接見，當然像皇宮裡的妃子受寵一樣，激動異常。當蔣介石來到年輕的柏楊面前時，他竟然「興奮緊張得過了頭」，忘了舉槍向他的「領袖」行禮致敬。經過一段時間的訓練，柏楊被教育成為「英明領袖的子弟兵」，他的內心「既興奮又驚訝」，簡直「不敢相信會有這麼大的榮耀」，於是「下定決心效忠領袖，願為領袖活，願為領袖死。」他甚至想像到，如果自己遇到有人行刺「領袖」，他會毫不猶豫地用自己的「血肉之軀」，「擋住子彈」或者「趴在即將爆炸的炸彈上」。（柏楊口述、周碧瑟執筆：《柏楊回憶錄：看過地獄回來的人》，第七三頁）柏楊對「領袖」的忠誠和崇拜是非常單純的，也是毋庸懷疑的。

「代父」消失

然而，隨著時間的推移，年齡的增長和思想意識的自立，「領袖」漸漸地從郭立邦心目中神聖的地位走了下來。國民黨內許多事情給他的切身感受逐漸喚醒了他對國民黨及其「領袖」的理性認識。一九三九年，柏楊在林縣河澗鎮與一夥人打算按照國民黨的要求成立三民主義青年團，然而對於他們幾個毛頭青年，上司中央團部不僅沒有給他們任何指導，而且也沒有與他們聯繫。中央團部的敷衍塞責讓柏楊等幾個人感覺「自己不過是被犧牲的棋子」。（柏楊口述、周碧瑟執筆：《柏楊回憶錄：看過地獄回來的人》，第八四頁）後來他在逃亡中看到了國民黨統治之下民眾生活的極度貧困，在陪都重慶目睹了因國民黨的失責而釀成的「大隧道慘案」，而且在「大隧道慘案」中負有重要責任的「飯桶將軍」劉峙雖然一時去職，但是不久就得到了新的職務，更令人意想不到的是後來居然「升了官」，原因就在於他特別擅長「拍馬逢迎」。（柏楊口述、周碧瑟執筆：《柏楊回憶錄：看過地獄回來的人》，第八八頁）這些事加速了國民黨的形象在青年柏楊心目中的垮塌。與此同時，「英明領袖」蔣介石神聖的光彩在郭立邦這裡也開始黯淡。當一位在陝西工作的同學在為蔣介石點名送照片的事「喜不自勝」的時候，柏楊則比較冷靜，敏銳地發現：「點名是叫你對領袖有印象。」（柏楊口述、周碧瑟執筆：《柏楊回憶錄：看過地獄回來的人》，第九〇頁）

「領袖」崇拜的淡化，非理性的減弱，讓柏楊增強了理性，進而推動了他的思想隨之發生變化，他在重慶待了一段時間之後，覺得應該趁著年輕，多學點知識，於是渴望進大學學習。雖說他先後兩次通過改名（借用郭大同的證件改名「郭衣洞」）、造假證明等不正當的手段進入大學，但是在當時那種特殊的情況下卻也情有可原；

雖說那是戰亂時代，大學教育也不那麼正常，但是當一個青年渴望學習的時候，即使條件再差，環境再惡劣，他都會竭盡全力學習；雖說他在大學只學習了兩年就被開除，但是他還是利用這兩年光陰扎扎實實學到了一些東西。大學的學習進一步強化了郭立邦的理性，他不再相信政客們信誓旦旦的言論，他覺得：「相信政治人物的承諾和誓言的人，不是轉用它欺騙別人，就是已成為無可救藥的白癡。」（柏楊口述、周碧瑟執筆：《柏楊回憶錄：看過地獄回來的人》，第一一〇頁）知識的豐富和理性的增強，同時也訓練出柏楊觀察事物和思考問題的敏銳的目光。一九四五年，日本戰敗投降，中國取得了抗日戰爭的偉大勝利，許多國人都沉浸在勝利的喜悅和激動之中，年輕的柏楊卻看到了一個值得注意而且也令他十分擔憂的現象：在中國，既沒有一個教授向學生說明原子彈是怎麼回事，也沒有一個學生向老師請教什麼是原子彈；在日本，原子彈剛剛爆炸不久，日本人就知道長崎和廣島挨炸的是原子彈。他從這裡看到了一個令人擔憂的問題：中國雖然贏得了戰爭的勝利，但是在科技上仍然是弱國；日本雖然被打敗了，「仍是一個一流的強國。」（柏楊口述、周碧瑟執筆：《柏楊回憶錄：看過地獄回來的人》，第一一二頁）同時，對於曾經被視為「英明領袖」蔣介石不再盲目崇拜，開始有了比較清醒的認識。就在抗戰勝利後不久，只有二十五歲的柏楊就已經認識到老蔣的獨裁專制，「一方面創造法律，一方面也破壞法律」（柏楊口述、周碧瑟執筆：《柏楊回憶錄：看過地獄回來的人》，第一一三頁），過去的狂熱崇拜在年輕的柏楊的心頭也就逐漸降溫。

誤會入台

知識的積累，閱歷的增加，社會經驗的豐富當然大大地推動著柏楊朝著理性的方向前進。而人生的挫折固然給人的打擊相當沉重，卻也能夠促使人冷靜思考問題，看到社會生活。柏楊由於以不正當的手段進入大學讀書，最終還是被有關當局發現，他先後兩次被開除學籍，特別是東北大學在他畢業以後根據教育部的指示將他開除對他打擊更重。這次開除不僅是一所學校的決定，而是由教育部通令全國，不允許任何學校收留，簡直是「置他於死地」。（柏楊口述、周碧瑟執筆：《柏楊回憶錄：看過地獄回來的人》，第一一一頁）人生重大挫折並沒有擊倒柏楊，倒鍛煉出他的目光更加敏銳，終於將他錘煉成一個現代知識分子——客觀觀察現實生活，獨立思考各種問題，批判現實社會。四〇年代後期的國共內戰期間，他通過觀察發現國民黨「是一個愚笨的黨」（柏楊口述、周碧瑟執筆：《柏楊回憶錄：看過地獄回來的人》，第一一二頁），原因是國民黨鉗制新聞自由，違背現代文明。更為嚴重的是以蔣介石為首的國民政府，「公然向民心宣戰」。國民黨當局變得越來越腐敗，國民黨的敗相也越來越明顯。

在這個關鍵的時刻，柏楊對歷史的發展似乎也看得比較清楚，按照他對現實的清醒認識，他應該選擇離開國民黨，投向共產黨，而且從他當時的實際情況來看，投奔共產黨也是完全可能的。他在逃出瀋陽時，就遇到了解放軍。後來在北平他又遇到了已經成為共產黨員的老同學朱光弼。這位老同學答應將他送到解放軍總部，讓他參加共產黨，而且柏楊答應了。然而，他還是鬼使神差地跟著敗退的國民黨一路南逃。到底什麼原因呢？柏楊在他的這本回憶錄中沒有作出解釋。根據柏楊的歷史來看，他參加過三民主義青年團，進過「戰幹團」受訓，當年還那麼崇拜蔣介石，如果他留下來投奔共產黨，那麼共產黨會不會饒恕他呢？柏楊可能擔心這個問題。如果柏楊留在了大陸，即使他在五〇年代初日子好過，但是到了反右鬥爭中就未必好過了，他的叛逆反抗的個性與敏銳的洞察問題的能力以及率直的稟性毫無疑問會將他推進挨整的右派行列；到了「文化大革命」時期，他的那些歷史舊帳肯定會被搬出來清算，於是不可避免地被打成歷史反革命並且交給群眾進行專政和批鬥。到最後，能否挨過「文革」這一關，都很難說。他選擇跟在國民黨的後邊南逃，直到離開大陸去了臺灣，固然說不上是明智之舉，但至少不是愚蠢行為，雖然他後來遭遇到牢獄之災，甚至差點送了性命。

反思現實

柏楊跟著國民黨到了臺灣，但是他並沒有朝著政治方面靠近，而是投進了知識分子的行列。然而，他又不是那種不聞窗外事，唯讀聖賢書的讀書人，就在他進入學校教書的時候，他的目光常常習慣於逾越校園圍牆，乃至跨過深深的海峽，注視到海峽對岸的大陸。殊不知，國民黨剛剛敗退到了臺灣，對於大陸大好河山的丟失感到沮喪而痛心，對於共產黨滿懷切齒之恨。可是，柏楊卻在收聽大陸的廣播節目，而且還在同事之間讚揚解放軍紀律嚴明，同時還表達對國民黨軍隊的深惡痛絕。國民黨當局雖然還講點民主，但是沒有雅量容忍讚美共產黨並批評國民黨，而且還表現出十足的神經過敏。於是，不由分說地將柏楊逮捕入獄，並且判了他有期徒刑六個月（實際在押七個多月）。出獄後，柏楊還是以教學謀生，但是他仍然保持知識分子的梗直和理性。儘管他知道在臺灣要謀取一個教職並不那麼容易，但是他並不屈服於別人的壓力，他特別為「中國人的畏怯和奴性」（柏楊口述、周碧瑟執筆：《柏楊回憶錄：看過地獄回來的人》，第一五一頁）而憤怒，而爆發，當然他不只是簡單地批評國人，而是以自己的行為來批評。一九五三年元旦，按照中華民國政府規定，元旦是「開國紀念日」，應該放假三天。但是當時柏楊所供職的基督教函授學校卻不放假，理由是「基督教是無國界的」，可是在七月四日美國國慶日的時候，美國人卻可以不上班。這在柏楊看來，分明是不平等的，是國家歧視。於是，他頂著被辭退的巨大壓力，堅持自我放假三天，後來校方儘管向他作出某種妥協，同時也希望他妥協，「不要太堅持！」（柏楊口述、周碧瑟執筆：《柏楊回憶錄：看過地獄回來的人》，第一五三頁）然而，柏楊堅持自己的平等意識，覺得校方如果不改變政策，那麼他的反抗就沒有意義。最終他還是離開了這所學校，顯示了中國知識分子的骨氣。

離開了那所學校，柏楊受朋友之邀進入了蔣經國麾下的「救國團」。這個「救國團」是蔣經國培植私人勢力的小王國。如果攀爬上蔣經國這個蔣介石的大公子，將來不用說吃香的喝辣的，弄個官當當是不費吹灰之力。能傍上蔣經國這個大佬，對於許多人來說實在是求之不得的事，一旦進入他的「救國團」，自然是以蔣經國馬首是瞻，死心塌地地充當其馬前卒。然而，柏楊畢竟是個知識分子，他沒有趁勢而上，跟著蔣經國飛黃騰達，而是我行我素。當時在臺灣有一本《自由中國》雜誌，既傳播民主自由思想，又抨擊社會時弊，有時不留情面地批評國民黨，甚至直截了當地批評蔣經國的這個「救國團」。按照許多人的做法，身在「救國團」的人肯定要與之劃清界線，更狠的還可能利用蔣家和國民黨的權勢猛烈地踹它《自由中國》幾腳，可是柏楊卻沒有這樣做，反而與《自由中國》來往不斷，他對《自由中國》的雷震先生十分敬重，而且認同這本雜誌上許多文章的觀點。這就是一個知識分子，一個追求真理的知識分子，且不說全然不顧個人的前途，就連個人的安危也置之度外。

牢獄之災

柏楊不久離開了蔣經國的「救國團」，這雖說不是什麼了不得的大事，但多少得罪了權貴，再加上他與《自由中國》有那種說不清楚的聯繫，於是他受到了報復，終於有一天他因國共內戰期間從東北逃到北平，再從北平隨國民黨南逃的歷史不明，便以被俘可能存在背叛問題為名將他再次逮捕。這次被捕，可不像上次那樣簡單地判上幾個月，而是千方百計要置他於死地。指控柏楊被俘的事，不過是一個小小的藉口，刻意要整他，制服他這個不那麼馴服才是根本目的。在國民黨那裡，柏楊不只是有點桀驁不馴，而且對現實和社會的理性思考，對中國傳統文化和國民性都有深刻的認識，他的那支寫下無數雜文的筆更是厲害，擁有相當數量的忠實讀者和粉絲，因而是一個非常危險的人物。將柏楊逮捕以後，國民黨的特務們軟硬兼施，使出渾身解數，誘騙和威逼柏楊認罪。儘管柏楊是無辜的，最後還是被判了重刑，並被送到專門關押政治犯的火燒島。在被關押期間，柏楊受盡了折磨，但是沒有屈服，他在遭受國民黨政治迫害的李荊蓀的悼念儀式上大聲朗誦他的祭文。他的祭文寫道：「荊蓀大哥，你這個國民黨的忠貞分子，竟被國民黨迫害得家破人亡，好不容易撥雲霧見青天，想不到又死於心臟病發。當我們希望你能領導我們反抗暴政的時候，你捨我們而去，但我們相信國民黨反動的暴政必然滅亡，你在九泉之下會看得見的，我們也會看得見的。」（柏楊口述、周碧瑟執筆：《柏楊回憶錄：看過地獄回來的人》，第二一六頁）柏楊在這裡預言國民黨「反動的暴政必然滅亡」，看似激憤之詞，似乎是對迫害自己的仇人的詛咒。如果仔細考察一下歷史，我們可以看出，柏楊的這個預言是有現實根據的，他看到臺灣民主力量的增長。雖然國民黨和蔣家班的威權當時可以說是如日中天，但是柏楊從讀者對他雜文的巨大認同看到了臺灣很快就將迎來自由民主的一天。他預言自己可以看到這一天的到來，歷史證實了這一點。

就在關押期間，柏楊與李敖一樣，充分利用坐牢的時間進行寫作，他居然用了一年半的牢獄時間寫成了《中國人史綱》一書，這不得不令人敬佩。就一般寫作來說，用一年半時間寫本書很不容易，而他卻在這短短的時間完成一本書，真不知他是如何克服史料、筆墨紙張以及收藏文稿等困難的。除此之外，柏楊在監獄中還寫成了《中國歷史年表》和《中國帝王皇后親王公主世系錄》，沒有堅強的毅力要取得這樣的成就是不可想像的。

在對歷史的研究中，柏楊並沒有離開現實，他同樣思考現實中的人與事，特別是以理性的態度開始反思自己對蔣介石的態度。他檢討了當年崇拜迷信老蔣的行為，而今他再看老蔣，當然也不是從個人的恩怨出發，而是從國家和民族的高度審視蔣介石，認為蔣介石身為全國武裝部隊最高統帥，應該為落荒逃離大陸來到臺灣這個小島上承擔責任，應該受到法律的審判。

柏楊終於走出了監獄，他的理性目光開始由歷史轉向國民性劣根性方面，不知他是否意識到，他已經接過了魯迅批判國民性劣根性的大旗，希望通過這樣的批判能夠建立我們民族的理性和國民的理性，客觀地看待自己身上的弱點和缺陷，幫助我們每個人認識到面對自己的弱點和缺陷究竟應該做點什麼。

在許多人（包括柏楊的不少朋友）看來，柏楊不僅是不識時務，而且非常倔強，「執拗得像頭牛」。（柏楊口述、周碧瑟執筆：《柏楊回憶錄：看過地獄回來的人》，第二一六頁）其實，作為一個具有理性的知識分子，柏楊決不會隨波逐流，他所認定的是真理，只是非常令人遺憾的是很少有人真正地理解他和支持他，因為一個真正的理性時代還仍然沒有到來，他遠遠地走在這個時代的前面。

21 中年的金庸與晚年的金庸

人的一生本來是一個整體，如果將其分成幾個階段，大致考慮的是年齡或生理的變化，也可能以某段人生經歷作為分水嶺。我在這裡將文章的題目擬為〈中年的金庸與晚年的金庸〉，並不是出於金庸的年齡與生理的考慮，而是由於中年的金庸與晚年的金庸，一個令人敬佩，一個卻莫名其妙，其變化之大幾乎讓人判若兩人，而這種變化本身更讓人莫名其妙。

金庸的名字在全球的華人世界可以說家喻戶曉、婦孺皆知。人們之所以知道有金庸這個人，首先是因為他創作了《射雕英雄傳》、《笑傲江湖》等十五部影響蓋世的武俠小說；其次是因為他創辦的《明報》從白手起家發展到躋身於香港華人重要傳媒的報業集團。而這兩大成功都是他在中年之時創造的令人不得不驚羨的奇跡。

靠武俠小說起家

五〇年代的金庸，正是三十出頭的年紀，非常了不起，他的武俠小說可以說是橫空出世，讓人看不出一點鋪墊，一下子就向讀者捧出了《書劍恩仇錄》這樣的驚世之作。據瞭解，就因為一九五四年香港武術界的太極派與白鶴派之間擺了一場生死擂臺大賽，引發了香港人對於武打武俠的濃烈興趣，出於報人的敏銳的直覺，金庸所供職的《新晚報》立即組織人馬寫作武俠小說以維持和擴大報紙的銷量。起初，金庸並沒有參與其中，只是梁羽生的武俠小說的連載引起了火爆，這使梁羽生忙得應接不暇。為了應急，報紙負責人找到金庸，請他加入武俠小說寫作的行列。誰知從來沒有寫過小說的金庸，一開始就寫長篇小說，居然一炮打響。雖然金庸的小說寫作出於商業需要，但是他的武俠小說卻在帶來巨大的經濟利潤的同時遠遠超越了商業的價值，走進了民族精英文化的殿堂，令先於他創作武俠小說的梁羽生大為遜色。更令人不可思議的是，金庸當時並不是心無旁顧地專心創作這些武俠小說，而是在相當長的時間裡，他身兼小說家、電影劇作家、報人和社評家數職，特別是在五〇年代後期到七〇年代初，金庸常常是一邊寫小說，一邊寫社評，就像臺灣名人余光中左手寫詩，右手寫散文那樣。此時的金庸所寫的武俠小說以精彩的敘事非常吸引讀者，常常造成洛陽紙貴而成為《明報》飛速發展的左車輪，他所寫的社評文章由於秉持「中立、客觀、尊重事實、公正評論」（陳子善編：《董橋文錄》，四川文藝出版社一九九六年版，第六五五至六五六頁）的方針，體現出現代社會「自由、獨立（『不黨、不盲』）」的精神，而且論述切中肯綮、見解新穎獨到，頗具預言性而深受文化精英和政界的關注，因而成為《明報》飛速發展的右車輪。

相比較金庸的武俠小說創作，人們對於他的社評的寫作瞭解與研究得不夠。不過，在我的心目中，金庸的武俠小說成就固然突出，然而他的社評更是成就卓著。他那對於大陸的權力鬥爭與政治走向的預測神乎其神，幾乎是百發百中。早在一九六六年三月一日，金庸根據當時國內的種種跡象，預感到內地政局的微妙變化，大膽地預測大陸行將開展一場空前的政治運動，而此時距中共《五一六通知》的發表還有兩個半月。後來他在〈郭沫若認錯求饒〉中指出中共內部正在進行一場非常激烈的權力爭鬥；從吳晗等人挨整，彭真受批等現象中發現權力鬥爭正指向給「三家村黑店」發「營業執照」的中共中地位極高的人物；他還預測到陶鑄被重用，林彪的得勢與犯忌，根據紅衛兵的言行進而一語道破其運動本質和目的——毛澤東利用其來打倒劉少奇；從江青出任解放軍文化工作顧問判斷她將在未來的中國政壇上成為一個舉足輕重的人物，後來在江青炙手可熱的時候又預言她在毛澤東去世以後「不知往哪兒躲」；就在鄧小平第二次被打倒之際，他根據鄧小平的個性特徵與政治智慧看出鄧小平必將「東山再起」。對於這些精彩的預言式的社評，每個讀者不得不承認金庸是一個傑出的社會政治預言家。而金庸社評的更重要的價值還在於他發表見解不僅獨特，而且深刻透徹，極具說服力，從而使他的報紙從一般普及性的讀物提升為具有學術含量並為知識分子所青睞的期刊，進而在中國香港新聞史上書寫下光輝的篇章。他之所以能夠獲得如此巨大的成功，按照他自己的總結是因為他「客觀、公正和獨立，抗拒利誘威迫」。（《探求一個燦爛的世紀——金庸、池田大作對話錄》，北京大學出版社一九九八年版，第二五四頁）

民主與自由：金庸成功的條件

從根本上說，中年的金庸創造輝煌的人生，固然與他個人的天資聰慧和勤奮努力密切相關，但也歸功於香港這塊熱土。香港當時雖然處於英國人的統治之下，然而她卻為包括大批華人在內的居民提供了極其寶貴的自由和獨立。試想如果金庸在五〇年代初留在大陸並按照他的願望當成了外交官，那麼以他的個人不喜拘束的自由品性，他也不太可能在外交舞臺上有所作為，極有可能還沒等他施展自己的才幹就已從外交舞臺上消失，後來很有可能因思想問題而被打成右派，被發配到邊遠地區從事繁重的體力勞動，以改造思想，根本不可能像他在香港從《大公報》跳出那樣自由選擇工作單位，更沒有機會獨自辦報。「文革」期間說不定因為家庭成分而遭受迫害。等到「文革」結束，知識分子政策落實，右派平反時，他已經是朝六十歲跑的人，過不了幾天就要退休在家養老了。不能說金庸沒有可能像巴金、王蒙、艾青那樣逃過劫難而成為歸來派的重要作家，但是這種假設的金庸就決不是現實歷史走過來的金庸了。對此，清醒的金庸還是心知肚明的。他表示：他的成功，「那絕不是我比巴金更大膽、更富於正義感、觀點更正確；只因為我是在香港，是在一個安全的地方。」（《探求一個燦爛的世紀——金庸、池田大作對話錄》，第二五四頁）。正是有了香港這塊自由土地的庇護，金庸才能夠獨立自主地報導六〇年代初的難民潮事件，才能夠自由地批評大陸的「褲子與核子」問題，才有足夠的勇氣與力量與當時的報界巨鱷《大公報》展開激烈爭論，才能夠無所畏懼地面對極左派的圍攻與恐嚇，堅持自己的原則和立場。因此，是香港的民主與自由成全了金庸，鑄造了他的英雄俠氣。

晚年金庸的否定

可是到了晚年，進入八〇年代後期與九〇年代，金庸竟然悄悄地變了，對他的中年幾乎作了否定。我們不知道他是否預測過一九八九年的天安門事件的發生，也無從知曉他是否預言過一九九二年春天鄧小平必將發表南巡講話（這些在我所見的兩本傳記中都沒有記載）。然而，儘管大陸對他的武俠小說給予了相當高的評價，北京師範大學教授王一川於一九九四年組織策劃的《二十世紀中國文學大師文庫・小說卷》將其列為繼魯迅、沈從文、巴金之後的第四位二十世紀中國文學大師，嚴家炎在北京大學授予金庸名譽教授稱號儀式上發表賀詞稱他的武俠小說創作是「一場靜悄悄的文學革命」，然而，金庸似乎並不領情，在北大他既沒有講他的武俠小說創作問題，也沒有以北大表彰他的「新聞學家」的身份講他曾經取得輝煌成就的新聞事業，而是揚短避長地去講「中國歷史大勢」，其結果並「未見大的反響」，原因主要是「關注種族衝突與文化融合，乃史學家陳寅恪一以貫之的學術思路，其入門及私淑弟子周一良、唐長孺以及眾多再傳弟子，對此均有很好地發揮。」（陳平原：《文學史的形成與建構》，廣西教育出版社一九九九年三月版，第二二七頁）儘管如此，二〇〇〇年他在湖南的岳麓書院依然講的是「中國歷史大勢」。在他的家鄉，浙江省最高學府浙江大學不僅聘他為教授，而且還讓他擔任博士生導師，可是他的名字還是固執地列在歷史專業，他令人匪夷所思地要招「中外交通史」和「唐史」方向的博士生，其實他並沒有出版過這方面的學術專著，也沒有發表過這方面有影響的論文。他這種頑固地迴避自己的專長，並不僅僅是一種謙虛的姿態，而是應該具有某種相當深刻的意味，而這意味到底是什麼呢？看來只有他自己心裡最清楚。但是，從旁觀者的角度看，這不能不說是對他的前半世人生奮鬥的一種悄悄的否定。

當然，這個否定畢竟只是一種臆測，而真正的否定還是在他的言行之中。一九九九年十月二十六日，金庸在杭州召開的新聞業機制改革與管理研討會上發表數千字的談話，表達了他此時此刻的新聞觀——否定和批評曾經培植他的西方式的新聞體制與新聞觀，認為包括香港在內的西方式的「新聞自由」只是老闆的自由，大力主張新聞媒體應該「聽黨和政府的指揮」，「必須服從黨的領導」，應該「忠於組織」。且不說他金庸如果真正按照他此時說的去做，能否在新聞業有所作為。他的這番觀點不僅在香港招致包括他的老朋友董橋在內的嚴厲批評，就是在大陸也受到經濟學家張五常等人的批駁，就是近來的大陸媒體也日漸行使自己的監督職責。在這次講話中，金庸犯了個並不高級的錯誤，他在談到所謂的「老闆的自由」時只看到老闆解雇記者、編輯的一面，而沒有看到記者、編輯同樣可以炒老闆魷魚的一面。他大約忘記了自己當年從《大公報》跳槽的事，更沒有看到一個專制、獨裁的老闆必然垮臺的事實，因為專制和獨裁必定壓抑人才，容不得人才，而一個沒有人才的報業在激烈競爭的環境中將如何生存呢？更何況任何媒體的老闆為了生存都得考慮讀者的接受，而香港的讀者是最具自由意識和民主精神的，所以媒體老闆的自由必須與富有自由思想的讀者相協調，否則，這個老闆必將為讀者所拋棄。可是，長期生活和奮鬥在香港這塊自由土地上的金庸居然忘記了自己數十年的人生體驗和成功經驗，輕易地否定成就他俠義形象的西方式的民主與自由，真是不可思議。與此同時，還有一點令人感到困惑的是金庸晚年自稱信奉了佛教，但是他的行為卻與之相距甚遠，他的頻繁出入官場場所並出任浙大文學院院長以及他的晚年新聞觀、文字官司等等都有悖於佛家的六根清淨的思想。最先對金庸的信佛提出尖銳質疑的是臺灣文化名人李敖。這個敢於直言的李敖嚴厲批評「金庸式偽善」（李敖〈我是「善霸」我怕誰〉）。晚年的金庸實在是不可理喻。

聰明反被聰明誤

人生的轉變不可一概否定，如果是他的認識越來越深刻，他的思想觀念越來越體現現代精神，那麼這種轉變必將受到人們的高度評價和讚賞。然而像金庸這樣變得越來越糊塗乃至昏庸就難免不讓人覺得遺憾。但遺憾之餘，人們更感到奇怪的是金庸的這種變化與五〇至七〇年代的大陸許多知識分子的類似變化不同，他沒有大陸知識分子當年強大的政治壓力和生存威脅，因而，中年的金庸是如何一步步蛻變成晚年的金庸，是很值得探討的一個問題，即金庸蛻變的內外原因究竟是什麼？傅國湧與孫宜學的金庸傳記沒有給出明確的答案，鍾曉毅、費勇、彭華、趙敬立、艾濤、冷夏等人所寫的金庸傳記都沒有讀到，當然不好隨便地下結論。總之，金庸的這段人生變化更是蒙上了一層神秘的色彩。

不過，晚年的金庸雖然罩上了一層佛教的面紗，但是仔細看他的為人，不難看出他似乎越來越趨向於某種功利，當然他的這種功利心的表現畢竟不像許多人那樣赤裸裸，而是顯得非常的高明。對於他這樣的億萬富翁來說，金錢已經不那麼重要了，而名垂青史才更迫切。然而，如何名垂青史呢？金庸以其衣錦榮歸為基點，先在家鄉浙江造勢，將自己塑造成最引人注目的社會名流，繼而擴大到全國。但是要在整個中國製造出金庸神話，到底還存在著某種阻隔，為了打破這種阻隔，金庸極其聰明地走上層路線。誰知，他這麼一走，竟將自己的一世英名給毀了，實在是得不償失。或許這再次驗證了中國一句古語「聰明反被聰明誤」。

從中年的金庸到晚年的金庸，留給人們的不僅僅是一種遺憾，更是人生的一面鏡子，照出人性中某種脆弱的東西。

22 荊棘中的獨立

一九五七年被打成右派的人絕大多數是由於言論不慎而遭難，而著名詩人昌耀則是一個例外，他從一九五六年春的「雙百」方針提出以後到一九五七年春的整風運動，既沒有向黨組織提出任何意見，又沒有在私下裡向任何人發過半句牢騷，既沒有貼過一張大字報，也沒有發表過批評現實的文章或者文學作品，但是右派的帽子卻扣到了他的頭上，從而使他陷入了厄運，落入苦難的深淵，淪為「大山的囚徒」。這確實是令人匪夷所思的。但是，如果讀了燎原的《昌耀評傳》（人民文學出版社二〇〇八年六月版），對於昌耀的人生和個性有所瞭解，我們就會找到答案：在那個極權專制的年代，昌耀為了自己的獨立而付出的極其沉重的代價。

嚮往獨立空間

昌耀雖然出生於一九三六年，並且生長在湖南常德的一個大家庭，但是等到他形成自己的人生觀時已經到了新中國的社會主義時代，因而他的所謂獨立當然不能與二三〇年代的胡適、徐志摩、梁實秋等自由主義知識分子所踐行的自由與獨立相比。昌耀的獨立並不含有政治意義，只是希望擁有一點能夠投入到文學寫作而不受干擾的精神空間。昌耀成長的年代正是中國歷史大變化的時代，政治狂飆席捲中華大地，許多熱血青年被政治鼓動起來投身於政治運動，通過在政治運動中的積極表現以鋪就一條人生的金光大道。當時年僅十四歲的昌耀確實沒有按部就班地上中學來升大學，而是報考部隊文工隊，並且隨後參加中國人民志願軍，奔赴朝鮮戰場。但是這並不表明他爆發出巨大的政治熱情，他的這種人生選擇被認為是「對於遠方不明緣由的嚮往」。（燎原：《昌耀評傳》，第一一頁）不過在我看來，或許是他父親文化基因在起作用。昌耀出身的家庭一般被認為是地主家庭，但是這個說法並不準確，其實他的家庭應該是「紅加黑」的複雜家庭，且不說他的長輩中既有地主又有革命者，就昌耀父親王其桂來說就很複雜。王其桂既在北京弘達中學就讀過，又是延安軍政大學的「青年積極分子」（燎原：《昌耀評傳》，第一一頁），並且加入了中國共產黨，眼看就要成為革命家了，可是他後來竟然一個突然轉身，離開了延安回到家鄉讀書去了。他這一轉身，雖然沒有背叛革命，但是給他帶來了人生禍患，後來被捕入獄，先發落到天津一家農場勞動改造，再後來他自我放逐到遙遠的黑龍江的興凱湖農場。許多人可能不理解昌耀的父親，既然參加了革命，後來為什麼還要離開革命隊伍呢？況且他在延安沒有受到迫害和冷落。其實，昌耀的父親骨子裡就不是搞政治的，他雖然一度表現積極，但是他更渴望的是自由獨立的精神空間，他只有在讀書中才能找到自我存在的感覺。昌耀繼承了他父親的這一文化基因，他無論是在部隊還是在榮軍學校，還是後來到青海工作，他的這一特性沒有改變。昌耀參加部隊文工隊，奔赴朝鮮戰場，不是出於響應領袖號召的「保家衛國」的政治熱情，而是浪漫或者說是「少年兒童式的爛漫」。（燎原：《昌耀評傳》，第一六頁）我們應該注意到，文工隊的工作主要是為前線官兵作慰問演出，但是昌耀並沒有積極發展自己的演出才幹，而是對文學寫作產生了濃厚的興趣。對於這一點，我們可以將其解釋為他少年時期受到了文學薰陶和戰友中詩人未央對他的深刻影響，但是這樣的解釋並不完全準確。據我看來，昌耀身上由父親那裡繼承來的文化基因在起關鍵作用。文藝演出是集體行動，而文學寫作則是個人行為，看來只有在寫作中昌耀才能感受到個人的獨立與自由。這樣，我們也就可以理解「戰爭之後他再也不曾擺弄過任何樂器，並在他的生活中沒有留下與此相關的蛛絲馬跡。」（燎原：《昌耀評傳》，第一六頁）當昌耀在河北榮軍總校學習的時候，五叔王其榘就給他寫信教育和鼓勵他表現積極，爭取入黨，但是昌耀的回答則是他要以郭沫若為榜樣，意思是要作黨外人士。昌耀的這種意識表明他不想受到過多的約束，只想保留一定的獨立的精神空間。

昌耀的精神獨立傾向在他的部隊生活時可能尚在萌芽之中，因而表現得不那麼顯著，後來隨著年齡的增長，這種傾向越來越明顯。就在朝鮮戰爭即將結束之際，昌耀不幸在美軍飛機的轟炸中負傷，隨即送回國內治療。傷癒後他被安排到河北省榮軍總校學習。按照常人的思路，昌耀既有志願軍的政治身份，又有在朝鮮戰場上負傷流血的政治資本，而且還很年輕，況且還有在西藏擔任軍區副政委的伯父王其梅的鼓勵和在北京擔任中科院近代史研究所研究員的叔父王其榘的循循善誘的指導，他順著杆兒往上爬，先積極表現，然後入團入黨，其政治前途不可限量。但是，昌耀卻沒有踏上這樣一條金光閃閃的人生大道。進入河北省榮軍總校以後，昌耀的心思全部落在了文學上，學校圖書館的豐富藏書已經不能滿足他的閱讀要求，他不惜將伯父送給他的瑞士手錶賣掉，再買回大量的文學書籍。在中外文學作品的激蕩下，昌耀的詩歌寫作一度達到了「寢食難安，昏天黑地的高燒狀態」（燎原：《昌耀評傳》，第三二頁）。他的這一艱辛努力終於獲得了回報，他的詩作竟然進入了著名詩人公木的視野，雖然公木從政治視角對他的詩提出了批評，但是畢竟說明他的詩歌創作取得了長足進步而值得公木這樣的大詩人一評。隨著他詩歌興趣越來越濃厚，昌耀開始與河北文學界的交遊，廣泛吸取詩歌營養，從而推動著他在文壇上嶄露頭角。既然昌耀的精力完全落在文學上面，那麼他就不可能關注政治的風雲，更沒有注意到隨著展開對電影《武訓傳》的討論與批判胡風和丁玲運動的到來，文學創作已經越來越危險，與他長期以來所憧憬的獨立的精神空間相距越來越遠。這就是說，昌耀保有自己獨立的精神空間，就是行走在一條佈滿荊棘的崎嶇而坎坷的小路上，因為當時的政治環境中已經與他的憧憬和嚮往南轅北轍，並且為他後來的人生埋下了巨大的隱患。

當他從河北榮軍總校畢業的時候，昌耀既可以選擇去中國人民大學深造，也可以進河北省文聯工作。如果選擇前者，他依然可以通過提高自己的學歷將來成為領導幹部，這顯然是一條鋪滿鮮花的人生道路；如果進河北省文聯工作，那也是比較理想的，他不僅可以從事文學創作，與他的理想相契合，而且工作環境也很不錯。但是他沒有選擇這兩者，而是出乎意料地選擇去了偏僻而又荒涼的青海，這簡直令人感到不可思議。對此，《昌耀評傳》的作者燎原給出了這樣的解釋：一是昌耀「心靈深處根深蒂固的『遠方』情結」（燎原：《昌耀評傳》，第三八頁）；二是昌耀的心中還存有「一種莫名其妙的，或者宿命性的藏區邊遠情結」（燎原：《昌耀評傳》，第三九頁）；再就是恰巧這個時候青海到河北榮軍總校來招聘幹部。燎原的解釋有一定道理，但是仍然不能完全解釋清楚，特別是青海到他這裡招聘的是一般幹部，而不是文化部門的幹部，而在河北他還可以進省文聯，專門從事他的文學創作，在這樣的情況下，昌耀為什麼還要作出不利於自己事業發展的選擇呢？看來，除了燎原所說的兩個「情結」之外，恐怕昌耀可能已經朦朧地感覺到青海地處偏遠，精神獨立的空間要大一些，不像河北緊鄰京城，政治氛圍要重得多。

不管昌耀到青海的真實原因是什麼（即使他自己後來說出來，也未必就是當初的情況），總之他來到荒涼偏僻的青海。他先在省貿易公司幹了一段時間，不久就如願以償地調進了省文聯工作。來到青海的最初一段時間裡，昌耀雖然只是擔任省貿易公司的秘書，但是他的文學創作方面可以說如魚得水，按照他的自己的話說，那就是「詩運是亨通的」。（燎原：《昌耀評傳》，第四九頁）具體來說，他不僅拓出了比較寬闊的自由精神空間，而且得到了青藏高原的漢藏文化的豐富營養。他在剛到青海幾個月的時間裡就實現了詩歌創作由單體向方向性的轉變，而且非常輕鬆地跨越了橫亙在前進道路上的思維定勢所形成的障礙，陸續在《文學月刊》、《長江文藝》、《西北文藝》（後改名為《延河》）等地方上重要的文學期刊發表詩歌作品。到了一九五六年，他順利地加入了中國作協西安分會，這時他才二十歲，到青海來工作還不到一年時間。調入省文聯以後，昌耀得到了省文藝界領導的程秀山和遠千里的器重，特別是程秀山對他十分關心和愛護。從這一點來看，昌耀當初選擇到青海來工作沒有錯。然而，誰會想到此時風頭正勁的昌耀的命運會產生驚天逆轉呢！

獨立空間的代價

就在昌耀在詩歌創作上高歌猛進之時，他的命運發生了驚天大逆轉。許多人如果只看到他的命運逆轉是在反右運動之中，就很容易將其與這場運動簡單地聯繫起來。其實，問題不是那麼簡單。昌耀遭遇厄運說起來簡直不可思議。反右運動開展之前，昌耀既沒有在整風運動中貼大字報「向黨瘋狂進攻」，也沒有給領導提意見。就是在反右運動開展之後，昌耀同樣沒有什麼讓人能夠抓住的「辮子」或「尾巴」，更何況他還有殘疾軍人的政治身份和經歷過戰火考驗的光榮歷史。然而，他還是被推上了歷史的祭壇，充當犧牲。而且，令人難以置信的是，他的災難不是來自別人，就來自一度對他十分器重和關注的程秀山。更令人疑惑不解的是，昌耀被打成右派既不是與程秀山之間發生了矛盾，也不是程秀山為了完成反右任務要拿昌耀來抵數，其緣由同樣令人匪夷所思。程秀山把昌耀打成右派是拿昌耀的《林中試笛》的兩首小詩開刀的。這兩首詩雖然寫得朦朧，晦澀，但是並沒有多大問題，程秀山最初看到這兩首詩的時候還「頗為滿意」，並且「當即拍板，在《青海潮》第十期慶祝國慶八周年特大號上的詩歌板塊頭題發出」。（燎原：《昌耀評傳》，第七五頁）可是轉眼之間程秀山就認定這兩首詩存在著嚴重的政治問題。這倒不是程秀山當初的疏忽沒有發現其中的問題，也不是程秀山的認識在一夜之間得到了大大提高，一下子煉就了火眼金睛，更不是上面的領導發現這兩首詩有什麼問題，而是程秀山為了要整昌耀所找的一個突破口。那麼，這位一度頗為賞識和器重昌耀的領導怎麼一下子就轉變態度呢？就其奧秘他們之間既沒有發生矛盾，也沒有發生利益糾紛，完全是一件雞毛蒜皮的小事出人意料地讓程秀山對昌耀的態度來了個一百八十度的大轉彎，隨即帶來了昌耀命運的一百八十度的大回轉。一九五七年夏天，青海省文聯正在開展反右運動，昌耀雖然投身其中，但是沒有表現出年輕人的積極主動，缺乏政治熱情，既沒有在「大鳴大放」中提什麼意見，也沒有在「揭批查」中積極表現，而是表現出事不關己的「淡漠」。（燎原：《昌耀評傳》，第七五頁）特別是有一天開會，昌耀由於身體不舒服，沒有經過領導批假，就躺在床上休息，結果讓程秀山闖到他的宿舍，對他發了火，要他說清楚自己對待這場席捲全國的政治運動所持的態度，並且發誓「一定要搞清楚你的問題！」（燎原：《昌耀評傳》，第七六頁）程秀山果然實現了他的「誓言」，很快就將昌耀打入到右派的行列。根據程秀山的這種行為，我們很容易將他說成是一個黨棍，一個整人狂，其實，正如我們前面所說的，程秀山還賞識、關心和器重過昌耀，而且還是一個知識分子出身的文化官員，在文學方面還是具有一定修養的。我們還可能懷疑程秀山對於昌耀在文學創作上短期內取得巨大成績而產生嫉妒。這個因素不能完全排除，但是並不是主要的，因為昌耀並不是那種張狂的人，既不喜歡炫耀，也不會恃才傲物，而程秀山當然胸懷未必非常狹窄，他在一九八〇年這個乍暖還寒的時候還以「王華」筆名寫文章為昌耀的《大山的囚徒》辯護呢。還是讓我們回到那段歷史當中吧！昌耀那天沒有參加會議躺在宿舍裡休息，當然不是生了什麼大病，也不是精神萎靡提不起神，而是他那些天寫作熬夜過了頭，實在太睏了，到了第二天需要補點覺。就這麼點事。他是在別人投入到反右鬥爭中的時候自己全身心地搞創作，他沉浸在自己的藝術世界裡，他不是那種完全的「淡漠」，他是將自己的一腔熱情全都投入到他的創作中去，也就是說，他只是在自己的獨立的精神空間裡徜徉，就沒有顧及到現實中的政治風暴。對於昌耀的這種表現，程秀山並不理解，而且作為領導，他根本不需要去理解，他需要的是作為下級的昌耀應有的配合和支持。在他看來，昌耀對於運動的「淡漠」，給人以置身於運動之外感覺，就是根本沒有把自己的權威放在眼裡，說通俗一點，就是目無領導。他根本不會想到昌耀還有什麼獨立的精神的空間，因而，他要昌耀屈從於自己的權威，就必須對其進行嚴厲的懲罰，而要實現這個懲罰，最便利的途徑就是利用反右運動將其從政治上搞垮。而昌耀只是沉浸在他的文學世界中，在精神的世界裡漫遊，對於身邊的現實不僅談不上敏感，而且可以說連一點知覺都沒有，完全遲鈍了。就在他待在自己的獨立的精神空間裡享受藝術的極大樂趣的時候，他已經不知不覺地陷入了危險的境地。一張無形的大網正向他無情地撒來，他在劫難逃了，很快就被老練的程秀山輕易地拿下了。

對於程秀山拿下昌耀，我們很可能認為是他個人的道德品質問題。其實，程秀山雖然不是那種偉大的道德聖人，但也不是那種以害人為樂趣和疾賢妒能的小人。他身為領導幹部，需要的是權威。一個下級如果遵從他，敬重他，配合他，支持他，那麼他就會重用、寵愛、關心、愛護、提拔和保護這個下級，甚至當這個下級落難或陷入困境之時，只要不影響到自己的地位和未來，就會不遺餘力地予以解救和幫助。正因為如此，同與昌耀落難的韓秋夫就坦率地認為，「程秀山這位領導既能關心人，又特別能整人！」（燎原：《昌耀評傳》，第五五頁）其實，不只是程秀山如此，處於那個時代的幹部大部分都是如此，就是到了改革開放的一九八〇年代，不還是有這樣的幹部嗎？胡喬木也是如此！他們「以熱情體恤和嚴厲無情呈現著一種極端性」。（燎原：《昌耀評傳》，第五三頁）由上級任命的幹部往往需要通過樹立個人威信來強化自己的地位，而個人威信的樹立則是通過道德宣傳以美化自己和紀律約束別人來實現的。而且，在極權社會裡，任何官員必須通過專制樹立權威，否則無法工作。因此，對於忽視自己的權威的人肯定要給予嚴厲的處罰；相反對於維護自己的威信的則予以保護和重用。既然昌耀只想躲在個人的精神空間而忽視領導的存在，不用說是程秀山，任何一個領導都不會容忍的。由此可見，昌耀的命運不是個人之間利益或者個性衝突的結果，而是他對獨立的精神空間要求與現實極權體制的矛盾。只是人們還沒有意識到這個問題而已。

佈滿荊棘的道路

對於昌耀命運的不幸，昌耀的五叔王其渠或許早有預感。昌耀出身的家庭極為複雜，他的父親雖然一度參加過革命，而且表現還比較積極，但是很快退出了革命，後來不僅被捕入獄，而且還自殺身亡；昌耀的母親在土改運動中也痛苦地離開人世。值得慶幸的是，昌耀的這種家庭背景沒有影響到他參軍入伍，成為部隊的文工隊一員。昌耀進入了部隊，並且奔赴朝鮮戰場，而且還光榮負傷，這到底令他那作為革命幹部伯父王其梅與作為革命知識分子的叔父王其榘感到欣慰，但是這兩位伯叔父還是沒有放鬆對失去父母而又年輕的昌耀的監護。特別是叔父王其榘更是義無反顧地承擔起這個責任，時刻督促著昌耀的「進步」。他通過與昌耀的書信來往既瞭解昌耀的思想狀況，又循循善誘而又十分耐心地做昌耀的思想工作。他不僅把這看作是對昌耀負責，對王氏家族的負責，更是對革命的負責，對黨和人民的負責。通過書信來往，王其榘漸漸地發現了昌耀的思想存在著問題，及時而又不厭其煩地予以警示和敲打。他努力按照國家意識形態的要求改造昌耀的思想意識，將昌耀的人生追求和理念納入到革命的軌道。而昌耀對於叔父的批評教育和嚴格要求雖然沒有頂撞，卻也沒有接受，甚至還產生了反感的情緒。叔父對於昌耀的文學追求並不理解，他雖然也是一介文人，但是他所從事的秘書工作使他對政治更敏感，他知道新中國成立以後，文學常常成為批判的對象，他擔心昌耀癡迷於文學，一不小心就可能滑到敵人的行列，成為政治鬥爭的對象。當他意識到無法說服昌耀放棄文學之時，他又諄諄告誡昌耀明確寫作的「態度」和「立場」，進而要求昌耀「必須在作品中『歌頌光明，指斥黑暗』……塑造先進人物」。（燎原：《昌耀評傳》，第九〇頁）叔父的孜孜不倦的教育讓昌耀感到有些不耐煩了。他雖然明白叔父的出發點是友善的，是一個長輩對於晚輩的關心和愛護，但是他也很清楚，這個叔父並不理解自己，時時干預自己的理想信念和人生追求。無論他們叔侄倆是否意識到，事實上他們之間的矛盾本質上就是個人思想的空間與國家政治和意識形態之間的衝突，是後者對前者的擠壓、佔領和覆蓋，只是這種衝突被套上了親情的外衣。很顯然，王其榘雖說是昌耀的叔父，但是他在寫給昌耀的信中談的不是私人生活問題，不是個人情感，基本上都是政治和人生，他特別要求昌耀好好努力，爭取入團。而昌耀則「有點『獨』」，他根本不會「找到團組織負責人，專門彙報思想或徵求批評意見」。（燎原：《昌耀評傳》，第九三頁）試想，如果一個人將自己的思想不斷地向組織和領導彙報並且按照其要求去做，那麼他還能擁有自己獨立的精神空間嗎？還能按照自己的意志行事嗎？昌耀似乎意識到這一點，因而沒有積極主動向組織靠近，即使五叔做了不少思想工作，仍然無濟於事。而他的命運果然不出五叔的預料陷入了苦難的深淵。

缺乏深刻反思

昌耀沒有觸犯政治，卻被政治拋入到監獄和荒涼的大山裡成了「囚徒」，苦難伴隨著他的人生幾十年，直到

「文革」結束，改革開放的時代到來，才到了盡頭，雖然這期間，昌耀多少得到了楊尕三的愛情和一些朋友的關照，極權政治還是給了他精神以極大的傷害。許多知識分子從苦難中走來，開始了對於歷史的深刻反思和對自己的深刻反省，相比較而言，昌耀在這方面顯得比較淡漠，他將主要精力投入到詩歌創作中去，他的詩歌雖然也有對於經歷過的苦難的敘述，保留著對個人歷史和民族歷史的深刻記憶，記錄著一個「大山的囚徒」在那個災難歲月裡真實的苦難經歷和精神狀態，蘊含著大西北地區深厚的藏漢文化、民俗風情和人文地理，從而顯示出獨特的價值。或許就是因為他缺乏像巴金、周揚、牛漢等人那樣深刻的反思，昌耀到了世紀之交不知不覺地滑到了新左派的陣營。新左派雖然具有深厚的憂國憂民的情懷，具有對底層民眾的認同和同情，反對腐敗，呼喚正義，但是在尋求社會公正的途徑上卻出現了偏差，產生了總體上的文化守成傾向，他們中的很多人仍然沉浸在人類大同的夢幻之中，而對給他們個人和國家、民族帶來空前浩劫的極權政治缺乏清醒的認識，誤將某些宣傳視為現實，進而忽略了美麗宣傳背後可能存在的圈套和陷阱。一九九七年，昌耀到俄羅斯訪問，回來後寫了八千來字的長篇作品〈一個中國詩人在俄羅斯——靈魂與肉體的浸禮；與俄羅斯暨俄羅斯詩人的對話〉。昌耀在這裡所對話的主要不是已經從蘇聯帝國的極權中走了出來的俄羅斯，而是令俄羅斯踏上極權之途的十月革命，他對眼下踏上民主的俄羅斯「充滿了絕不認同的荒蕪和憂患」。（燎原：《昌耀評傳》，第四三七頁）在昌耀的心目中，十月革命後的蘇聯帶給俄羅斯人的是「人人平等和社會富足生活」（燎原：《昌耀評傳》，第四三八頁），而眼前的俄羅斯卻令他大失所望，在他看來俄羅斯回到了十月革命之前，是嚴重的復辟和倒退。昌耀的這種想像既嚴重偏離了歷史。也不符合現實。他是不知道俄羅斯在蘇聯時代經受了與他在一九五〇至一九七〇年代所經歷的同樣的大劫難，還是忘記了蘇聯的極權政治統治下的野蠻、殘暴與黑暗呢？他或許根本沒有意識到自己這個塗上左的色彩的想像在某種意義上說是對他過去苦難歷史的背叛。對於昌耀的理想信念以及他對公平正義的嚮往，我們是非常讚賞的，但是更應該看到，他當年踏著荊棘之途，尋求自己的獨立的精神空間，並且為此付出了極為沉重的代價。這個沉重的代價如果不能得到應有的重視，那就意味著它很可能付之東流，這是多大的歷史悲哀！

23 知識憤青戴厚英

在我們心目中，作家應該是睿智的思想者，因為他們不管怎樣都算是知識分子。而知識與憤青看起來似乎不搭界，知識意味著思考、理性和科學，怎麼會與非理性的激進的憤青聯繫在一起呢？然而，在現實生活中，這兩者偏偏就聯繫在一起，作為知識分子的作家向來就不乏憤青，尤其是在極左政治肆虐之時，憤青更是眾多。著名女作家戴厚英算是比較突出的一位，她在一九四九年以後差不多三十年裡就是一個不折不扣的知識憤青。

每一個成為憤青的人，大致都有相近的性格：叛逆、敏感、易激動、偏執。戴厚英的性格恰恰就包含了這些性格要素。就在她四五歲的時候，在春節家族「團拜」儀式上，幼小的戴厚英被要求給所有的長輩磕頭，但是她磕了一半就大哭起來，以頭「磕疼了」為由，「死也不肯再磕下去」，這使祖父顯得非常無奈，說：「這孩子脾氣太壞」。（吳中杰、高雲主編：《戴厚英文集・自傳・書信》，安徽文藝出版社一九九九年四月版，第四頁）祖父所說的戴厚英「脾氣太懷」實際上是指她的任性和叛逆性格。同時，戴厚英的性格還表現為「敏感」，「敏感到一點點刺激都能使我大悲大喜，因此情緒多變」（吳中杰、高雲主編：《戴厚英文集・自傳・書信》，第一八頁）；此外，「好強」與「倔強好爭，不願受欺」（吳中杰、高雲主編：《戴厚英文集・自傳・書信》，第一八至一九頁）等也都是戴厚英的性格特徵。光有這樣的性格並不一定成為一名憤青，問題是如果這樣的性格與狂熱激進的時代與思想觀念相結合就很容易形成憤青。出生於一九三八年的戴厚英到了一九四九年便讓「革命結束了」她的「童年」（吳中杰、高雲主編：《戴厚英文集．自傳．書信》，第二一頁），並且很快成為「革命的宣傳員」。（吳中杰、高雲主編：《戴厚英文集．自傳．書信》，第二四頁）當時，戴厚英還是十來歲的孩子，根本不知道什麼是政治。由她這樣的小學生去宣傳革命，只能聽從成人安排，而對於她們這些孩子來說，革命大概是非常好玩的，就像遊戲一樣，非常刺激過癮。至於革命到底意味著什麼，到底會帶來什麼，她們這些孩子是不會考慮的，也考慮不了。「革命」，那是一個激動人心的字眼，經過精美的包裝後描述出來，更是洋溢著浪漫的氣息。「革命」帶來了烏托邦想像，更是令人陶醉和嚮往。「革命」以其燦爛的光輝掩蓋了極左政治的冷酷、兇殘和暴戾。幾十年過後，戴厚英敘述了這種情況：「有人長期以來一方面對我們進行革命理想灌輸，另一方面隱瞞歷史和現實真相，對我們進行蒙蔽的結果。如果僅有理想灌輸，沒有歷史和現實真相的蒙蔽，我們早就不會相信那些教條了。反之，如果革命理想灌輸，只有歷史和現實的蒙蔽，我們也不會抱有那樣的激情了。」（吳中杰、高雲主編：《戴厚英文集．自傳．書信》，第九二頁）這樣，戴厚英在興奮與激動中投入到充滿幻想的革命之中，進而被打造成一個地地道道的憤青。

作為憤青，戴厚英表現出非常犀利的鬥爭精神。早在五〇年代初的「三反五反」運動中，年僅十四五歲的戴厚英參加了學校的文藝演出，她在劇中扮演一個大義滅親的角色。這雖然是在舞臺上演出，顯然是在「培養」戴厚英這些青年人的鬥爭精神，將鬥爭意識埋在他們這些青少年的心底。隨後不斷進行的極左政治下的革命教育，逐步將戴厚英推向了風頭浪尖上的憤青。到了五〇年代後期，「反右」運動中，成長為青年的戴厚英終於被發動起來並被培養成「積極分子」——「反右的『筆桿子』」。（吳中杰、高雲主編：《戴厚英文集．自傳．書信》，第五四頁）就在戴厚英走向「反右的『筆桿子』」的途中，最終發揮推動巨力的是所謂的「交心運動」，其實質就是為戴厚英們「洗腦」，使其思想意識完全納入當政者預設的軌道，使戴厚英們心甘情願地充當他們的政治炮灰和精神打手。於是，被發動起來的戴厚英「不再沉默」了，在大學的班級和支部會上積極發言，開展鬥爭。漸漸地，她的鬥爭從班組會上延伸到遠在老家的父親那裡，進而推進到社會上。在反右運動的後期，戴厚英的父親經不住領導的再三動員，給領導提了小小的意見，於是被打成了右派。戴厚英接到父親的信，瞭解到父親被打成右派後，根本不問情由，根本沒有想到父親的冤屈，只是根據組織的要求，「既要從思想上和右派父親劃清界限，又要對父親宣傳黨的『坦白從寬，抗拒從嚴』政策」，並且寫信給父親要求他「放棄自己的『反動立場』，站到人民這邊來」（吳中杰、高雲主編：《戴厚英文集・自傳・書信》，第五七頁），隨後，戴厚英在同學中積極參加關於學生參加生產勞動的激烈辯論。在辯論中，戴厚英不是以深刻的道理和嚴格的邏輯去說服他人，而是特別強調「政治方向」，必須表現出「甯左勿右」（吳中杰、高雲主編：《戴厚英文集・自傳・書信》，第六一頁），只有顯得特別的左，才能占上風，進而取得辯論的主動權，最終戰勝對手。因而這樣的辯論必然是以絕對化、抽象化和機械化的思維方式將人推向極端，根本沒有理性可言，因而它並不在於如何澄清事實，辯明道理，也不是不同思想觀念和觀點主張的碰撞，而是培養憤青的一個重要途徑。一九六〇年，戴厚英走出了校園，來到上海作家協會出席會員大會。她是由她所就讀的華東師範大學派去的，組織上顯然是要充分發揮她這個憤青的鬥爭才幹。按照戴厚英自己的說法，她與其說是來參加會議，不如說是來「參加戰鬥」（吳中杰、高雲主編：《戴厚英文集・自傳・書信》，第六七頁）的，她要向自己的老師錢谷融開火。錢谷融在毛澤東提出「雙百」方針之後發表文章〈論「文學是人學」〉，此時，錢谷融的這篇文章成為批判的對象。戴厚英的批判顯然不是通過嚴密的論證來推翻老師的觀點，而是以毛澤東〈在延安文藝座談會上的講話〉為武器，然而她「對西方文學藝術的歷史簡直一無所知」（吳中杰、高雲主編：《戴厚英文集・自傳・書信》，第六七頁），批判起來卻理直氣壯，因為她在政治的裹挾下「好出風頭」。對於戴厚英的批判，翻譯家羅稷南試圖說服她改變這種絕對化的觀點，但是她「頭搖得像貨郎鼓似的表示拒絕」，她還以極左的那套概念對幫助她改變看法的老前輩進行反駁，似乎她掌握著的就是絕對真理。戴厚英這次會上會後的表現令組織上十分器重她，於是她被分配到上海作協工作。在她臨畢業時，年級黨支部書記與她作了一次長談，要求她以姚文元為榜樣，將來不是當一名學者或者作家，而是成長為無產階級的文藝戰士。最後，這位書記特別送給了戴厚英三字「真言」：「準、穩、狠」。（吳中杰、高雲主編：《戴厚英文集・自傳・書信》，第六八頁）這就是說要她將憤青的戰鬥精神堅持下去，將憤青進行到底。進入上海作協以後，戴厚英並沒有按照作協的性質去給作家們做服務工作，而是按照領導的要求去當「哨兵和耳目」（吳中杰、高雲主編：《戴厚英文集・自傳・書信》，第六九頁），為上級部門展開對作家作品的批判提供靶子，從而充當了精神打手的馬前卒。有時，她也跟在文壇大腕的後面向批判對象開火。「文革」之前的六年裡，她參加了對電影《早春二月》和《北國江南》、現代文學史上的「鴛鴦蝴蝶派」和五〇年代以來「鬼戲」的批判。批判文章發表後，戴厚英受到了周圍人的稱讚，不僅產生了「飄飄然而欲仙」之感，而且覺得「『英雄』已經找到了『用武之地』」，「『心裡愉快』」。（吳中杰、高雲主編：《戴厚英文集・自傳・書信》，第七〇頁）在這樣心理的作用下，戴厚英變領導布置和安排為積極主動上陣，「努力朝把『要我批』變成『我要批』的路上走」（吳中杰、高雲主編：《戴厚英文集・自傳・書信》，第七一頁），於是做了後來令她懺悔的對劉澍德小說《歸家》的批判。「文革」期間，作為憤青的戴厚英當然不甘寂寞，她先是跟在上海市作協新成立的「文革領導小組」後面亦步亦趨，對被稱為「資產階級反動權威」的作家學者進行批判。一九六七年上海「一月風暴」之後，戴厚英雖然不是共產黨員，但是她還是參加的上海市作協的造反派組織，捲入奪權運動中來。她和《萌芽》編輯部與比較底層的辦公室人員聯合，組成了「戰惡風聯合戰鬥隊」，而且比較活躍的她在這個「戰鬥隊」中擔任了負責宣傳的小頭頭。不過，戴厚英只擔任了三個月的造反派頭頭，這期間她參與了所謂的奪權行動，與其他造反組織「大字報貼來貼去，唇槍舌劍地吵來吵去」。（吳中杰、高雲主編：《戴厚英文集・自傳・書信》，第九七頁）所幸的是，戴厚英雖然目睹了打人的情景，但是包括她在內的單位裡人沒有參加武鬥。或許由於她的積極表現，或許上級領導覺得她很有利用價值，作為非黨員的戴厚英到了一九六八年被結合進了上海市作協「文革」領導班子，並成為管宣傳的「四把手」，隨後頗為滑稽的是捲入了「炮打張春橋」事件。當時，這個領導班子雖然級別較高，但是對錯綜複雜的政治形勢根本不瞭解，聽到那麼點風吹草動，就以為掌握了形勢，事實上他們對高層的權力鬥爭一無所知。結果，不到十二小時，戴厚英等人的行為就被判定為「一次有計劃有預謀的反革命行動」。（吳中杰、高雲主編：《戴厚英文集・自傳・書信》，第一〇三頁）從此，戴厚英的憤青高潮期過去了。

作為憤青的戴厚英與當時許多憤青相比，還不算那麼激烈、激進，她畢竟沒有參與打人和武鬥等暴力行為，她的舉動基本上限制在當時所稱的「文鬥」的範圍之內，因而，她可以說是極左時代相對溫和的憤青。戴厚英之所以沒有走向極端，既與她性格中的某些因素分不開，又與她的現實處境密切相關。就戴厚英的性格而言，她雖然有前面所說的叛逆、敏感、易激動、偏執等因素，同時還具有膽怯懼怕的因子。在她童年的時候，有一次，一架飛機被打落下來，雖然就在她的小鎮附近，別人跑去看，她卻不敢。在「鎮壓反革命」運動中，當地經常舉行宣判大會，槍斃「犯人」，小學生們都被組織去參加宣判大會，觀看殺人的場面。當「犯人」「臉色慘白地」從戴厚英面前經過時，她和她的同學都不由得「渾身發抖」，看到這樣殘暴的場面，她都「十分害怕」。（吳中杰、高雲主編：《戴厚英文集・自傳・書信》，第二九頁）然而，對戴厚英影響最大的還是她的現實處境。

戴厚英出身於一個小商人的家庭。這個家庭雖然在她幼小的時候可以給她提供比較好的教育和生活條件，但是在新政權看來卻是改造的對象。新中國成立以後，戴厚英的父親和叔叔雖然都盡力向共產黨靠近，有時還表現積極，但是到頭來卻還是成為整肅的對象。戴厚英的父親在「社會主義改造運動」中，「對改造表示熱烈擁護，要傾其所有為社會主義投資，走合作化道路」（吳中杰、高雲主編：《戴厚英文集・自傳・書信》，第三八頁），到了反右鬥爭中還是被打成右派。戴厚英的叔叔在共產黨當政下表現也很積極，他「首先表示擁護革命，『參加工作』，當上了鎮上的工商聯合會的頭目，整天在外面樂顛顛的」（吳中杰、高雲主編：《戴厚英文集・自傳・書信》，第三〇頁），到後來還是被逼自殺身亡。就拿戴厚英來說，她雖然從小就接受革命宣傳，積極性很高，但是她並不是一直受到寵愛，而是在她的成長中伴隨著大大小小的挫折。換句話說，成長中的戴厚英常常置於革命理想與冷峻現實衝突的尷尬之中。一方面，她為革命宣傳所鼓動和激勵，對革命的宣傳深信不疑，進而積極參加政治活動，在政治中爭取好的表現；另一方面，現實常常將她置於冰冷的被動的甚至被鬥爭的位置。新中國剛成立不久，戴厚英這些青少年就被組織起來宣傳新頒佈的《婚姻法》。根據要求，戴厚英及其夥伴們得宣傳寡婦有改嫁的自由。但是，戴厚英的祖父當時正想娶一個寡婦續弦，而這遭到了包括戴厚英在內的家人的反對。於是，在宣傳《婚姻法》時，戴厚英出於反對祖父續弦而改動了宣傳內容，「把『寡婦改嫁自作主』唱成了『寡婦改嫁不要臉』」。（吳中杰、高雲主編：《戴厚英文集・自傳・書信》，第三五頁）戴厚英這一出於個人情感的改動本來沒有什麼政治動機，決不是要與政治過不去，結果遭到了非常嚴厲的批評。這一風暴過後，團委書記找她談話，在肯定了她的優點的同時，批評她「個人英雄主義嚴重，不注意改造，將來要犯大錯誤的」。（吳中杰、高雲主編：《戴厚英文集・自傳・書信》，第三五頁）後來她由於在初中二年級時就愛上了一個男生而受挫。這次戀愛可能與時代不協調，而且算是早戀，因而受到了否定。她的男友遭到了狠狠批評，而她本人雖然沒有受到嚴厲的處罰，卻也受到了口頭批評。青少年的人生似乎是成人時代的演習。後來無論是反右鬥爭還是「文革」時代，戴厚英有時沖到了政治運動的前列，有時則受到運動的衝擊，甚至成為運動的對象。這多少讓她與她所嚮往的積極分子拉開了距離，甚至讓她產生某種程度的自卑，而不能以十足的自信投入到鬥爭中去。戴厚英在革命政治和現實的雙重夾擊下越來越困惑。如果說青少年時期的戴厚英參加政治運動是覺得好玩，懷著遊戲娛樂的心態，那麼到了讀大學之後，她所想的是要求「進步」，是懷著一顆純潔的心要跟共產黨走，是為了國家美好的明天。可是，她畢竟是生活在現實生活之中，她所看到的和感受到的與她所聽到的政治宣傳形成了巨大的反差。令戴厚英終身難忘的是，在反右鬥爭剛剛拉開序幕的時候，華東師範大學黨委書記使用手腕和計謀，挑動學生批鬥被懷疑是右派的人。特別讓戴厚英感到困惑的是，在許傑教授與黨委書記的衝突中，一方面是白髮教授以自己的人格擔保，說他幫助黨整風是出於好心，黨委公布他的發言時歪曲了他的原意；另一方面，黨委書記以黨性作擔保，稱黨委絕對沒有歪曲許傑的意思。在這德高望重的教授與權勢顯赫的黨委書記的對立中，戴厚英感到困惑了，不知道該相信誰的，並對雙方的對立極不理解。同樣令戴厚英感到困惑的是，在反右運動中，一批「忠貞正直之士」「在黨內往往受到排擠和打擊」（吳中杰、高雲主編：《戴厚英文集・自傳・書信》，第五一頁），而那些不學無術的投機鑽營者卻受到重用。戴厚英有一位同學，「學習成績很差，卻留校當了助教，後來很快入了黨」（吳中杰、高雲主編：《戴厚英文集・自傳・書信》，第五二頁），其原因就在於他在反右鬥爭中充當急先鋒。大躍進時期，官方通過造神運動將人民群眾抬到了很高的位置，他們「簡直比任何神仙都具有神力」（吳中杰、高雲主編：《戴厚英文集・自傳・書信》，第六三頁），可是在現實生活中，戴厚英看到的則是他們的極端貧困，她的男友家一家三代六口人住的只是一間茅草屋，睡的所謂床鋪不過是兩個土坯壘起草堆，頭下枕的不是枕頭而是土坯。再看自己的父親竟然被餓得患了浮腫病，路也走不動，一家人餓得臥在床上都不能起來，這不能不讓她對革命宣傳多少產生了懷疑——「我不懂為什麼我家裡人所過的生活和報紙上的宣傳距離那麼遠」。（吳中杰、高雲主編：《戴厚英文集・自傳・書信》，第七三頁）嚴峻的現實生活對頭腦有些發熱的戴厚英就是「一帖清洗劑」，（吳中杰、高雲主編：《戴厚英文集・自傳・書信》，第七二頁）讓她發熱的頭腦有所降溫，令她不得不陷入思考。她多少意識到現實與宣傳之間的巨大差距一定存在著什麼問題，但是由於「身在此山中」，她尋找不到問題的答案。當然這還與她接受的教育密切相關，她所接受的教育與她的生活環境決定了她不能像遇羅克、林昭和張志新那樣深入地思考下去，她只能在困惑中徘徊和彷徨。因而當外界的鼓噪與狂熱將她包圍的時候，她無法冷靜下來繼續自己的思考，還是不時地激動起來，行使憤青的角色。就這樣，戴厚英在一九四九年後的二、三十年裡被政治運動的風暴吹來卷去，她很想在鬥爭的風浪中沖到最前列以顯示其英雄氣概，然而政治的旋渦卻裹挾著她時進時退，令她無法自主。

戴厚英畢竟只是個知識憤青，這就決定了她不可能從政治運動中撈取到個人的好處，她雖然有時浮上政治浪峰，比較顯眼，那也不過是跟在人家後面助威、起哄和叫陣而已，而她自己則成不了領頭人物。既然如此，她的命運只能掌握在別人手裡，當她可以被利用的時候，她就會被置於過河卒的位置，讓她衝鋒陷陣，可是當她表現出桀驁不馴或者沒有利用價值的時候，她就被一腳踢開，甚至還被踩上一腳，她始終鑽不進權力的核心，也成不了要人的心腹親信，因而始終不能飛黃騰達。因而，在掌權者那裡，戴厚英只是可以利用的對象，她的行為只能在掌控之中，一旦她的思想、行為有可能超出其掌控，那就要對她進行敲打敲打，無論她怎麼努力，怎麼改造自己，怎麼表現積極，她「還是被視為『個人主義者』」。（吳中杰、高雲主編：《戴厚英文集・自傳・書信》，第七七頁）她「想做『黨的女兒』，遭到拒絕」。（吳中杰、高雲主編：《戴厚英文集・自傳・書信》，第八一頁）當掌權者覺得戴厚英可以利用的時候，她則被委以一定重任，不過當人家目的達到後，她就被拋到一邊。在一九六七年的奪權鬥爭中，戴厚英雖然一度擔任了「戰惡風戰鬥隊」隊長，其實不過是一個「發言人」的角色，因為她「有激情，口才好，講義氣」，（吳中杰、高雲主編：《戴厚英文集・自傳・書信》，第九六頁），但是她這「官」只當了三個月，「『奪權』之後，我就不再當造反派『頭頭』」（吳中杰、高雲主編：《戴厚英文集・自傳・書信》，第九六頁），她好像「被人踢到一邊去了」（吳中杰、高雲主編：《戴厚英文集・自傳・書信》，第九七頁）。由此可見，戴厚英雖然是個大學生，算是一個知識分子，但是作為憤青往往只有激情而缺乏權謀，既不會使用各種手段和計策，也不能識破他人的詭計和圈套，因而她只能充當別人的炮灰。

戴厚英是個知識憤青，她當然不會像別的憤青那樣頭腦簡單，永遠被人利用。隨著年齡的增長和閱歷的加深，隨著她不斷遭受到一些挫折，戴厚英漸漸地褪去了憤青，並且日漸向正常生活回歸。但是，在那個瘋狂的時代，一個人要想回歸正常生活談何容易！戴厚英在初中之時愛上了同學張忠禮。一九六一年被劃為右派的男友張忠禮在同濟大學畢業後被分配到安徽工作，而戴厚英卻留在上海，但是他們沒有分手，而是立即結婚。從此，他們夫妻就像牛郎織女那樣天各一方。一九六八年，戴厚英因暴露過工宣隊進駐自己有「當了俘虜」的感覺而受到了批判。此時，正處於嚴重危機中亟需精神慰藉的戴厚英卻遇到了雪上加霜，她的丈夫向她提出了離婚要求，戴厚英非常珍惜這個婚姻，她想很可能是夫妻長期分居生活不便，導致夫妻感情淡薄，於是她想通過調動解決這個問題，以彌合夫妻感情，但是組織上沒有批准這一調動，一九六九年，戴厚英還是與丈夫離了婚。這使她的正常生活的願望落了空。一九七〇年，戴厚英與著名詩人聞捷戀愛，試圖過上正常人的生活，但是再次遭到無情阻攔。當她打報告要求結婚時，工宣隊以「無權過問」為由不予受理，並且要她去徵求市委領導的意見，同時還要將她下放到吉林勞動，就是要將她與聞捷拆開，特別惡劣的是這幫左棍們捏造所謂的「以戀愛為名腐蝕造反派」的罪名對聞捷進行批判，最終導致聞捷自殺身亡的悲劇。聞捷在自殺身亡後，左棍們仍然沒有放過他，還要對他進行批判，說他「自絕於人民自絕於黨」，聲稱「大叛徒聞捷畏罪自殺，死有餘辜」。（吳中杰、高雲主編：《戴厚英文集・自傳・書信》，第一三六頁）聞捷自殺身亡的悲劇給了戴厚英沉重的精神打擊，使她「沉淪了很久」（吳中杰、高雲主編：《戴厚英文集・自傳・書信》，第一四〇頁），不過，戴厚英並沒有就此頹廢下去，她在尋找自己安身立命的「事業」。但是，在「文革」這樣的時代，在極左政治肆虐的年代裡成長起來的戴厚英，可以說是狼奶餵大的，她怎麼能找到真正的安身立命的事業呢？她在尋找中卻又不知不覺落入了極左政治的圈套。到了一九七二年她被張春橋看中而利用，在上海市委寫作組領導下工作。值得肯定的是，此時的戴厚英的工作與以前的大不一樣，她已經不再是當年的憤青，在政治鬥爭中以其犀利的言辭充當精神打手，「用沉默對抗了『批林批孔』和『批鄧』」（吳中杰、高雲主編：《戴厚英文集・自傳・書信》，第一四九頁），只是在充當了極左政治的傳聲筒和吹鼓手，為那個時代，為極左政治搖旗吶喊，追捧幫文藝。這樣變化雖然不值得誇耀，卻也表明戴厚英著實有了一定的進步。一九七四年，張春橋給戴厚英等人寫了一封信，並且提到了戴厚英本人，希望他們幫他瞭解上海文藝界人士的思想動向。此時的戴厚英並沒有受寵若驚，而是比較平靜，她根據領導要求確實給張春橋寫了信，但是她沒有向張春橋表忠心，順著杆子往上爬，而是真實反映了人們當時對「四人幫」所搞的「樣板戲」的不滿。對於戴厚英反映的問題，張春橋給她回了信，而戴厚英由此感覺到最高層緊張的權力爭鬥，因而沒有再給張春橋寫信，顯得比較冷靜。到了九〇年代，回顧這段歷史時，戴厚英總結道「赤貧生活是我靈魂的清潔劑」。（吳中杰、高雲主編：《戴厚英文集．自傳．書信》，第一五四頁）其實，戴厚英的「靈魂清潔劑」還應包括她從五〇年代以來到「文革」這二十多年裡所遇到了人生挫折，特別是她與聞捷戀愛的受阻與聞捷的自殺身亡，同時也包括她的親人的苦難和不幸。自己的貧困與挫折和親人的苦難與不幸這兩大「靈魂清潔劑」幫助戴厚英洗褪憤青的底色，喚醒了她良知和人性，讓她在喧囂的政治狂熱中開始冷靜下來：「我心裡永遠不會忘記貧苦的人民，我什麼時候都不會在人民的苦難面前漠不關心。我不會昧著良心高唱頌歌，更不會甘作魚肉人民的敗類。」（吳中杰、高雲主編：《戴厚英文集．自傳．書信》，第一五七頁）

走出「文革」和極左政治的陰霾，站在歷史的廢墟上，戴厚英頭腦清醒了，恢復了一個知識分子的理性，她開始反思歷史，特別是她個人的憤青史。她像巴金、周揚等人一樣為自己的憤青時代所犯的過錯表示懺悔和歉疚，她在九〇年代撰寫的《性格．命運．我的故事》、《做人．作文．我的故事》與《心中的墳》（這三部著作由吳中杰和高雲編入了《戴厚英文集．自傳．書信》），認真清理歷史，總結歷史教訓，既為我們提供了真實的歷史文本，幫助我們瞭解和認識極左時代一個知識憤青的歷史，又通過悔過來救贖自己的靈魂。

24 怨而不怒的張雅文

相信許多讀者閱讀榮獲第五屆魯迅文學獎、第三屆徐遲報告文學獎和第三屆女性文學獎的黑龍江作家張雅文的《生命的吶喊》（新華出版社二〇〇七年十二月版），都是將其當著勵志書來讀的。他們一定從這位在苦難中拼搏和奮鬥進而獲得成功的女作家身上得到人生啟迪，吸取到強大的精神力量。這無論是對於張雅文，還是對於出版者，乃至授獎者來說，都是期待中的回報與欣慰。不過，如果我們稍許換個角度來審視這部三十多萬字的作品，或許可以感受到獲得巨大成功的秘密：借用孔子評論《詩經》的一句話：「怨而不怒」。

苦難中養成個性

張雅文的「怨」來自於她幾十年人生中的苦難和挫折不斷。根據《生命的吶喊》的敘述，張雅文的籍貫應該是遼寧開原。在她出生前，父親因與本家張大師的矛盾而吃了官司，從而使她的家庭陷入了嚴重的困境，被迫遠居深山避禍。貧困中出生的張雅文在她青少年時期所經歷的苦難，很容易讓人想到了東北作家蕭紅的代表性小說《生死場》。蕭紅的這部小說給人的深刻印象是，她「以沉鬱的目光注視著東北那片失去的土地上的芸芸眾生的生與死。……人們像牛羊等動物一樣生老病死，混混沌沌，永遠體會不到靈魂，這樣只有用物質來充塞他們的生活，春夏秋冬，歲月輪迴。」（程光煒等編：《中國現代文學史》（第三版），北京大學出版社二〇一一年十月版，第二八〇頁）張雅文的母親在坐月子時，竟然「沒有吃過一個雞蛋，跟全家人一樣吃著高粱米」（張雅文：《生命的吶喊》，第七九頁），而且在生下張雅文後的第三天就下地幹活了，不能好好地休息，更沒有補養身體。「母親年歲大了，又吃不到營養東西，奶水不足，餓得我哇哇直哭。母親只好將半熟的高粱米飯一口一口地嚼碎，吐到一塊布裡擠出高粱米汁來餵我，……可能因為在月子裡給我嚼硬高粱米飯的緣故，母親不到五十歲滿口牙掉光了。」（張雅文：《生命的吶喊》，第七九頁）這樣的苦難，不只是張雅文一家的不幸遭遇，「那個年代的好多女人都經歷過苦難……那時候，整個民族都處在民不聊生的苦難中，最底層的婦女更是過著非人的日子。」（張雅文：《生命的吶喊》，第八〇頁）苦難是非常不幸的，誰都不希望遭遇苦難，都竭力掙脫苦難，在許多人那裡，苦難可能將人逼上絕路，也可能扭曲人的靈魂，造成人的心理嚴重變態，奪走人的尊嚴。但是，對於強者來說，苦難能夠磨練人，鑄造出人的堅強和剛毅。苦難中成長的張雅文與她的母親一樣，形成了堅執、頑強和不屈的個性。當年，張雅文的母親為了救出陷入囹圄的丈夫，「不顧衙役的阻攔，拼著性命闖進了大堂。」（張雅文：《生命的吶喊》，第七三頁）敢於當眾痛斥貪贓枉法的「史官」，上演了驚天地，泣鬼神的轟動整個開原縣城的英雄壯舉。母親的這種文化基因傳給了張雅文，令她在後來的許多事情上都決不退卻。一九五四年，年已十歲的張雅文提出了上學的要求，但是她的家在大山裡，附近沒有學校，只能到遙遠的佳木斯去上，這一路路途難走且不說，而且還有野獸的威脅，父親也堅決反對，但是由於她的堅持要讀書，經過幾天的硬磨，父母只好讓步，同意讓她上學。正是由於當年的堅持上學，張雅文終於改變了命運——走出了閉塞的山溝，走進了城市，乃至成為全國著名作家。相比之下，山裡的其他孩子則一直稀裡糊塗的，始終沒有脫盲，只能在物質與精神的雙重貧困中渾渾噩噩地度過自己的一生，因而張雅文後來想到自己當年要求讀書，不懼艱險，堅持讀書，感到非常「慶幸」。（張雅文：《生命的吶喊》，第一〇三頁）因為，她自己的執著追求，克服許多常人難以想像的困難，為改變自己的命運邁出了堅實的一步。

壓制個性的體制

走出了大山的張雅文雖然初步改變了命運，成為現代城市裡的一員，但是這並不意味著後來的人生一帆風順。母親不僅給了張雅文以堅強而執著的剛毅性格，而且還傳給了她鮮明的個性。而這具有幾分野性的個性註定了她後來的人生必然與現實體制發生衝突。一九六三年，十九歲的張雅文與男滑雪隊的周賀玉相愛了。他們愛得如膠似漆，然而這事使某些領導不高興。本來，年輕人進入青春期談戀愛是很正常的，而且他們二人都很坦然，都深切地愛著對方。可是體委的領導不是從愛護運動員出發，而是散佈流言：「張雅文這個女孩很風流，早就跟冰球隊的小夥子好上了。她不是跟一個兩個，而是有一遝對象呢！」（張雅文：《生命的吶喊》，第一五八頁）十分卑劣地毀壞作為少女的張雅文的名譽。作為領導只能在其職權範圍內進行管理，但是沒有權力干預別人的私生活。張雅文的戀愛是她個人的事情，任何人無權干涉，更不能損毀其名譽，然而這位領導卻惡意地在周賀玉的父親面前侮辱張雅文，可見這樣的官員基本素質和法律意識了。在許多人看來，這可能只是這官員個人的事情，然而非也！一是這樣素質的人怎麼會被提拔到領導崗位上來，發生了這樣誹謗人的事情，且不說法律嚴重缺席，也沒有任何紀律來約束他，他依然安然無恙地高居他的官位，以後還可能干涉其他人的私事，汙損他人的名譽。儘管周賀玉的父親斷然拒絕了這位體委主任的勸阻，但是張雅文的處境並沒有好轉，那位體委主任公然要求張雅文與周賀玉斷絕來往，並且威脅她，如果不按照他說的去做，那麼他將「在全體委大會上收拾」（張雅文：

《生命的吶喊》，第一六〇頁）她。或許張雅文沒有意識到，權力之所以如此張狂，肆無忌憚地膨脹和擴張，顯然是極權體制使然。只有在極權社會裡，沒有制約的權力必然張牙舞爪，瘋狂地傷人、害人。好在張雅文沒有屈服於領導的強大壓力，堅持與周賀玉相愛，最終收穫了美滿的愛情——成為眷屬。但是，這些官僚並沒有放過張雅文夫婦，繼續刁難和為難他們。其實，張雅文夫婦沒有招誰惹誰，沒有得罪誰傷害誰，他們只是按照自己的意志戀愛、結婚和生活，然而為那些官僚們所不能容忍。若干年後張雅文意識到：「那時候不許個人奮鬥，只講『螺絲釘』和『磚頭』精神，組織把你擰在哪裡，你就得在哪裡『閃閃發光』，把你搬到那裡你就得在哪裡『堅定不移』，否則就是資產階級思想，就是個人主義。」（張雅文：《生命的吶喊》，第一七〇頁）當年這種大肆宣揚的所謂的「螺絲釘」與「磚頭」理論，不僅嚴重扼殺了人的個性和自主性，而且以迷人的幌子實現對他人的人身與精神控制。既然張雅文與周賀玉的戀愛超越了他們的控制，他們一定會找到各種藉口進行報復與打擊。一九六八年，張雅文的丈夫周賀玉遭到了佳木斯體委的批判，成為該市第一個被反省、挨整時間最長的運動員。周賀玉只是個運動員，既沒有反黨的言行，也沒有違反紀律的行為，而且還「是佳木斯成績最優秀的運動員」（張雅文：《生命的吶喊》，第一八四頁），並且還有不顧生命危險勇於救人與拾金不昧的優秀品德（參見張雅文：《生命的吶喊》，第一八四頁），應該得到領導的肯定和尊敬，但是他卻被打成了「現行反革命分子」，遭到了無情的批判，被剝奪了人身自由。就是在張雅文懷孕與生孩子期間，周賀玉都不能在身邊陪伴與照顧。就連張雅文去看望丈夫，也遭到「破壞革命」，要把她「抓起來」的威脅與恫嚇。與此同時，體委的幹部老B要求張雅文「拋開個人的感情，跟他（指周賀玉——引者注）劃清界限，勇敢地揭發他的問題……」。（張雅文：《生命的吶喊》，第一九〇頁）但是，張雅文沒有按照他們的旨意去做，體委的這幫人竟然逼迫已經有孕在身的張雅文從體委的房子裡搬出去，根本不問挺著大肚子的張雅文棲身之處。從表面來看，體委的這幫人迫害張雅文的丈夫，為難張雅文，是「嫉妒周賀玉成績好」（張雅文：《生命的吶喊》，第二〇八頁），實際上還是他們的行為不符合領導的意志，沒有按照領導的話去做。於是，這幫傢伙利用「文革」的混亂來整他們，將他們置於嚴酷的困境乃至絕境。張雅文回顧了她「文革」時代自己的情況：「這些年來，我一直相信領導，熱愛學習，崇拜偉人。我一直是偉人和領導的思想奴隸，從沒有過自己的思想。我把劉少奇的《論共產黨員修養》、陶鑄的《理想與情操》，當作人生的至理名言，可他們全被打倒了。我愛看的許多書籍，愛唱的外國歌曲，愛看的電影《五朵金花》、《冰山上的來客》，統統被打成『封資修』的大毒草，我自己也被貼了幾張大字報，批判我讀海涅詩選，想成名成家。」（張雅文：《生命的吶喊》，第一八三頁）張雅文道出了當年的實情。她當年的思想其實並沒有超越當時的意識形態，也不會與國家意識形態發生衝突，她喜歡讀的那些書，唱的那些歌曲，看的那些電影也都沒有違背當時的意識形態，至於後來被打成「大毒草」，那也是官方權力鬥爭的問題，這是處於社會底層的張雅文根本無法預知的。然而她卻遭遇政治的寒流，張雅文為此感到困惑與「迷茫」：「我發現我過去所追求所遵循的一切全都錯了，可我不知道我錯在哪裡，更不知道什麼是對的？我不明白，這麼大個中國為什麼就幾個人是正確的，為什麼有那麼多的『牛鬼蛇神』？」（張雅文：《生命的吶喊》，第一八三頁）這或許是張雅文後來追敘中的自我反思，她當時的情況是這樣，但是這些不過都是冠冕堂皇的理由整她，實際上還是她的個性越出了領導所設置的藩籬。

如果單從「文革」時期那種冠冕堂皇的理由來認識張雅文當時所交的華蓋運，那麼到了「文革」結束以後，她應該走上人生的坦途了。但是，實際並非如此。「文革」結束時，已經三十多歲的張雅文並不滿足於已有的工作——銀行會計，轉到了文學上面來。銀行是許多人夢寐以求的工作單位，那裡收入不僅穩定，而且比其他許多單位都要高一些。但是，張雅文追求的並不是物質上的豐裕，她更追求精神的充實與富有。她要以文學作為自己的終身事業，於是決定調離令人羨慕的銀行，來到佳木斯文聯工作。然而，對於張雅文的到來，文聯的某些領導並不歡迎，他們看到張雅文只上過小學，文化底子薄，不可能在文學上有所作為，因而歧視她，刁難她，給她設置種種障礙，甚至當面打擊她：「你一個小學生還想當作家呀？我告訴你，你一年發個一兩篇露露臉就行了！從今往後，你就死了當作家的心吧。老老實實當好你的編輯就不錯了！」（張雅文：《生命的吶喊》，第二三九頁）其實，這幫傢伙自己也未必有多高的學歷，未必有多高的文學才能，但是當自己居於權位，就以為自己了不得，明目張膽地歧視自己看不順眼的人。當張雅文請假要求參加修改電視劇本時，那個掌權的傢伙就是不批准。然而張雅文不想放過機會，於是留下一張請假條走了。結果招來了批評，她被斥責為「無組織無紀律，名利思想嚴重」（張雅文：《生命的吶喊》，第二四〇頁），並且召開黨員大會來「幫助」她，並且責令她做檢討。一次檢討沒通過，還要做第二次檢討。對於這事，張雅文想不通，她的丈夫告訴她，這是「人人都有嫉妒心」（張雅文：《生命的吶喊》，第二四〇頁）的緣故。其實，這當中固然有嫉妒心理在作祟的因素，但是根本原因還在於張雅文雖然人在體制內，但是她在無意中令自己的個性與體制發生了衝撞。說到底，張雅文的文學創作沒有被納入到領導的規劃當中，而是她的自行其是。中國的體制決定了官員的囂張與跋扈，同時也規約著每個人，要求下級無條件的臣服與遵從。至於下級創作出的作品是否有意義和價值（即使從現行意識形態來看），他是不問的。既然張雅文沒有按照自己的意志行事，那就是他所批評的「無組織無紀律」，就必須予以懲罰，至於懲罰是否有依據，是否合乎情理，他是不用向受處罰人交代清楚的，也不用向任何人負責的。

經過這番批評「幫助」，身在體制內的張雅文不得不面對著民間所說的一句話：「人在屋簷下，不得不低頭。」她深知以她個人的力量是無法與領導抗衡的。其實不只是張雅文，在整個中國，任何一個體制內的人，在領導面前都必須低下高貴的頭，除非你走出體制。然而在二十世紀下半葉的中國大陸，哪裡還有體制外的空間呢？就是到了二十一世紀的今天，體制外的空間仍然非常有限，絕大多數人，尤其是知識分子和作家，都還生活在體制之內，為了生存，為了事業，不得不聽話，不得不克己自律，作出某些犧牲，包括自由、個性，甚至做人的尊嚴。但是，張雅文畢竟是張雅文，她經歷了「文化大革命」，又經歷了黨內的「幫助」，儘管「內心鬥爭很激烈」（張雅文：《生命的吶喊》，第二四一頁），但是她不願再「乖乖地聽命，絕不敢雷池半步」，因而當她再遇到文學事業需要請假離開時，她既沒有按照領導的意志安分守紀，也沒有直接向領導請假，而是找個藉口請假離開。但是這只是權宜之計，因為她與領導的緊張關係並沒有緩解，她「和領導的關係也像越來越冷的冬天一樣，沒有任何緩和的跡象，越來越僵，最後完全結冰了。」（張雅文：《生命的吶喊》，第二四四頁）而這導致她不得不多次放棄文學學習和交流的機會。一九八三年，《新體育》邀請張雅文去哈爾濱採訪全國運動會，約她寫一篇滑冰題材的報告文學。張雅文非常珍惜這次難得的機會，但是領導偏偏就不批假，而且還要「寫信告他們」（張雅文：《生命的吶喊》，第二四四頁），迫使張雅文採取特別措施留下一張紙條毅然前去採訪。此時的張雅文豁出去了，即使背上處分，她也不能放棄這個寶貴的採訪機會。

不過，張雅文並不是一個完全莽撞的人，她知道她的問題還得在體制內解決，好在她的寫作與現行體制並不矛盾，而且她的個性也還是體制並非完全對立，因而她找省委宣傳部的領導幫助解決。省委宣傳部的官員確實同情張雅文的遭遇，並且介入了她的問題，但是張雅文的問題並沒有得到解決。她繼續被「批評教育」。佳木斯文聯的領導不僅再次批評她「無組織、無紀律」，而且還指責她「從小就名利思想嚴重！」（張雅文：《生命的吶喊》，第二四七頁）從常規來看，上層領導介入的問題應該非常順利地得到解決，那麼到了張雅文這個問題上就失靈了呢？很可能是省委的領導介入不力，也有可能是省委領導的介入是有保留的。張雅文雖然是個作家，具有一定的名氣，但是她畢竟只是一個作家，個性太強，還是觸犯了官場的潛規則，需要敲打敲打，通過這些挫折讓她吸取教訓，改弦更張，從而歸順。

但是，張雅文對於官場的這些潛臺詞根本沒有弄清楚。一九五〇年代，比她張雅文名氣大得多的丁玲不就是個性太強而遭到嚴厲整肅嗎？丁玲當年被扣上了「拒絕黨的領導，違抗黨的方針、政策和指示」，「違反黨的原則，進行感情拉攏，以擴大反黨小集團的勢力」，「玩弄兩面派的手法，挑撥離間，破壞黨的團結」，「製造個人崇拜，散播資產階級個人主義思想」（周良沛《丁玲傳》，北京十月文藝出版社一九九三年二月版，第三六至三九頁）等罪名而受到大批判，說到底還是她的個性沒有收斂，還像十多年前在延安乃至寫《莎菲女士的日記》時那樣。現在張雅文雖然不是生活在一九五〇年代，而是改革開放的八〇年代，社會發展進步了許多，政治氣候也寬鬆了不少，但是中國的社會體制並沒有得到根本的改變，官場的潛規則也沒有得到根除，反而更加隱秘而且複雜。對於自己的遭遇，張雅文「終於認識到：其實，這位領導（指佳木斯文聯負責人——引者按）和體委主任都是時代造就的悲劇人物，他們是工農出身的幹部，都沒讀過幾年書。他們對自己所管轄的部門兢兢業業、盡職盡責。可是，他們身上存在著僵化的極『左』思想。他們把自己當成是『黨的化身』，當成說一不二的『家長』，對手下人採取『順我者昌，逆我者亡』的態度。」（張雅文：《生命的吶喊》，第二五二頁）張雅文的這種認識是準確的，但只揭示了這種現象，如果再深挖一步，那就是這些出身於社會底層的人為什麼對待同樣是出身於底層的張雅文竟然沒有絲毫的同情心？為什麼黨的多年教育和培養不僅沒有消除反而強化了他們的這種獨裁、專制和嚴酷無情？這樣的現象為什麼具有普遍性？僅僅是他們個人的原因嗎？對於這段經歷，雖然作了一定程度的反思，但是最終認為這是一件可以變為好事的壞事——「是他『逼著』我走上一條『只能成功不能失敗』的文學道路」。（張雅文：《生命的吶喊》，第二五三頁）

在體制內抗爭

既然沒有認識到問題的根本所在，那麼就不可能消除仍然存在的矛盾，只是當張雅文換了單位之時，她的這個矛盾就可能一度潛藏著，待到一定的時候變換著方式爆發。張雅文的創作依然根據自己的發現和認識來選擇題材來寫作，這就決定了她與體制的衝突沒有結束，即使她換了單位，也沒用，這種衝突以各種方式向她襲來。一九八四年，張雅文發現了日本友人綠川英子的題材，覺得綠川英子是一位偉大的女性，決定為其寫一部傳記，但是當她請假的時候，還是遇到了原單位同樣的障礙。這迫使她去找李俊光部長請求支持和幫助。李部長儘管與她「素昧平生」，但是非常看重她，然而沒有跟她談請假的事，只是談到文化局的領導班子要調整，希望將她提拔到領導崗位上來，以官職將她規訓為合乎體制規則的知識分子。而張雅文「卻對仕途不感興趣，幾次謝絕了她的好意。」（張雅文：《生命的吶喊》，第二五六頁）或許是旁觀者清的緣故，她的朋友看得倒是很清楚：「中國是官本位的國家，沒有職務，即使你出十本書也不行！」（張雅文：《生命的吶喊》，第二五六頁）一個沒有當官慾望的人，在當今的中國雖然不一定寸步難行，但也絕對不會一帆風順。官本位的社會，儘管打著非常迷惑人的幌子，喊出非常漂亮的口號，但是只有權力暢通無阻，為所欲為，一旦疏遠了權力或者為權力所疏遠，那肯定會障礙重重，舉步維艱。一個對當官不感興趣的人，顯然不瞭解官場的潛規則，也不會合乎體制的規範。因而張雅文雖然可以因為一時的成功而獲得比較寬鬆的自由環境，但是她仍然逃脫不了各種困擾。她辛辛苦苦創作的《韓國總統的中國「御醫」》，為出版的事一波三折。雖然看過書稿的編輯「都說書稿不錯」，但是「幾次報批都沒有通過」。（張雅文：《生命的吶喊》，第三二一頁）就其書稿來說，既不存在政治問題，也不觸及敏感的禁區，更沒有洩露國家秘密，也不會引起外交糾紛，為什麼就是不批呢？張雅文沒有找到其原因，其實道理很簡單，那就是她的這個選題不是官方給定的，是她自己選定的，因而官方對她的寫作搞不清楚，因而不予批准。即使張雅文後來找到外交部的領導，問題解決得也還不那麼順暢。將她這個年過半百的人折騰來折騰去。

怨而不怒

然而還有更折騰人的事呢！一九九五年到二〇〇〇年，張雅文花了數年時間，在不懂外語的情況下自費到萬里之外的比利時去實地採訪，然後精心創作完成的電視劇《蓋世太保槍口下的中國女人》卻遇到前所未有的挫折，然而這個挫折不在於藝術上的問題，而是莫名其妙地捲入了一場曠日持久的官司，耗費了張雅文大量的時間、精力和錢財。最初這個電視劇是打算給央視的，但是央視並沒有完全否定這個本子，而是要求「另請他人修改」，「否則不予立項」（張雅文：《生命的吶喊》，第三四頁）。央視的這種「要脅性」（張雅文：《生命的吶喊》，第三四頁）的決定令人無法接受，張雅文於是和湖南的瀟湘電影製片廠簽訂了劇本轉讓合同。但是，令張雅文意想不到的是，央視居然神不知鬼不覺地將手伸了過來，背著張雅文弄出了個非常神秘的趙女士肆意作踐張雅文的劇本。到後來，電視劇《蓋世太保槍口下的中國女人》不僅將張雅文的編劇署名給弄沒了，而且將劇本改得慘不忍睹，令人不能接受，好端端的一部藝術品給央視和趙女士這幫人作踐得面目全非。他們這些「改編者對原劇本中的許多情節和細節，一律不直接使用，而是千方百計地改變它。……改編者把我在前面提到的那些好情節、好人物全部刪掉，把霍夫曼妻子改成完全相反的人物。……改編者砍掉了原劇本中比利時人民反抗法西斯這條主線，加上大量叛徒、婊子、強姦犯等媚俗的戲，把金玲寫成了『高大全』式的人物，把納粹將軍霍夫曼寫得很窩囊。」（張雅文：《生命的吶喊》，第四〇頁）這樣的所謂「改編」不僅令張雅文感到非常憤慨，就連看過張雅文原劇本的編輯都禁不住要問：「她（指趙女士——引者）修改你的劇本，無論從法律上還是道義上，都應該尊重你的原著。這人卻處處在跟你唱反調，她為什麼要這麼做？誰給她的權利？她究竟要達到什麼目的？」（張雅文：《生命的吶喊》，第四一頁）電視觀眾對於央視所拍的這部電視劇也很不滿，「《蓋》劇播出後，觀眾一片罵聲。導演不得不就片中的硬傷向觀眾道歉。」（張雅文：《生命的吶喊》，第六〇頁）作為中國宣傳機器大哥大的央視在人們的印象中應該是人才濟濟，由它接手拍攝的電視劇應該精益求精，結果卻弄出了這麼個不倫不類的「藝術」怪胎，而且更為惡劣的是公然剝奪張雅文的作品署名權，暗渡陳倉。對於這種惡劣行徑，張雅文與其作了多次交涉，但是她就像魯迅所說的陷入了無物之陣，對方的虛與委蛇，根本沒有誠心解決問題。這就迫使她不得不拿起法律的武器維護自己的權利。自從八〇年代開始，我們就大講特講「依法治國」，有關方面不遺餘力地進行普法教育，然而中國的現實卻是，真正想通過法律解決問題，那未免太天真了。張雅文的法律訴訟讓人們看到中國要真正落實「依法治國」，路途還很遙遠。從二〇〇二年到二〇〇七年，張雅文的法律訴訟花費了數年時間，而且還鬧出了現代版的「葫蘆僧亂判葫蘆案」的荒唐劇。湖南省高院居然不依據國家現行《合同法》與《著作權法》，而是根據已明令廢止的所謂《故事影片各類稿酬的暫行規定》判案，而且在審理判決過程中，所依據的只是瀟湘電影製片廠單方面所提供的所謂「『事實』、『觀點』、『發條』」。（張雅文：《生命的吶喊》，第三五二頁）湖南高院的這種枉判有失公正和公平，嚴重地褻瀆了法律，不能不讓人懷疑其中存在著某種貓膩，因為給人的感覺它彷彿是瀟湘電影製片廠的哥兒們，其所作所為完全憑著江湖意氣。張雅文對此不服，她只好向有關部門不斷地申訴，並且「成為千千萬萬個『上訪』大軍中的一員……」（張雅文：《生命的吶喊》，第三五三頁）值得慶幸的是，張雅文畢竟是體制內的一員，她雖然與體制發生這樣那樣的衝突，但是畢竟沒有發展到嚴重對立的地步，而且她與那些被體制完全拋棄的「上訪」者不同。那些背負著各種冤案與受到各種侵犯和傷害的人們舉目無親，可憐無助，投訴無門，為了虛無縹緲的希望而長年累月的消耗生命，而且還可能面臨著被保安公司抓進黑監獄的危險。而張雅文畢竟是擁有一定知名度的作家，而且結識了一定的上層人士，並且得到他們的幫助。當她遇到了委屈的時候，她可以向中國作協和中國婦聯求助，可以向全國人大常委會內司委申訴，可以「向媒體開口」（張雅文：《生命的吶喊》，第六三頁），還可以給央視台長趙化勇寫信。張雅文的怨憤引起了體制內高層的關注。二〇〇四年六月二十九日，中國作協諸位領導來到張雅文家裡看望她，慰問她，安撫她。令張雅文「感動」的是，金炳華說了這樣一番話：「你對文化事業是有貢獻的。可是，你不但沒有得到應有的首肯，反而受到這麼大的傷害，這些事情本來就不應該發生！這也是文藝腐敗的一種表現……」（張雅文：《生命的吶喊》，第三四九頁）領導的這番話讓張雅文感到的是溫暖，她心頭的傷痛在領導的撫慰下緩和了許多。

然而，這樣的撫慰並不能解決實際問題，「文藝腐敗」並沒有因為金書記的這一番話而有所收斂，更不用說根除了。張雅文的作品被侵權問題即使得到了中國作協的幫助和全國人大的關注，但是解決起來仍然困難重重。

湖南高院既沒有知錯即改，更談不上因判決不公而向張雅文道歉，反而玩起了踢皮球的遊戲。更何況這樣的案件並非個例特例，而是具有普遍性。一位資深編劇就對張雅文憤憤不平地說：「影視界本來就處於一種無法、無序、無德的狀態。沒門沒窗的就像孫子似的，只能被人宰割，編劇根本沒有地位！交劇本時，你明明是獨立編劇，等播出來一看，你他媽居然變成小三了。這哄事太多了。……影視界的侵權問題，涉及到當前的文藝體制、法律不完善等諸多原因。」（張雅文：《生命的吶喊》，第六一至六二頁）這位編劇道出了影視界的實情，也說出了問題的某些癥結——「文藝體制」和「法律不完善」。其實，這話並不完全對，從張雅文的訴訟案來看，已經不單純是文藝界、影視界的問題，也不是「法律不完善」的問題，而是有法不依的問題。針對這個問題，張雅文的丈夫說了一段意味深長的話：「你不要對法律抱有太大的希望！法律是死的，法官是活的。法官也是人，同樣生活在充滿誘惑的社會裡，同樣受到各種關係的制約……」（張雅文：《生命的吶喊》，第六三頁）張雅文丈夫的話說出了問題的關鍵所在，但還可以進一步追問的是，當法官受到各種誘惑和利害關係影響而失去公正、公平與公道的時候，為什麼得不到應有的糾正和處罰？為什麼司法機關製造了錯案給人以傷害，就沒有人承擔責任，沒有人為此而道歉？文藝界和影視界侵權成為普遍現象和司法機關的不作為和亂作為究竟存在怎樣的密切關係？身在體制內的張雅文也沒有追問這個問題。同樣，張雅文瞭解到：北京出現「那麼多上訪者」，「屢屢發生當事人在法庭上有過激行為的事件」（張雅文：《生命的吶喊》，第三五五頁），但是很遺憾的是，張雅文沒有繼續追問為什麼？到底是什麼出了問題？或許正如蘇軾所言：「不識廬山真面目，只緣身在此山中。」作為體制內的作家，張雅文不可能對現行體制發出質疑，她可以問她的丈夫：「你們在法庭上審判別人，可誰來審判你們這些法官？」（張雅文：《生命的吶喊》，第三五七頁），但是她沒辦法再問下去，到了這裡，她不由得往回走，甚至還在潛意識的作用下為這個體制辯護：「中國距離真正的法治很遙遠。它的遙遠並不僅僅是司法獨不獨立的問題，不獨立都不能公正審判，司法獨立豈不更糟嗎？」（張雅文：《生命的吶喊》，第三五七頁）中國距離法治確實很遙遠，根本問題到底是什麼呢？還不就是司法不獨立嗎？正是因為司法被某些人玩弄於鼓掌之間，才會出現荒唐的「葫蘆僧亂判葫蘆案」。張雅文以為司法獨立了就等於沒人管，法官更可以無法無天地隨心所欲的亂判，其實這是對司法獨立的誤解誤讀。司法獨立的意義就在於司法擺脫個人和集團的控制和操縱。在司法獨立的同時，張雅文沒有看到還有立法機構的制約和媒體對法官的監督。如果發生法官胡亂判案製造冤假錯案的情況，那麼這個法官不僅會被剝下法袍，而且還可能承擔法律責任，乃至受到法律的嚴懲。張雅文由於沒有追問下去，這就決定了她無法搞清楚所有問題的根子之所在，因而她泣血含淚創作的《生命的吶喊》只能是怨而不怒，也就是說她只能在作品中訴說心中的不平和哀怨，對於一次次運交華蓋，她只能責怪命運，包括她對許多不幸者所寄予的深切同情和憐憫，她無法對給予包括她在內的許多人坑害的根源表達憤怒和抗議，更不可能提出改革這樣體制的強烈要求，因而她的《生命的吶喊》獲得了官方的認可，連獲數項文學大獎，真是皆大歡喜啊！

後記

二〇一二年年初，青島出版社出版了我的《歷史的誤會——現代文壇上的人和事》。這本書被納入良友書坊的「閒話文庫」。當時我向編輯交稿的時候提供了三十多萬字的文稿，對約四十位作家的人生作了個人解讀。該書編輯後來與我商量，要求壓縮到二十五至二十六萬字，而我希望最好讓書的容量大一些，盡可能少刪去，這固然有敝帚自珍的成分，但是我覺得少刪去一些，可以使我對某些問題的思考更全面一些。但是編輯先生說作為「閒話文庫」之一，要求書的體量大致相仿，只好將書按二十幾萬字的規模來出。最終我接受了編輯先生的意見，與對方商談刪除某些篇幅。我曾經給良友書坊的《閒話》投過稿，到編輯這本書的時候，已在《閒話》上發表的四、五篇，為了避免重複用稿，於是先將這幾篇從中拿掉。同時，編輯先生建議將寫當代作家的也抽去一些，這樣可能會免去某些麻煩，我覺得也有道理。這樣，《歷史的誤會》出版後，我原來寫作家的隨筆還有十幾篇，我覺得這些也應該集中起來與讀者見面，但是單有這些篇幅我覺得比較單薄，於是又寫了一些，仍然保持原來的體制和形式，對於問題的思考自覺比前一階段的更成熟和深入一些，心態也更自由一些。

特別可貴的是，《歷史的誤會》出版以後，不少朋友給我回饋意見令我感到欣慰，給我很大的鼓勵，特別是淮陰師範學院的胡健教授、四川大學的陳思廣教授、集美大學的姚楠教授、華僑大學的阮溫凌教授、哈爾濱師大的汪樹東教授、蘇州科技大學的謝昉女士以及我的一些同事，都給予這本書以充分的肯定。我知道其中不乏情面之語，但也有非常可貴的諍言和激勵，激發了我進一步寫作的信心。正是在各位朋友的肯定和推動下，我還是以過去的一句話「在有限中追求無限，在自由中逼近真理」自勉，自己解開束縛心靈自由的利益誘惑，抵制了外在的某些羈絆，堅定按照這條路子寫作下去。

「閒話」名為「閒話」，據我看來，應該是「自由地侃談」，免卻學術論著的一本正經和高深的理論，可以隨意所談，談出點味道來。剛剛過去的二十世紀，對於中國來說，實在是意味特別。由於我們剛剛從專制走向共和，但是我們的歷史卻頗坎坷曲折。而這種坎坷曲折在知識分子身上得到了充分的反映。作為知識分子的作家雖然被譽為「人類靈魂工程師」，看似偉大，然而卻經受著各種的痛苦，精神上存在不同程度的病態，不少作家毫無疑問成為嚴重精神病態的病人，應該引起我們的關注。而且，他們的歷史距離我們並不遙遠，與我們的現實關係密切。或者說我們今天的現實就是他們處境的延伸。因而我覺得，瞭解他們的病狀實際上就是在認識我們自己，療治我們這個時代。

衷心感謝香港的《文學評論》、《前哨》、《香江文藝》、臺灣的《大海洋》、內地的《閒話》和《長江學術》等刊物發表了這部書稿中的部分文章，

本書在出版過程中得到了蔡登山先生的大力幫助和支持，本人在此表示衷心地感謝！同時還要特別感謝為本書出版付出辛勤勞動的陳佳怡女士和邵亢虎先生，感謝臺灣秀威科技資訊有限公司為出版本書給予的合作和便利！

還有必要重申，熱忱歡迎所有朋友對本書提出討論、質疑、商榷和爭鳴。為方便傾聽對於本人寫作的各種聲音，我在這裡提供電子信箱：sunde×i1960@sohu.com。我將永遠真誠地恭候與傾聽。

孫德喜

二〇一二年五月十一日修訂於揚州存思屋

讀歷史18　史地傳記類　PC0289

準則
——政治風暴下的中國知識分子

作　　者／孫德喜
主　　編／蔡登山
責任編輯／陳佳怡
圖文排版／邱瀞誼
封面設計／秦禎翊

發 行 人／宋政坤
法律顧問／毛國樑　律師
出版發行／秀威資訊科技股份有限公司
114台北市內湖區瑞光路76巷65號1樓
電話：+886-2-2796-3638　傳真：+886-2-2796-1377
http://www.showwe.com.tw
劃撥帳號／19563868　戶名：秀威資訊科技股份有限公司
讀者服務信箱：service@showwe.com.tw
展售門市／國家書店（松江門市）
104台北市中山區松江路209號1樓
電話：+886-2-2518-0207　傳真：+886-2-2518-0778
網路訂購／秀威網路書店：http://www.bodbooks.com.tw
國家網路書店：http://www.govbooks.com.tw

2013年4月BOD一版
定價：350元

國家圖書館出版品預行編目

準則 : 政治風暴下的中國知識分子 / 孫德喜著. -- 一版. --
臺北市 : 秀威資訊科技, 2013.04
面； 公分. -- (史地傳記類 ; PC0289)
BOD版
ISBN 978-986-326-052-3(平裝)

1. 知識分子 2. 中國

546.1135 101026835

讀者回函卡

感謝您購買本書，為提升服務品質，請填妥以下資料，將讀者回函卡直接寄回或傳真本公司，收到您的寶貴意見後，我們會收藏記錄及檢討，謝謝！

如您需要了解本公司最新出版書目、購書優惠或企劃活動，歡迎您上網查詢或下載相關資料：http:// www.showwe.com.tw

您購買的書名：______________________________

出生日期：________年________月________日

學歷：□高中（含）以下　□大專　□研究所（含）以上

職業：□製造業　□金融業　□資訊業　□軍警　□傳播業　□自由業

□服務業　□公務員　□教職　□學生　□家管　□其它____

購書地點：□網路書店　□實體書店　□書展　□郵購　□贈閱　□其他

您從何得知本書的消息？

□網路書店　□實體書店　□網路搜尋　□電子報　□書訊　□雜誌

□傳播媒體　□親友推薦　□網站推薦　□部落格　□其他________

您對本書的評價：（請填代號　1.非常滿意　2.滿意　3.尚可　4.再改進）

封面設計____　版面編排____　內容____　文／譯筆____　價格____

讀完書後您覺得：

□很有收穫　□有收穫　□收穫不多　□沒收穫

對我們的建議：______________________________

____

____

____

請貼
郵票

11466
台北市內湖區瑞光路 76 巷 65 號 1 樓
秀威資訊科技股份有限公司 收
BOD 數位出版事業部

(請沿線對折寄回，謝謝！)

姓　　名：＿＿＿＿＿＿＿＿　年齡：＿＿＿＿　性別：□女　□男

郵遞區號：□□□□□

地　　址：＿＿＿＿＿＿＿＿＿＿＿＿＿＿＿＿

聯絡電話：(日)＿＿＿＿＿＿＿＿ (夜)＿＿＿＿＿＿＿＿

E-mail：＿＿＿＿＿＿＿＿＿＿＿＿＿＿＿＿